2018年度教育部人文社会科学研究青年基金项目"习近平教育思想研究"(18YJC710094)

XINSHIDAI
ZHONGGUO JIAOYU GAIGE
LILUN CHUANGXIN YANJIU

新时代中国教育改革
理论创新研究

张华春 季璟 朱慧 著

四川大学出版社
SICHUAN UNIVERSITY PRESS

项目策划：梁　平
责任编辑：陈克坚
责任校对：傅　奕
封面设计：墨创文化
责任印制：王　炜

图书在版编目（CIP）数据

新时代中国教育改革理论创新研究 / 张华春，季璟，朱慧著． — 成都：四川大学出版社，2021.8
ISBN 978-7-5690-4745-5

Ⅰ．①新… Ⅱ．①张… ②季… ③朱… Ⅲ．①教育改革－研究－中国 Ⅳ．① G521

中国版本图书馆 CIP 数据核字（2021）第 105241 号

书　名	新时代中国教育改革理论创新研究
著　者	张华春　季　璟　朱　慧
出　版	四川大学出版社
地　址	成都市一环路南一段 24 号（610065）
发　行	四川大学出版社
书　号	ISBN 978-7-5690-4745-5
印前制作	四川胜翔数码印务设计有限公司
印　刷	成都市新都华兴印务有限公司
成品尺寸	170mm×240mm
印　张	13
字　数	248 千字
版　次	2021 年 8 月第 1 版
印　次	2021 年 8 月第 1 次印刷
定　价	65.00 元

版权所有 ◆ 侵权必究

- 读者邮购本书，请与本社发行科联系。
  电话：(028)85408408 / (028)85401670 /
  (028)86408023　邮政编码：610065
- 本社图书如有印装质量问题，请寄回出版社调换。
- 网址：http://press.scu.edu.cn

四川大学出版社
微信公众号

序 一

以习近平同志为核心的党中央高度重视教育事业，依据新时代中国国情及教育实际，从历史和时代的视角，紧紧围绕培养什么人、怎样培养人、为谁培养人这一系列问题，牢牢把握立德树人的根本任务，在优化教育条件、均衡教育资源、丰富教育模式、创新教育手段等工作中提出了一系列新理念、新思想、新观点，系统回答了教育方针、教育任务、教育战略、教育发展、教育公平、教育改革、教育开放以及教师队伍建设等问题，形成了习近平总书记关于教育的重要论述。这些重要论述为中国特色社会主义教育事业指明了前进方向，为新时代中国教育改革发展提供了根本遵循。

习近平总书记关于教育的重要论述，是在顺应历史发展的潮流，继承马克思主义教育思想、新中国历代领导人教育思想和中国传统教育思想的理论基础上进一步发展并丰富起来的。它是一个科学的教育理论体系，是马克思主义教育思想中国化的重要成果，是习近平新时代中国特色社会主义思想的重要组成部分，是中国共产党教育思想的宝贵财富，标志着我们党对教育规律的认识达到了新高度。系统研究和深刻领会习近平总书记关于教育的重要论述，有利于培养德智体美劳全面发展的社会主义的建设者和接班人，为实现"两个一百年"的奋斗目标和中华民族伟大复兴的"中国梦"奠定基础。

习近平总书记关于教育的重要论述，高屋建瓴、博大精深，内涵十分丰富，是一个从实践到认识再到实践的循环开放体系，是被实践证明了的科学理论，是认识论、实践论和方法论的总集成。我们要认认真真读原著、学原文、悟原理，把握思想精髓，吃透核心要义，领会精神实质，抓住根本要求，指导实际工作。我们必须按照学懂、弄通、做实的要求，做到学思用贯通、知信行统一。要不断深化研究阐释，把学习研究成效转化为行动举措，转化为认识问题、研究问题、解决问题的立场和能力，转化为进入新时代、实现新作为的动力和热情。我们要以习近平总书记关于教育的重要论述为根本遵循和行动指南，做好中国教育改革发展各项工作。

本书以习近平总书记关于教育的重要论述为统领，对党的十八大以来习近平总书记关于教育的一系列新理念、新思想、新观点进行了系统梳理、全面研究和深入解读，阐述了新时代中国教育改革理论的时代背景、理论基础、主要内容、理论价值和现实意义。本书以国内外理论界对习近平总书记关于教育重要论述的相关研究成果为前提，运用经典研究与比较研究相结合、逻辑与历史相统一等方法，深入分析习近平总书记关于教育重要论述的内涵。本书是目前研究阐释新时代中国教育改革理论的重要读本，运用和贯穿了马克思主义立场、观点、方法，内容全面系统，观点新颖，具有可读性、指导性和实践性。

中国人民大学

序　二

"百年大计，教育为本。"党的十八大以来，习近平总书记就教育改革发展发表了一系列重要讲话，提出了一系列新理念、新思想、新观点，形成了习近平总书记关于教育的重要论述，回答了中国特色社会主义的教育"是什么""为什么""怎么办""谁来做"等问题，是本体论、价值论、方法论、实践论的有机统一，为开创新时代教育工作新局面提供了理论指导和行动指南。习近平总书记关于教育的重要论述是中国特色社会主义教育理论体系的重要组成部分，也是习近平新时代中国特色社会主义思想的重要组成部分。新时代的教育工作者要在实践创新和理论创新上不断有新作为，必须增强理论自觉和行动自觉，认真思考和回答教育改革发展的"时代之问"。

张华春、季璟、朱慧合著的《新时代中国教育改革理论创新研究》一书以马克思主义理论为指导，综合运用教育学、管理学、哲学等理论，对新时代中国教育改革的相关问题进行了深入探讨，视角独到、特色鲜明，具体体现在以下三个方面：一是具有体系的完整性。该书在借鉴前人研究成果的基础上，对习近平总书记关于教育的重要论述进行了系统的体系化的梳理，框架新颖，逻辑缜密。二是具有理论的创新性。该书立足于学术前沿，善于发现问题和解决问题，具有一定的学术高度与理论深度。三是具有鲜明的实践性。该书针对新时代中国教育改革发展的具体实践问题进行了深入分析，对新时代中国教育改革的实践活动具有较强的指导意义。

总体来说，该书在系统梳理习近平总书记关于教育的重要论述的过程中，坚持运用马克思主义的立场、观点、方法来分析新时代中国教育改革发展实践中的一系列重大问题，做到了理论与实际相结合。同时，在借鉴前人研究成果的基础上，又从几个相关理论维度提出了一些创新观点，做到了继承与创新相结合。我相信，新时代中国从事教育的广大理论和实际工作者一定可以从本书中获得有益的启迪。

四川省社会科学院

目 录

第一章　新时代中国教育改革理论形成的时代背景和理论基础…………（ 1 ）
　第一节　新时代中国教育改革理论形成的时代背景……………………（ 1 ）
　第二节　新时代中国教育改革理论形成的理论基础……………………（ 7 ）

第二章　新时代中国教育改革理论的主要内容………………………（ 24 ）
　第一节　教育思想方针：四个服务……………………………………（ 24 ）
　第二节　教育任务：立德树人是教育的根本任务……………………（ 34 ）
　第三节　教育战略：坚持优先发展教育战略…………………………（ 43 ）
　第四节　教育发展：发展中国特色、世界水平的现代教育…………（ 52 ）
　第五节　教育民生：促进教育公平……………………………………（ 61 ）
　第六节　教育改革：深化教育领域综合改革…………………………（ 72 ）
　第七节　教育开放：扩大教育对外开放………………………………（ 83 ）
　第八节　教师队伍建设：尊师重教，建设高素质教师队伍…………（ 94 ）

第三章　新时代中国教育发展的新论述………………………………（104）
　第一节　教育类型的新论述……………………………………………（104）
　第二节　德育优先的德育观……………………………………………（114）
　第三节　素质教育的课程观……………………………………………（124）
　第四节　学生为主体的教学观…………………………………………（135）
　第五节　健康第一的体育观……………………………………………（143）
　第六节　文化自信的教育文化观………………………………………（152）
　第七节　家校协作的家庭教育观………………………………………（160）
　第八节　教育信息化的新思考…………………………………………（171）

第四章　新时代中国教育改革理论的理论价值、实践价值与现实意义
……………………………………………………………………（178）
第一节　新时代中国教育改革理论的理论价值……………（178）
第二节　新时代中国教育改革理论的实践价值……………（182）
第三节　新时代中国教育改革理论的现实意义……………（183）

参考文献……………………………………………………………（192）

后　　记……………………………………………………………（196）

第一章　新时代中国教育改革理论形成的时代背景和理论基础

在一定的时期、一定的时代背景下，当这个地区、国家的思想理论发展到一定的基础时，总会产生一些思想碰撞，顺势便会产生一个卓越的思想体系。习近平总书记关于教育的重要论述便是在顺应历史发展的潮流，继承马克思主义经典作家的教育思想、新中国历代领导人教育思想和中国传统教育思想的理论基础上一步步发展并丰富起来的。自从党的十八大以来，中国在教育上不断地发展，过程中也面临了诸多的问题，迎接着挑战。习近平总书记正确地判断着教育发展的趋势，在优化教育条件、均衡教育资源、丰富教育模式、创新教育手段等工作中进行了深入的思考，使我国教育思想得到了不断的发展和完善。

第一节　新时代中国教育改革理论形成的时代背景

特殊的历史时期、特定的时代背景可以说是伟大思想的摇篮。新时代中国教育改革理论是在知识经济时代的新需求、全面建设社会主义现代化强国的新要求、全面深化教育改革的新诉求、国际社会发展全球化的新使命等时代背景下形成并发展起来的。

一、知识经济时代的新需求

新时代中国教育改革理论是在知识经济时代的新需求背景下逐步形成、发展并走向成熟的。知识通过教育得到传播，知识的传播、继承、创新、再创造、再传播都是通过教育得以实现的。作为知识经济时代的 21 世纪，当今世界发展的主旋律必将围绕知识经济展开。

知识经济时代有利于教育的全面化、多样化发展，其中如创新教育、终身教育、综合性教育均处在发展的黄金时期。知识经济时代科学技术的发展离不开创新型技术人才的培养，对于创新型人才的需要，国与国之间形成了巨大的竞争关系。在这样的时代背景下，加强国家创新型人才的培养，增强我国创新教育，构建起具有中国社会主义特色的创新型教育体系，逐步形成以培养创新型人才为主体的教育环境，对于中华民族振兴、国家全面发展、社会稳定进步、经济持续增长、国力稳步增强等都具有重大的战略意义。

我们都知道中国有句俗话，活到老学到老。在知识更新极度加快的知识经济时代，教育发展的终身化是时代对教育提出的新需求。无论国际还是国内对于教育终身化的重要性都进行过强调，其中具有代表性的便是联合国教科文组织。在新时代的今天，对于知识快速更新、发展加快的社会，人们在学校里接受的教育已经不能满足社会发展的需求，这样的背景也给终身教育的发展提供了机遇。

知识经济时代可有效促进综合性教育的发展。21世纪经济发展的方式是以知识型经济为典型代表，多个领域的发展逐步走向极度分化和高度综合化两个不同的方向，其中知识领域便是极具代表性的领域之一。极度分化需要培养在某一领域内技术精湛、专业知识丰富的专业型人才，高度综合化是要求人才对多个领域的知识均有掌握并能进行实际应用。时代对专业化人才和综合性人才的需求极大地促进着综合性教育的发展，同时这也是时代对于教育的一个客观要求。

二、全面建设社会主义现代化强国的新要求

新时代中国教育改革理论是在全面建设社会主义现代化强国的新要求这一历史背景下形成并发展起来的。加快发展教育事业、加速社会主义文化建设是全面建设社会主义现代化国家的必然要求之一。

首先，全面建设社会主义现代化强国需要大量的人才支持。人才的培养是通过教育得以实现的，教育对于一个国家而言，其重要性不言而喻。教育是全面建设社会主义现代化强国的重要保障，人才队伍对于现阶段的社会来说好比燃油与发动机的关系，有了人才的助力，社会才能源源不断地发展，全面建设社会主义现代化强国才有延续性。同时，通过教育，在经济快速发展中人们能更好地抓住机遇。此时教育能为国家的发展更好地提供人才资源，为实现社会主义现代化建设供氧，从人才方面持续地支持和维护全面建设社会主义现代化

强国的实现。由上我们可以知道只有发展好教育事业,将教育放在突出的位置,处理好学校教育和其他教育之间的关系,才能为国家培养出数量更多、质量更高的人才。

其次,全面建设社会主义现代化强国就要实现教育公平。扶贫先扶智、治贫先治愚,教育好下一代是防止贫困产生代际传递的良好路径,在全面建设社会主义现代化强国的过程中,实现教育公平,具有两面性:一方面,要实现贫困地区脱贫进小康,社会就需要做到教育公平;另一方面,教育公平的实现可保障脱贫的长期有效。要做到教育公平,就要求我们在教育的全过程中做到真正的公平,这一任务是十分艰巨的,不是喊喊口号就能实现的,这需要我们在教育数量上能够得到保障,在教育质量上能够有所提高。在保障基本教育、化解教育矛盾等多方面要做到为民着想。只有从基础做起,才能有效保障我国教育事业的稳步发展。

三、全面深化教育改革的新诉求

新时代中国教育改革理论是在全面深化教育改革的新诉求背景下逐步形成、发展并走向成熟的。进入新时代的中国,在综合国力、国际地位、人民的日常生活状况等方面都有了显著的变化,中国特色社会主义的发展迎来了一个黄金时期,我国在这些方面的变化都为教育事业的发展提供了良好的物质基础和发展条件。但是在教育事业迎来发展的机遇时,一些因素又在制约着它的发展进程,如人民群众教育观念需改变,政府部门对教育的重视程度、支持力度参差不齐,不合理制度的存在束缚着教育的发展,发展教育的基础设施缺乏等。

第一,人民群众教育观念需改变。在我国教育发展的进程中,儒家、道家等传统教育观念已经对人们的教育思想产生了根深蒂固的影响。在教育的过程中,2015年以教育主体长期接受的是应试教育,忽视了对于个人能力、道德素质、职业规划等方面的教育。这种做法对于实现人的全面发展是不利的,要想实现素质教育在这些方面就要做出一定的改变。

第二,政府部门对教育的重视程度、支持力度参差不齐。国务院在1993年颁布的《中国教育改革和发展纲要》中提出,教育经费支出占国民生产总值的比例要达到4%。我国的国民生产总值一直在不断增长,但是在这一政策的具体实施过程中,2015年以前,教育经费的支出在国民生产总值中的比例一直没有达到《中国教育改革和发展纲要》中提到的4%这个目标。近年来国家加大对教育事业的投资比例后，直到 2015 年，全国的教育经费支出达到了国民生产总值的 4.15%。因政府部门对教育的支持力度参差不齐，发展教育的过程困难重重。同时在教育的发展过程中，区域间教育投入差异大、发展不平衡问题也很突出，农村地区教育经费明显低于城市，中小学教育经费低于高校，甚至在同一地区同一阶段的学校中重点学校教育经费也明显高于普通学校。

第三，不合理制度的存在束缚着教育的发展。目前在我国最重要的高考在绝大多数地区还是实行文理分科方式，在一些培训机构中也是只注重学员某一方面的专业能力，这些都会让学生的个性化发展受到了一定的阻碍，同时忽视了学生自由而全面发展的发展理念，对于受教育者自身需求的满足也还不到位。另外，我国的教育个性发展不足，更多的是强调一种共性，与具体学校办学特色的结合、区域优势、办学地民风民俗等因素之间的结合不够密切。从以上这些因素我们可以看出，我国教育要更好地发展，必须从根本上进行改革，解决上述存在的不利于我国教育发展的问题。将教育改革作为全面深化改革的重点，促进教育更好更快发展。

四、新时代国际社会发展全球化的新使命

近年来，随着全球化进程步入新的发展阶段，世界各国之间的联系变得前所未有的紧密。但是由于社会制度、文化差异、地域等因素的存在，各国之间的冲突和矛盾依然存在，人类社会的发展依然有众多的困难和挑战。譬如，在体现教育国际化最为典型的学生国际化流动方面，在高等教育这一模块已经存在着透明的政治辩论。一些国家，诸如一些西方国家已经在怀疑高等教育国际化是否正确，他们对本国毕业生机遇减少表示担心，对外国学生表现出排斥或歧视，并要求实行本国学生优先政策等。为此，需要认真结合不同国家或区域实际，进一步理解日益复杂的全球化正在或将如何改变教育国际化的背景，主动谋划国家与区域的高等院校机构应该在其中扮演怎么样的角色等重要发展战略问题。中国改革开放 40 多年来，通过不断的发展进步，正在走进世界发展的中心，同时将在人类发展的历史长河中做出进一步的贡献。[①]

从国际友好交流与合作的方式出发，在过程中不断推进人才培养的进程，

---

① 联合国教科文组织：《反思教育：向"全球共同利益"的理念转变》，教育科学出版社，2017年，第 72 页。

是推进新时代中国教育国际化的关键内容。高等院校要依托"一带一路"倡议，让高等教育成为国际开放合作与全球融合的桥梁，使当今全人类的发展机遇得到充分的运用，加强高校学生的国际化教育，培养具有全球工作能力的国际型人才，这是实现全球互联互通的重要路径，也是发展人类命运共同体的重要保障。

特定的文化是对孕育他的经济基础及社会形态的直观反映。新时代中国教育改革理论的形成深受经济全球化、全球科学技术创新、教育全球化的影响。从全球的范围来判断，全球创新发展正在进入密集时代，第三次工业革命和第六次科技革命的发展，正在让科技和人才在社会经济发展中成为最重要的影响因素，科技和人才俨然成为世界大国之间竞争的关键所在，科技创新带动社会发展已经成为共识。在发展的关键时期，多行业的技术创新已经具有相当影响力的突破，并且在这些突破的带动下，多学科领域的交叉融合正在取得相应的成果，这些技术创新、学科融合所积攒的能量正在以其特有的方式影响着世界的发展。我国身处世界发展的浪潮中，世界科技的发展和创新正在影响着我国，对我国综合国力的提高、中华民族的伟大复兴既是挑战，也是不可多得的机遇。尽管我国面临着国内人才不足、资源短缺，国外竞争激烈等重重压力，但我国也必须抓住第三次工业革命和第六次科技革命带来的发展契机，克服挑战，让知识创新驱动社会发展。

从改革开放以来，我国主要靠着投资、出口和消费这三驾马车拉动经济发展，但进入 21 世纪后，这一方法的发展空间变得越来越窄，经济的发展已经走向靠科技创新驱动为主。在 2008 年金融危机之后，经过十多年时间的发展，全球经济正在以缓慢的步伐恢复，但是气温升高、人口膨胀、食品安全、环境污染、贫富差距等全球性问题依然严峻。这些问题的解决需要全球各国共同努力、团结合作。因语言文化、风俗习惯等的区域差异，要把各国团结起来就离不开人才，通过人才这一纽带将各国联系起来，紧密团结在一起，共同应对发展带来的挑战。

五、对新中国教育发展的深刻反思

新中国刚刚建立的时候全国上下出现了一些不合规范的办学形式，加大学生的劳动量，致使正常的教学秩序得不到维护，教学质量令人担忧。"文化大革命"时期，教学事业被破坏，情势空前严重，教学秩序得不到保障，学生受教育的机会被严重剥夺，教师群体受到不公正、不合理待遇，人才短缺现象充斥各行各业，全国上下文化素养急剧下降，新中国与欧美发达国家之间的差距越拉越大。针对这一时期出现的种种问题，党和政府进行了深刻的反思、总结，对于人才的培养，青年人才的成长、发现和使用问题提出了一系列举措。

我国仍处于并将长期处于社会主义初级阶段，这是我国的国情，习近平总书记把"更好的教育"列为人民的期盼之一，在继承和发展马克思主义教育观的基础之上，做出了一系列具有前瞻性、实践性、科学性的教育论断，丰富了中国特色社会主义教育体系。至此，我国更应该坚持发展才是硬道理的战略思想，毫不迟疑地以经济建设为中心，以习近平总书记关于教育的重要论述为行动指南，全面协调推进建设"五位一体"总布局，坚持科学发展，为早日实现中华民族的伟大复兴、实现中华民族的中国梦打下坚实的物质和文化基础。

从微观来看，推动教育制度创新是社会发展进步的一大原则。人才是推动社会发展的一大动力，有合理的规章制度方能孕育更多的人才资源。设计合理的规章制度的目的是在人才的培养过程中打造出"敬、识、留、聚"的成长环境。社会环境对于人才的培养、成长都十分重要。一个进步的社会要有好的人才成长环境，好的环境会促进人才涌现；反之，则人才衰败。社会尊重人才、重用人才，人才得到重视，他们的才能得到施展，逐步发展形成一种良性发展环境，打造出人人皆可成才、人人尽显其才的美好画面。

在工作中，应注重识才用才。识才是用才的先决条件，用才是识才的关键所在。识才的过程要有正确合理的方法，若做不好极易造成人才的流失。

在生活中，应注重优才留才。留住什么人才？怎么留住优才？这都是需要思考的问题。我国东西部之间的条件差异较大，不管是住房、交通还是医疗、教育，西部地区，尤其是边疆地区和偏远山区都是不及东部的，在这样的现实条件下，要想留住人才，首先要为人才提供满足基本生活需求的物质条件；其次要创造出便于人才深造的教育条件；再次要重视优才，优化福利待遇制度，让能者有更高的福利待遇；最后要注重人才成就感的实现，让他们发自内心地觉得是能实现自身价值的。

在政策上，应注重引才聚才。引进什么人才？如何将引进的人才聚在一起？这些问题的解决都需要有基本的生活环境和良好的工作环境。而环境的打造是在政策引导的基础上实现的。所以在引才聚才的过程中，党和政府要加大和优化对人才工作的引导，健全相关的工作机制和法律法规。地方政府要在大原则的基础上，因地制宜地开展人才工作，将优秀人才引进来、聚一起，通过政策的鼓励，激发出人才自身的活力与动力，让人才助力中华民族伟大复兴中国梦的实现。

第二节　新时代中国教育改革理论形成的理论基础

马克思和恩格斯以及其他马克思主义者在教育方面有比较全面而系统的理论论述。马克思和恩格斯并没有在教育方面公开发表过相关的著作，但是他们的一些思想极大地引领了马克思主义教育理论的形成。对于整个社会的发展进程，以马克思、恩格斯为代表的马克思主义者都十分重视教育在这一过程中的重要地位。他们始终坚信作为无产阶级要想夺取政权，组建起社会主义社会，最终发展到共产主义社会，教育始终都是最关键的一环。马克思说过："为了改变社会条件，又需要相应的教育制度。"① 其中体现出一个优秀的政党在无产阶级夺取政权过程中的意义所在。马克思等马克思主义者提出的教育论断，促成了新时代中国教育改革理论的形成。这些论断是习近平总书记关于教育的重要论述最原始、最基础、最根本的理论渊源，在社会主义现代化国家建设中有着不可替代的作用。

新时代中国教育改革理论是在马克思主义经典作家的教育思想、中国化马克思主义的教育思想和中国传统教育思想的基础上，结合新时代中国国情，对我国教育发展的问题进行深入思考后形成的重要理论。

一、马克思主义经典作家的教育思想

马克思主义经典作家的教育思想有一个庞大的思想体系，其中最具有代表性的是马克思、恩格斯和列宁的教育思想，具有他们自身的社会性和阶级性。

19世纪40年代开始，马克思和恩格斯的诸多文章里面就包含了教育观的初步原理。到底什么是教育？它具有哪些特点？它对社会到底起着什么样的作用？它有怎样的发展规律？对于这些基础而具有代表性的问题，马克思和恩格斯从唯物主义的角度出发，都给出了相应的解答。马克思主义关于教育的理论在列宁和斯大林的继承与完善中得到了进一步发展。他们结合俄国当时的教育现状和教育体系，合理地运用了教育的地位、作用与实质等马克思、恩格斯的教育理论，更详细地论证了国民教育在国家发展中的重要地位，说明

---

① 中共中央马克思恩格斯列宁斯大林著作编译局：《马克思恩格斯全集》（第十六卷），人民出版社，1964年，第654页。

了教育就是对抗资产阶级压迫的重要手段。在教育的进程中，列宁和斯大林极其重视教师的地位。他们还强调了领导干部在教育中的作用，并鼓励理论要与实际紧密结合的学习方式。

（一）马克思、恩格斯的教育思想

在进行无产阶级革命的过程中，马克思和恩格斯通过将理论与现实结合，富有开创性地阐述了指导教育发展的基本理论以及教育过程中应坚持的基本原则。马克思和恩格斯主要从四个方面阐述了他们的教育思想：

第一，教育的出发点和落脚点是人的自由全面发展。马克思指出，人的自由全面发展的本质是实现人德、智、体等多方面尽可能的发展，以及实现个人的全面、自由、和谐发展。在《关于费尔巴哈的提纲》里马克思说道："人的本质不是单个人所固有的抽象物，在其现实性上，它是一切社会关系的总和。"[①] 这里面可以看出，人的自由全面发展是整个社会的发展向人们所提的十分客观的要求，同时教育的存在又为人的自由全面发展给予智力上的支持。马克思所提出的关于人的自由全面发展观是指导人们提高自身素养的科学的理论思想。人的全面发展观指出，教育对于社会发展起着正向促进作用，有着不可替代的地位。我们都知道经济基础决定上层建筑，上层建筑又反作用于经济基础。对于社会经济发展而言，教育作为上层建筑中的一部分，我们深知教育在生产力形成和发展过程中的影响巨大。经济基础决定了教育的发展，同时教育的发展又反作用于经济基础，教育和经济基础二者在相互影响中不断发展。教育增强了人的劳动能力，丰富着劳动方式。于此，我们能发现教育对经济生产有着再推动作用，进而推动着经济更进一步发展。社会生产力水平的发展状况是教育的基础条件，并且通过教育培育出的人才是提高全社会生产力水平的极其重要的因素。我们知道教育促进社会经济发展的方式是间接的，教育通过教会劳动人员去学习科学技术来提高自己的劳动技能，以此来提高并发展社会生产力。随着时代的发展，人们的科学技术水平进一步提高，教育推动社会经济发展的作用更加显著，可以说教育全面推动着国民经济的健康发展；对于维护社会政治稳定而言，教育反映的是统治阶级的意旨，通过教育这一特有的方式，将符合统治阶级的道德规范、政治观点及思想观念传输给人民，培养出所需的接班人。马克思和恩格斯着重阐述教育对于消灭剥削、消除私有制、建设

[①] 中共中央马克思恩格斯列宁斯大林著作编译局：《马克思恩格斯选集》（第一卷），人民出版社，2012年，第139页。

共产主义的巨大意义。通过帮助劳动者养成一定的政治觉悟和优秀的政治素养,以教育的方式将他们联系起来,是社会主义国家实现人民当家作主的关键所在,同时为社会主义向共产主义发展提供理论指导;对于推动社会文化进步而言,在教育和生产劳动相结合从而促使人的全面发展这一基础上,提出建立社会主义制度,消灭旧式分工和私有制,让全民都得到生产资料,进而达到人的全面发展。人民全方位地增强了自己的知识面,进而可以适应变化的时代中的高新科技,然而当高新科技的发展受到现有知识面的阻碍时,大众又要再次出发去寻求新的知识,从而促使知识更新和发展。

第二,教育的本质观。马克思在《政治经济学批判》中指出:"物质生活的生产方式决定着社会生活、政治生活以及精神生活的一般过程"①,在此基础上,马克思深刻地论述了教育和社会之间的关系,认为教育是人类社会所特有的属性。社会决定了教育。在阶级社会中,社会关系、生产关系都具有鲜明的阶级性。所以,阶级性是教育的特征之一,教育是为了培养统治阶级所需要的人,最终实现为统治阶级服务的目的。马克思和恩格斯在《德意志意识形态》中指出:"一个阶级是社会上占统治地位的物质力量,同时也是社会上占统治地位的精神力量。"② 资本主义社会中,统治阶级是资产阶级,他们占有并支配社会的物质生产资料与精神生产资料。要进行什么教育?通过教育要实现什么目标?如何培养人?培养什么人?为谁培养人?这些问题都是按照资产阶级的需求和要实现的目标所进行的。马克思说人不是单独存在的,人是一切社会关系的总和,是现有社会环境和进行的教育的总和。他突出地说到人通过教育的方式获得其自身的发展,同时这种教育是无法脱离社会关系的。

第三,教育和劳动的有机结合是改造社会的有力手段。马克思说,教育和劳动相结合,能够给社会主义社会的科学教育、技术训练夯实根基。同时,马克思还针对教育费用和劳动价值的关系进行过专门的钻研。他发现,复杂劳动和普通劳动比起来,需要的教育成本会更多。在对劳动成本研究的基础上,马克思谈到教育费用和劳动力价值是成正比的,投入越多可以相对地加大价值。因此,促进教育和生产劳动的有机结合是社会发展的必然趋势。和前人教育思想不一样,马克思的教育思想不仅说明了教育和生产劳动的关系,而且还把教育与改造旧社会、解放劳动人民和发展生产力以及达到共产主义都紧密结

---

① 〔苏〕康士坦丁诺夫:《历史唯物主义》,人民出版社,1955年,第19页。
② 中共中央马克思恩格斯列宁斯大林著作编译局:《马克思恩格斯选集》(第一卷),人民出版社,1995年,第98页。

合。马克思关于实施教育和生产劳动结合的论断提出，青年儿童受到现代工业魅力的吸引，纷纷变得热衷于大工业经济的建设，这一过程中青年儿童的劳动技能得到增强、文化素养得到提升。同时在另一个层面，资本家对普通工人的压迫也得到了有效缓解。从权利上看，教育和劳动二者的结合，使在劳动中的劳动者及其子女有了更多勇气去寻求教育；从促进人的全面发展上看，生产劳动极大地改变了劳动者的面貌，身体的潜能得到激发，智力和体力均得到开发；从造就全面发展的人上看，教育和劳动相结合，很好地平衡二者之间的关系，人进行着劳动又在合理休息，逐步造就一个全面发展的人；从综合技术教育和劳动结合上看，社会分工造成劳动力片面发展，但是二者相结合，让劳动者可以更全面地掌握多项技术，最终达到人的全面发展。

第四，教育与生产力的关系。马克思通过历史唯物主义阐明了人类生活和发展所必须的基础因素是物质资料，同时说到最关键的因素是生产力。他在论述教育和生产力的关系时指出：①生产力的发展制约着教育发展的速度和规模。生产力的进步给教育提供必要的人力、物力、财力，同时生产力的进步会改变教育的发展速度和发展规模。②生产力发展水平制约着教育结构的变化。生产力的发展水平不仅对经济结构有着重要的影响，而且也对教育结构的变化有着决定性的影响，教育结构是指社会中不同类型和不同层次的学校所占比例及它们之间的复杂关系，例如不同阶段教育之间的衔接方式、不同类型学校之间的比例关系等。③生产力的发展水平制约着教育内容的选用。教育活动一开始的价值是为了继承和传播社会中现有的生活方式、生产经验，可是因生产力的进步，教育活动的价值取向正在不断丰富和完善，教育内容也在随着时代的进步而不断变化。

（二）列宁、斯大林的教育思想

列宁是苏联社会主义革命的重要领导人，同时也是世界无产阶级革命的重要领导人。他的教育思想是在马克思教育思想的根基上建立起来的，又具有其特殊性，可以大致从四个方面来进行阐述：

第一，关于对教育本质的论述。民族文化与经济、政治具有紧密的联系是一个客观事实，这一联系揭露了民族文化最重要的表现形式是其阶级性。从经济上看，社会中大多数生产资料是掌握在极少数人手中的，而绝大多数人却只能掌握着社会的少部分生产资料，这一社会现象的存在凸显着社会不公。占有少数生产资料的绝大多数人，也就是贫穷人民，想要得到满足自身生活所需要的物质就只能用劳动力换取，这样需要用劳动力换取生活物资的贫穷人民就无法受到良好的教育，被隔绝在教育大门外。从政治上看，列宁要求教育要为无产阶级政治服务，一切必须服从于无产阶级专政。无产阶级要做到专政，极高的觉悟、严肃的纪律和战胜资产阶级的决心一个也不能少。无产阶级教育的服务对象一定是无产阶级自己的政治与经济，也只有无产阶级自己的教育，才有可能培养出共产主义者，最终走向共产主义。

第二，要充分调动教师的积极性和主动性。教师在日常教学、打造教学质量、塑造人才等方面都起着决定性作用。在取得十月革命的胜利之后，列宁对教师的工作现状进行了全面的研究，在维护教师社会地位、提升教师的薪资水平等方面都制订了详细的计划和工作方案，让教师的工作积极性和主动性达到了空前的高度。教师的社会地位也达到了空前的高度，列宁让政府加大教育经费的预算和投资，来保障教师生存的物质条件。因为在取得共产主义伟大胜利的道路上，除了共产党的领导，还需要教师等各行各业的人才共同努力。因此提倡在学习风气上要尊师重教，因为只有把尊师重教的理念深入人心，在实际工作中尊师重教才会变成现实。同样的，社会风气要养成，教师自身也要努力发展。只有自己的思想和能力提升了，才能更好地赢得别人的尊重，进而教师整体水平也就会得到提升。最后，除了教师自身和社会风气外，做党内相关工作的领导也要重视教育工作，在工作过程中合理使用人才，充分了解各教师、专家、学者所擅长的内容，将他们的优点落到实处，将这些教育者的作用最大化。

第三，青年一代的教育。青年是未来、是希望，他们是取得共产主义胜利的践行者。列宁将人民的政治文化水平和国家经济紧紧地结合在一起。列宁说："应当用读和写的本领来提高文化水平，应当使农民有可能用读写本领来改进自己的经营和改善自己国家的状况。"[①] 从这里我们可以知道，教育正在极大地促进着社会的进步。阶级社会里面，学好知识、发展高新科技可以增强社会劳动生产率，社会劳动生产率的提高必然会减轻工人阶级受剥削的程度，逐步推翻资产阶级，从而过渡到社会主义社会，最终达到共产主义。

第四，教育应同生产劳动相结合。列宁进一步发展了马克思关于教育同生产相结合的教育思想。列宁说，义务生产劳动在某种程度上促进了人的自由全面发展，而民粹主义者却歪曲了这一事实，将这种义务劳动作为支付学费的一种手段。教育和劳动相结合可以说是促使人全面发展的基础，在此基础上，

---

① 中共中央马克思恩格斯列宁斯大林著作编译局：《列宁全集》（第四十二卷），人民出版社，1987年，第196页。

列宁要求教育过程和教学手段必须能体现出当代社会的技术手段与科学知识，要把书本上的东西和实际生产生活充分结合起来，做到理论联系实际。斯大林又讲到必须充分消除体力劳动与脑力劳动的本质区别，唯有社会的文化水平达到这一高度，人民才可以完全自主地择业，才能培养出真正的现代化社会主义建设者。

二、中国化马克思主义的教育思想

如何实现马克思主义基本原理与中国实际相结合，最终做到马克思主义中国化？为解决这一问题，中国共产党人也经历了漫长的摸索。怎样把马克思主义经典作家的教育思想和中国的实际教育状况充分结合，走出有中国特色的教育道路，成为历届领导人需要解决的重大问题。在这一进程中，毛泽东、邓小平、江泽民、胡锦涛4位领导人均对中国教育有过深入的思考，形成了他们的教育思想，他们的教育思想也是习近平总书记关于教育重要论述的重要理论基础。

（一）毛泽东教育思想

作为中国共产党的第一代领导集体，毛泽东同志及其他领导人在我国社会建设与发展的进程中十分重视教育对于全社会的影响。以毛泽东同志为核心形成的毛泽东教育思想包括以下四个方面：第一，提倡德、智、体全面发展。在1950年初，"健康第一"的号召被毛泽东同志提出，他讲到要把身体锻炼好，学习好与工作好才会得到基本的保障。同时他还详尽地论述了德、智、体三方面相结合的巨大影响，进而为社会主义现代化建设中人才培养点亮了方向。在1957年，毛泽东在《关于正确处理人民内部矛盾的问题》中明确了"我们的教育方针，应该使受教育者在德育、智育、体育几方面都得到发展，成为有社会主义觉悟的有文化的劳动者"[①]。第二，教育与生产劳动相结合。在1958年，毛泽东提出要坚持脑力劳动与体力劳动融合的原则。同年9月，国务院发表的《中共中央国务院关于教育工作的指示》提出："党的教育工作方针，是教育为无产阶级的政治服务，教育与生产劳动结合。"[②] 毛泽东同时又提倡学

[①] 毛泽东：《关于正确处理人民内部矛盾的问题》，人民出版社，1964年，第23页。
[②] 中共中央文献研究室：《中共中央国务院关于教育工作的指示》，人民出版社，1958年，第3页。

校中设置技术类的教育课程,兴办农场和工厂,学生便能够在学习的同时进行工作。第三,进行教育教学改革。在新中国的教育过程中存在着一些问题,部分学校忽略了教育要注重质量,转而去赚取利润。对于这一问题,毛泽东判断出,对我国的教育体系、教学内容、教育结构进行调整已成必然,需要建立起符合我国发展的教育理念,坚持我国社会主义发展的教学原则。毛泽东对理论与实际的联系进行深入研究后讲到学习不能只重视书本知识,还必须参加实际锻炼,要学会用理论知识来解决实际问题。毛泽东对教育中的师生关系同样进行了阐述,他说学生不应该是教育被动的接受者,而应该是教育教学活动的主体。他数次指出,学生应该生动活泼地、主动地得到各方面发展。要让学生的学习主动性来影响老师的教育主导性。关于教育的过程,老师应该想办法激发出学生的学习积极性、主动性以及创造性,丰富教育形式。第四,坚持群众路线。毛泽东教育思想的出发点和落脚点是保障人民群众接受教育的根本权利,进而形成教育的全民化。在1934年第二次全国苏维埃代表大会上,毛泽东说道:"这里一切文化教育机关,是操在工农劳苦群众的手里,工农及其子女有享受教育的优先权。"[①] 抗战期间,毛泽东说,新民主主义文化是属于全民族的,是科学的、大众的,是全民共有的,并非部分人的私有。他在文化教育理论上做了概括性的总结。概括而言,教育影响着民族文化的传承和民族精神的培育。

(二)邓小平教育思想

邓小平作为我国改革开放的总设计师和第二代中央领导集体的核心,形成了其独特的、具有时代特色和内容丰富的教育思想。其教育思想包含以下内容:第一,教育优先于发展。治理好国家必须依靠人才,想要培养出好的人才就必须要依靠教育。"文化大革命"期间,对知识分子错误的定位,打乱了我国的人才培养计划,导致我国损失了大量人才。邓小平数次表达了要把教育放在战略发展的第一位,是完成教育现代化、发展现代化经济的必由之路。他在党的十四大上提出,实现社会主义现代化,必须将教育摆在优先发展的战略地位,从而提高全民族的思想道德水平与教育科技文化水平。第二,教育要面向现代化、面向世界、面向未来。教育的"三个面向"是1983年10月邓小平给北京景山学校的题词。他在1985年5月发出的《中共中央关于教育体制改革的决定》中又谈到了教育的"三个面向"。教育面向现代化就是要在教学内容

[①] 中共中央文献研究室:《毛泽东著作专题摘录》,人民出版社,1964年,第660页。

和方法上紧跟时代步伐、不断推陈出新。教育面向世界指的是要懂得学习和借鉴不同国家具有优势的教育方法和观念,进而提高自己的教育发展水平。教育面向未来指的是教育需要具有预见性,能够依据社会上的变化与发展情况以及客观的发展规律办好教育,培育出对于社会的发展有帮助的人才。第三,尊重知识、尊重人才。邓小平教育思想就是以"尊重知识、尊重人才"为前提条件和理论基础建立起来的。另外,不能轻视老师在教育中的作用及地位,不只学生要尊重教师,而且整个社会都要尊重教师。教师承担着"教书育人"的重担,传播着知识,是人类文明维护者。第四,培育社会主义"四有"新人。培养有理想、有道德、有文化、有纪律的"四有"新人是邓小平教育思想的内容之一,同时也是新时代我国教育事业要完成的教育目标。"四有"中"有理想"就是要有社会主义和共产主义理想。理想作为推动个人发展的精神动力,在个人的发展中起着决定性作用,党和国家培养的人才必须坚定共产主义信仰,自愿投身到社会主义建设中去。"有道德"就是要能把个人的发展融入社会、国家的发展中去,遵从集体的发展。"有文化"就是要成为一个有文化知识的人,用自己的知识促进社会的发展进步。"有纪律"就是要让受教育者能够自觉遵守社会的规章制度,共同在社会主义现代化建设中做贡献。

(三)江泽民教育思想

江泽民作为党第三代领导集体的核心,在他的领导下,国家十分看重教育的战略意义,对于教育在促进社会经济发展、科学文化进步、社会生活提高等方面的作用进行了系统而全面的论述。其主要内容包括:第一,科教兴国战略。该战略是江泽民同志 1995 年 5 月在全国科学技术大会上首次提及的,"科教兴国"指的是在科学技术是第一生产力思想的指导下,坚持以教育为本,将科技和教育放在经济、社会发展的重要位置,加强国家的科技实力和科学技术向现实生产力转化的能力,提升全民族的科技文化素养,将经济建设转移到依靠科技进步和提高劳动者素质的轨道上来,加速国家的繁荣昌盛进程。第二,教育创新思想。知识的传播、应用和创新通过教育这一途径得以实现,同时通过教育能培养国民的创新精神和培育国家需要的创新型人才。教育创新是一项极其重要且复杂的巨大工程,它作为理论、制度、科技等创新的基础,为它们提供着理论支撑和人才保障,是社会主义现代化建设中的重要环节。第三,全面实施素质教育的思想。《关于深化教育改革全面推进素质教育的决定》确定了我国教育改革和发展的方向是素质教育。对于如何全方位地进行素质教育这个问题,江泽民指出,应当全面贯彻落实党的教育方针,以提升全民素质为教育目标，坚决维护教育要为社会主义和人民服务的宗旨，须重视教育和社会实践两者结合，着重培育受教育者的创新和实践能力，最终促进他们自由全面的发展。第四，尊重教师，提高教师素质的思想。江泽民对教师有着很高的评价，他指出，贯彻落实党和国家的教育方针，推动教育创新，培育大量高素质人才，是和教师的辛苦工作分不开的。在国家的建设和发展过程中，教师在文化传承和人才培养上都起着桥梁纽带作用，十分关键。政府和社会都应该关注教师的生活和发展，积极为教师创造好的生活条件，努力提升教师的工资待遇和社会地位，将我国尊师重教的传统传承下去。

（四）胡锦涛教育思想

党的十六大以来，胡锦涛作为党和国家的领导人，在他的带领下，在继承和发扬前三代领导集体教育思想的基础上，更加重视教育的发展，将教育事业的发展提升到了一个全新的高度。其主要内容包括：第一，教育的基础性、先导性和全局性作用。在2002年，党的十六大报告强调："教育是发展科学技术和培养人才的基础，在现代化建设中具有先导性全局性作用，必须摆在优先发展的战略地位。"[①] 胡锦涛在党的十七大报告中强调要将"优先发展教育，建设人力资源强国"[②] 作为首要的社会民生建设工程。加强对教育的基础性、先导性、全局性作用的宣传，加强对推动社会发展进步的人才的培养，最终建立起创新型国家并加速社会的发展。第二，以科学发展观为指导，把办好人民满意的教育作为根本准则。教育关系到所有人民，并且其后代也会享受到实惠，其中表现出的是发展为了人民、发展依靠人民、发展成果由全民共享。要把实现好、维护好、发展好广大人民群众的根本利益看作教育工作发展的出发点。于是，胡锦涛同志提出了一系列有利于促进教育公平的政策，减小城乡教育差距、加大贫困地区的教育投资力度、保证农村留守儿童得到良好的教育、争取转变农村传统和落后的教育理念。"办人民满意的教育"是漫长而艰难的，但是只要我们不放弃、肯努力，我国的教育事业会沿着人民期望和满意的方向发展。第三，坚持育人为本，德育为先。搞好德育工作，是我们确保教育朝社会主义方向发展、能培育出社会主义建设者和爱戴者的前瞻性工作。胡锦涛强调

[①] 江泽民：《全面建设小康社会 开创中国特色社会主义事业新局面——在中国共产党第十六次全国代表大会上的报告》，人民出版社，2002年，第40页。

[②] 胡锦涛：《高举中国特色社会主义伟大旗帜 为夺取全面建设小康社会新胜利而奋斗——在中国共产党第十七次全国代表大会上的报告》，人民出版社，2007年，第37页。

"全面实施素质教育,核心是要解决好培养什么人,怎样培养人的重大问题"[①]。教育必须要以育人为本、德育为先,做到提升国民的科学文化知识和思想道德水平。德育确保了教育育人的发展方向,指导受教育者往社会期盼的方向成长。要引导学生热爱祖国、坚定社会主义信仰、拥护中国共产党的领导,引导学生形成集体意识和为人民服务的观念,引导学生形成良好的品质及行为习惯和基本的生存能力。第四,推动教育事业发展,提高教师素质是关键。教育事业决定着一个民族未来的发展,和教师息息相关,教师的个人素质、专业能力、教学水平关系着受教育者的发展方向、提升高度,影响着教育事业的进步。胡锦涛强调,要充分信任、依靠广大教师,不断提高教师待遇,坚决维护教师的合法利益,加强对教师的能力培养,努力造就一支师德高尚、业务精湛、结构合理、充满活力的高素质、专业化的教师队伍。对于教师,胡锦涛同样提到了"四点希望"和"三个必须"。"四点希望":一是希望教师能忠于事业、热爱学生,二是希望广大教师严谨笃学、刻苦钻研,三是希望广大教师敢于创新、奋发向上,四是希望广大教师淡泊名利、志存高远。"三个必须":一是必须形成尊师重教的良好风气,二是必须重视加强教师队伍建设,三是必须吸引优秀人才从事教育工作。

三、中国传统教育思想

在中华文明五千年历史的长河中,中国的教育可以说是浓墨重彩的一笔,传统的教育思想在中华历史的发展过程中有着十分重要的作用,产生着深远的影响。它促进了古代文化教育事业的发展,中国的传统教育思想成果非常丰硕,中国古代教育在学校教育、社会教育、家庭教育以及百工技艺方面都非常出色,没有中国古代教育的延续就没有现如今的中国教育。习近平总书记在曲阜对孔府的考察中指出,中华优秀传统文化是中华民族的突出优势,中华民族伟大复兴需要以中华文化发展繁荣为条件,必须大力弘扬中华优秀传统文化。[②] 在实际的教学过程中,古代教育家们总结出了系统的教学理论、教育方法和对教师的要求,这些见解对当今教育有着重大的影响。中国古代教育思想主要有儒家教育思想、道家教育思想以及佛教教育思想等。

---

① 中共中央文献研究室:《十六大以来重要文献选编》(下),中央文献出版社,2008年,第617页。

② 中共中央宣传部:《习近平总书记系列重要讲话读本》,学习出版社、人民出版社,2014年,第99~100页。

（一）儒家教育思想

优秀的传统文化在中国绵延五千年的优秀文明沃土上生长并发展起来，滋生了中国传统教育思想。先秦时代是儒家文化的发轫期，儒家的教育文化并不简单地指所谓的儒家思想在教学方面的作用，而更多指的是教育的价值，教育贯穿了儒家思想的全过程，儒家教育思想有很多值得学习的地方。汉唐儒学在历经了先秦的诸子百家后逐渐趋向于统一，出现了汉武帝"罢黜百家，独尊儒术"的思想，汉武帝尊崇"五经"，"五经"地位的确立标志着儒家思想逐渐成了中国传统文化中的主流思想。宋明理学是儒家教育文化的成熟期。在儒学一统的背景下，道学复兴、佛教传入以及儒释道思想文化之间的互相交融创造了辉煌无比、延续不绝的灿烂中华文明。

儒家教育思想强调道德教育为主，孔子是儒家教育思想的奠基者，孔子在教育实践活动中产生了非常多影响后人的教育思想。孔子非常重视教育对于国家和社会的作用。儒家思想讲求"仁、义、礼、智、信、恕、忠、孝、悌、义"，重点强调"仁"。"仁"是儒家教育思想的要义。孔子兴"礼"倡"仁"，为社会确立了良好的道德规范和准则，成了封建社会的基本行为准则。从教学方式看，儒家教育思想长期居于统治地位，一直是统治者指导思想里面极其关键的组成部分，儒家教育思想主要体现在以下几方面：

一是"有教无类"与"因材施教"。孔子于两千多年前便提到"有教无类"思想，进而推翻了"学在官府"的传统思想，反对把人分为三六九等，提倡教育大众化。子曰："有教无类。""有教无类"是为了使每个学生都能够发挥自己所擅长的一面，该思想在教师教学过程中起到了分类教学的指引作用。"因材施教"作为被大众推崇的卓越传统教育思想的组成部分，最开始并非孔子提出，而是后人根据其经验总结而成。在孔子看来，教学过程中，要注重观察每个学生，每个学生对于知识的接受能力都有所不同，会受到自身人格、智力、思维等方式的影响，应该采取不同的教学方案。孔子对学生情况了如指掌，更强调学生的个性差异，这启示当今教育也要实施"差异化"教学模式。对于"仁"来说，孔子言："己所不欲，勿施于人。"《论语·雍也》中也有"己欲立而立人，己欲达而达人"。孔子在"仁"方面对庶民和君子都有不同的要求，这种有层次性的教育有很强的分层教学的性质。孟子也继承了孔子的"因材施教"观念，他在《尽心上》中说："君子之所以教者五：有如时雨化之者，有成德者，有达财者，有答问者，有私淑艾者。此五者，君子之所以教也。"朱熹根据人的年龄和心理特点把教育分成了"小学"和"大学"，并针对这两个不同的阶段采取不同的教育目标和教育内容,《朱文公文集》中记载小学就应该"教之以洒扫应对进退之节,礼乐射御书数之文",而到了大学就应当"教之以穷理正心修己治人之道",指出学习应该循序渐进、从简到繁,要根据具体条件具体执行方可得到长远收获。"有教无类"和"因材施教"的传统教育思想对当今的中国教育来说依然有着极其巨大的影响。要做到"有教无类"困难重重,在实际的教育教学过程中,教育不公现象十分显著,或因地域因素引起,也有教学资源不平衡引起,习近平总书记的教育公平思想也可以从儒家教育思想中找到根源。

二是"温故知新"与"学思并重"。在《论语·为政》中孔子说道:"温故而知新,可以为师矣。"温故知新说明了在学习的时候除了要很好地掌握固有的知识,还应该仔细思考、发表自己的观点,拒绝死读书。要将理论与实践结合,把学习的过程变成一个理论学习和实践锻炼不断重复的过程。在《论语·为政》中孔子说道:"学而不思则罔,思而不学则殆。"孔子提倡在学习的过程中要思考,要学会举一反三,学习固然是基础,同时也必须对问题进行反思,《礼记·中庸》里又将孔子的"学思并重"思想发展为"博学之,审问之,慎思之,明辨之,笃行之"。这里同样赞同了"学思并重"思想,同样也指出思维是十分重要的。决定一个人的不是自身的聪明才智,而是不断地学习和思考。同时孔子还提倡终身学习,在《论语·为政》中孔子言:"吾十有五而志于学,三十而立,四十而不惑,五十而知天命,六十而耳顺,七十而从心所欲,不逾矩。"孔子的这个思想充分表达出"活到老,学到老"的精神。

三是德育思想。早在原始社会,就出现了道德教育的萌芽,比如图腾崇拜以及与之相关的歌舞和神话故事,是氏族形成以后进行道德习俗教育的重要形式,它们有助于增强氏族共同体的观念,激励人们为集体利益而献身。[①] 到春秋战国,即便在"礼崩乐坏"的背景下,各个诸侯国也十分重视德育教育,将中国传统道德教育中的"三纲五常"视为教学标准,十分重视完善道德,进而形成了儒家教育伦理道德核心体系,主张人才培育要以"德育"为先,做到德才兼备,从而实现德治的终极政治思想。无论孔子、孟子、荀子还是后来的朱熹都非常重视道德教育,从不同的角度提出了他们关于道德教育的一些主张,孔子以"仁"作为道德教育的中心要素,在《论语·颜渊》中孔子讲到"克己复礼为仁"。而孟子的义利观和人格论等观点亦表达出了他的道德论。朱熹提出的"存天理,灭人欲"就是强调克服一己私利,通过教育实现道德人

---

① 金建萍:《坚持以人民为中心的发展思想研究》,人民出版社,2020年,第272页。

格的完善。

在中国历史的发展过程中，因儒家教育思想在发展过程中逐渐走向统治地位，所以儒家的道德标准是无数贤人信奉的标准。中国古代的德育思想对现如今的影响也很深远，是当代"四有"新人的道德基础，同时也和如今的公民道德规范有着一致性，反映了新时代赋予"德"更高的要求。儒家教育思想在德育教育上和习近平提倡的做好高校思想政治教育在内容上有着相似的地方，道德建设也是高校思想政治教育的任务之一。习近平总书记非常重视青年成长，将德育教育摆在了优先落实的位置，指出要通过德育教育来实现"德智体美劳"全面发展。他提出，新时代"既是近代以来中华民族发展的最好时代，也是实现中华民族伟大复兴的最关键时代"[①]。习近平新时代中国特色社会主义思想要求从根本上做好青少年的教育，习近平总书记指出，新时代青年的道德教育内容应该包括理想信念教育、社会主义核心价值观教育、中华优秀传统文化教育等。"立德树人"与儒家文化有着共同的根基，人无德而不立，"立德"是"树人"的基础条件，培育德智体美劳综合发展的接班人。儒家教育强调成德成人教化之道，儒家的"教"就是把德放在了首位，把德性作为自我实现和自我成就。儒家通过教育转化成一种内心的觉醒，而习近平总书记倡导的"立德树人"从这一方面和儒家的德育思想有着本质的一致性，不论是当今的思想政治教育还是儒家教育文化，关注点都在于人格与德性的教养，因此立德树人和儒家文化有着共同的根基。

四是尊师重教思想。中国在历史上从上到下，不论是平民还是官府都非常重视教育，历来就有尊师重教的传统风尚。历史上的教育家，结合自身的经历总结并提出了言传身教、以身作则等要求。在《论语·子路》中孔子说道："其身正，不令而行；其身不正，虽令不从。"这里面就体现出了要以身作则的教育思想。孔子倡导尊师重教的教育思想，师生之间要建立起良性互动的关系。孟子亦说过"师者，人之模范也"。师道尊严，师有道才能得到真正的尊重。《礼记·学记》中说道："凡学之道，严师为难。师严然后道尊，道尊然后民知敬学。"这句话涉及教育三个重要的因素："师""道""学"，"师"就是教育者，"道"是教学内容，"学"指教学活动，而严师并不是指严厉的老师，而是指要尊敬教师；"道尊"是指尊重老师传授的"道"，即尊重真理知识；"敬学"是指重视、敬重教育，潜心学习。"严师"不是目的，目的是"道尊""敬学"。《学记》中着重说明了教师的身份地位和不可取代的作用，其中通过人伦

---

① 习近平：《在北京大学师生座谈会上的讲话》，人民出版社，2018年，第11页。

关系展现了教师的重要作用，古时候的师道尊严与现代社会的尊师重教本质上是相通的。国之大计，教育为本。这就要求新时期全社会都要重视教育，促进教师队伍建设的改革。

虽然"修身、齐家、治国、平天下"的儒家教育目标和当今时代的教育目标存在差异，但是儒家教育方式方法仍然有可取之处，对当代教育仍然具有很好的借鉴意义。

(二）道家教育思想

道家在春秋战国时期产生并发展到了鼎盛，产生了老子、庄子等代表人物。《道德经》记载："人法地，地法天，天法道，道法自然。"老子讲道，道十分玄妙，不可见，不可识，更不可分，人们只能自然地去感受它的存在。老子的"道"是无为，是事物的本源，一切事物的衍生都来源于"道"，这个"道"并不是我们常见的实物，它指的是一种规律，人们要按照规律行事，见素抱朴，少思寡欲。道家思想体现了以"道"为核心的自然主义教育理念，主要体现在教学内容、教学方法和原则上。

一是在教学内容上主张不言之教。教育应该遵循"处无为之事，行不言之教"，这里说的"不言"是指教师不能妄言，主张"善行"和"以身施教"。老子认为教育是一种悄无声息的教化，这样才能使人得到感化，一个最好的教育者就是本身要"善行"，其一言一行都超越了有形的教育活动，受教育者在春风化雨中得到感化。简而言之就是教师应该重视学生的本性并尊重它，尊重受教育者在心理和生理方面客观的规律，诱导出学生的潜能，而"不言之教"则指受教者应不断自悟，充分发挥主观能动性，而这一思想启迪了新时期的教师队伍建设。当今世界是知识和人才的竞争，其实质就是"创新"，道家物无定极的批判精神启迪教育者要超越传统，充分利用受教育者在教育教学中的主体地位，进而挖掘出他们在日常的教学活动中的积极性、主动性。道家还提出"少私寡欲"的道德修养，道家智慧充分运用在了道德修养建设当中，对缓解现代社会浮躁之风起着积极的作用，道家智慧对立德树人起着推动作用，有利于大学生理想信念、道德人格的培养。当代教育既达成了非常多的成就，也还有许多问题存在，课程、教学改革要求教学要遵循自然发展的规律，不可操之过急，可现如今还存在忽略学生自然天性的填鸭式教育，而道家思想恰好体现了返璞归真的教育方式。

二是体现在教学方法和原则上。老子的教育思想传达了以柔胜刚、以弱胜强的理念。他在观察事物的对立面时，看到了事物的两面相互依存并转化。

《道德经》中有："天下莫柔弱于水，而攻坚强者莫之能胜。"（不要看水非常的柔软，即便在遇到十分坚硬的物体时，它依然能够胜利）这里面蕴含了以柔克刚、以弱胜强的哲理，这也启发了当今教育，当今的教育者应从这一思想中学会反对强制灌输，因教育的成功在于引起感情的共鸣和心灵以及思想文化的交流。在教育原则上，强调"图难于其易，为大于其细"。老子曰："合抱之木，生于毫末；九层之台，起于垒土；千里之行，始于足下。"事物的发展变化都是从量变慢慢发展到质变的一个过程，这对教育者提出了要遵循客观规律的要求，要顺应自然进行教育，反对急功近利、揠苗助长的教育方式，违背"道"是不明智的做法。

总而言之，老子的无为思想不是提倡消极等待、毫无作为，而是遵守自然界的客观规律，是具有深刻的教育思想内涵的，不仅仅是处世之道、治世之道，同时还是育人之道。庄子的教育思想在继承老子思想的同时还进行了改进，庄子倡导人们应该遵循自然之道，人和自然不应该站在对立面，人应该遵从自然、顺应自然，最终达到人与自然的和谐共生。高深的意境和充满辩证色彩的自然哲学思想使道家成为中华传统文化中的一朵奇葩。

（三）佛教教育思想

在世界三大宗教中，佛教是最早产生的。佛教产生于印度，于两汉时期传入我国，并在三国、魏晋南北朝时得到了跨越式发展，在隋唐时期迎来了佛教发展的巅峰时期。中国古代的各种思想都受到了佛教十分深远的影响，随着理学、心学的相继兴起，对佛教许多思想进行借鉴、吸收，使佛教思想完全融入中华文明之中，变成中华文明肢体中的重要组成部分。佛教随着传播区域的不断扩大逐渐成了三大宗教之一，可见佛教思想的传播和发展对启迪文化走出去有着重要意义。佛教的教育思想是道德教育和智慧教育的统一。首先，佛教主张众生平等，中国在很早就有了平等的观念，主张任何人都有享受教育的权利。其次，佛教还强调个性化，主张"我心即佛"，强调个体自身用心去感悟才能感悟到知识，这一思想实质是反对强制灌输，看重受教育者的主观能动性。佛教以"我等与众生，皆共成佛道"为其教育目的，看重自身觉醒，在学习的过程中探寻、感受人生真谛。佛教注意到在天资、性别各方面，所有人都是各不相同的，但通过正确的引导和学习就能使人得到教化，不断向上和向善，最终实现人与人、人与自然的和谐统一。这启示我们要实现大众化教育，反对只培养少数精英式的教育，给学生提供平等的学习机会，拒绝唯分数、唯升学、唯文凭、唯论文、唯"帽子"等考评方式，最终实现教育公平。

佛教的教育理念贴近其本身发展思想，其中包含了有教无类、对机说法、挫折教育、众生平等、言传身教等。

有教无类。有教无类思想，讲的就是不管贫穷富有、无论是哪个阶级、是智是愚、在何地出生，都应该被平等地对待，都有权利接受教育。孔子提出了这一思想，在《坛经》（法海本）中也有记录。在经文开始处，禅宗六祖惠能便向各信众介绍自己。他出身贫穷、不识字，靠着上山砍柴维持生计。机缘巧合之下，他遇到了《金刚经》，随即顿悟，便来到黄梅拜见了五祖弘忍大师，在黄梅的寺庙做砍柴舂米等杂事。有一日，弘忍大师想知道弟子对佛法的体悟，于是让众弟子各作一偈，并承诺"若吾大意者，付汝衣法，享为六代"。神秀上座在墙壁上作了一首偈："身是菩提树，心如明镜台，时时勤拂拭，勿使惹尘埃。"随后惠能一听便知此偈未见本性，托人帮他也写了一首偈言："菩提本无树，明镜亦无台，佛性常清净，何处有尘埃。"又偈言"心是菩提树，身为明镜台，明镜本清净，何处染尘埃。"经过这两偈的考验，五祖将衣钵传授给了惠能。五祖弘忍教育不讲究亲疏血缘、不论出身、不看贵贱，均同等看待。他更看重的是僧侣们对佛法的悟性、理解，谁能够悟到佛法本性、掌握佛性佛理，就能够得到其衣钵。惠能便是这样，他出身、学识均算平凡，但他能了悟佛性、明白佛理，于是得到真传。这一有教无类的教育思想在当时的社会算是一种超前的进步思想，并且也符合现今社会的教育需求。

挫折教育。《坛经·行由品》（宗宝本）中记录着六祖惠能的自叙，六祖在追逐佛道的过程中历经了千辛万苦。他在儿时以打柴维持生计，突遇机缘到黄梅拜在弘忍大师门下，开始凭借"佛性本无南北"通过拜师难关；接着舂了八个多月的米，闯过磨难关；顺利通过赛偈关取得衣钵，再后来通过感化陈惠明，巧妙地避免了被夺取衣钵，在猎人队里面，度过十五年的隐姓埋名生活，终日食肉边菜，最终身体心灵都得到了应有的磨炼；于光孝寺中凭借"风幡何动之争"体悟"心动"语，进而大开顿教法门。在六祖惠能的一生之中，他经历了艰难的成长，通过求法道路上的磨炼，成了名留千古的高僧。宝剑锋从磨砺出，梅花香自苦寒来。挫折教育这一思想在《坛经·行由品》（宗宝本）中得到了十足的体现。挫折教育即是通过科学的教育指导，依据受教育者自身条件和教育者实施教育的需求，有意识地培养受教育者的竞争意识，强化受教育者的挫折应对能力，让他形成勇于尝试、敢于面对困难并战胜困难，能够承受挫折的习惯，进而养成对复杂环境的适应性，有独立面对问题并解决问题的能力。六祖惠能便是挫折教育的践行者，拥有面对挫折的心理、勇气以及战胜挫折的理想信念和实际行动。挫折教育造就了一位传奇、一代圣人。所以，在现代的日常教育活动中，应该有组织有目的地加入一些挫折教育，培育学生克服困难、战胜困难，勇于面对生活挫折，树立起做一个对社会有用之人的理想信念，培养出有过硬心理素质的学生。

众生平等。《大正藏》里面讲道："诸大菩萨应该要这样制伏他们的妄心，无论是依卵壳而出世的众生、由母胎而出生的众生、因潮湿而生的众生，还是无所依托而仅借其业力出生的众生。又无论是欲界与色界中有物质形体的众生，还是无色界四天中那些没有物质形体的众生。无论是有心识活动的众生，还是没有心识活动的众生，以及谈不上有无心识活动的各类众生。所有这些众生，其都要使他们断尽烦恼，永绝诸苦，脱离生死轮回，达到绝对清净圆满，永恒妙乐常住的涅槃境界，从而使他们获得彻底的、最终的解脱。这就是菩萨的宏愿，即慈悲济世，普度众生。"世间全部的生命都是平等的，不管人、动物还是植物，均不分高低贵贱。

总之，中国古代教育思想有着最朴素的辩证思想，善于用矛盾的观点看待问题，既看到学生的优点也看到其缺点，同时都很重视道德教育。

综上所述，新时代中国教育改革理论的形成离不开对中国优秀传统教育文化的继承，习近平曾经指出："当代中国是历史中国的延续和发展。新时代坚持和发展中国特色社会主义，更加需要系统研究中国历史和文化，更加需要深刻把握人类发展历史规律，在对历史的深入思考中汲取智慧、走向未来。"[①] 习近平强调："文化兴则国运兴，文化强则民族强。"[②] 我们要树立高度的文化自信，文化自信是更基础、更广泛、更深厚的自信。而这种文化自信就源于对优秀传统文化的继承和发展，纵观习近平的讲话和论述，传统文化教育理念如影随形，他引经据典、旁征博引，用各种例子深刻阐述教育的哲理性，这些哲理来源于历代圣贤先哲。习近平曾指出："不忘本来才能开辟未来，善于继承才能更好创新。"[③] 习近平总书记在富有深远影响的讲话中对古代经典娴熟运用，这种独特的风格对世界文明的发展产生着重要而深远的影响。

[①] 中央纪委国家监委新闻传播中心：《全面从严治党职责与实践探索（理论卷）》，人民出版社，2020年，第15页。

[②] 习近平：《决胜全面建成小康社会　夺取新时代中国特色社会主义伟大胜利——在中国共产党第十九次全国代表大会上的报告》，人民出版社，2017年，第40~41页。

[③] 中共中央宣传部：《习近平总书记系列重要讲话读本》，学习出版社、人民出版社，2014年，第100页。

第二章　新时代中国教育改革理论的主要内容

习近平总书记根据新时代中国国情及教育实际，以历史和时代的视角为切入点，形成了习近平新时代中国特色社会主义的教育思想，对新时代的中国意义深远，指引着新时代中国教育事业的前进方向。

第一节　教育思想方针：四个服务

2016年12月7日，全国高校思想政治工作会议在北京召开，习近平总书记在会上首次提出了教育的四个服务方针，规定了教育的四个服务对象：我国是人民当家作主的社会主义国家，教育要为人民服务；中国共产党是我国领导一切的执政党，教育要为中国共产党治国理政服务；中国特色社会主义是党理论和实践的主题，教育要为巩固和发展中国特色社会主义制度服务；当前我国以建设中国特色社会主义现代化强国为目标，教育要为改革开放和社会主义现代化建设服务。我国教育方针的完善经历了一个发展过程，教育的"四个服务"方针是从"两个服务"发展而来的。党的十六次全国代表大会将教育为人民服务写入了党的教育方针，从此明确了我国教育有两个服务对象：社会主义现代化建设和人民。教育为人民服务的加入，凸显了我国教育要坚持以人为本的发展思想。从"两个服务"发展到"四个服务"，经历了党的十六大以来不断探索的历史过程，体现了党坚持总结教育实践经验，对教育事业的认识不断深入，教育方针不断完善的过程，明确了我国教育事业的服务对象，回答了我国教育"为谁培养人"的问题，保证我国教育事业始终沿着正确的方向前进。

一、教育为人民服务

习近平总书记在全国教育大会上的讲话中提出了教育"九个坚持"的重要论述，提出我国要"坚持以人民为中心发展教育"①，这是发展习近平新时代中国特色社会主义教育事业的价值立场，体现了教育为人民服务的方针。教育是人民群众最关心的民生问题之一，事关个人能否具备追求美好生活的能力、人民群众生存和发展的能力，适应社会生活、提高综合素质、实现全面发展目标等，都离不开教育的基础支撑作用。

教育要为人民服务，首先是因为教育具有塑造人的功能。教育能够传授知识，培养道德，塑造人格，使人通过掌握知识、养成良好的道德品质、健全的人格，从而更好地进行社会生产和生活，提高物质生活水平、思想觉悟和精神境界。教育是创造美好生活的根本途径，人民群众要过上更美好的生活，教育是源头。在全国教育大会上，习近平指出，教育是一个国家和社会培养人最基本的途径，对促进个人的全面发展、提高社会整体素质具有决定性意义。习近平认为，教育能够给人发展自身、奉献社会和造福人民的能力，我国要努力满足人民受教育的需要，为人民群众提供水平更高、更公平的教育。人的发展不是某一刻所达到的即时状态，而是从低级走向高级的动态过程；也不是自发形成的结果，要通过外部的作用来获得。教育能够教给人在当今社会中生存所必须具备的技能，在此基础上传授人知识、文化、科技等内容，来提高人的综合素质，这其中最重要的是使人拥有发展自我的意识和能力，实现人和教育的良性互动。这些成果都要通过教育才能达到。习近平在视察北京市八一学校时强调，我国的教育，就是要培养德智体美全面发展的社会主义建设者和接班人，通过教育全面满足人自身精神和物质发展的需要，以个人的发展促进社会不断向前进步，这是党的教育方针的重要内涵。

其次，为人民服务是社会主义教育的本质要求，这是马克思主义政党进行教育事业建设的行动宗旨。我国发展的教育是社会主义教育，具有人民性的特点，对人民受教育权利的保障程度是重大的民生问题。人既是教育实践的主体，又是教育实践活动的价值归宿，教育发展的最终目的是服务于人的发展，满足人民受教育的需求是教育为人民服务的根本体现，要用教育为实现人自由而全面的发展建立牢固支撑。教育要为人民服务，首先要为人民群众提供公平

---

① 教育部课题组：《深入学习习近平关于教育的重要论述》，人民出版社，2019年，第96页。

的受教育机会。当前，教育公平的问题是我国教育事业改革亟待解决的突出问题，教育资源配置不合理使得教育公平得不到有效保障，因此解决教育公平问题是教育改革的出发点和落脚点。实现教育公平，就是要实现幼有所育、学有所教。接受良好的教育不仅是人自身发展的需要，更应该是社会主义国家所保障的人民权利。发展中国特色社会主义教育，就要将党的群众路线坚定贯彻到教育改革和发展的事业中，贴近人民群众的教育需求，解决群众接受教育过程中遇到的实际困难，提高人民群众的教育获得感和教育满意度。正如习近平在2018年全国教育大会上强调的，我国发展进入新时代，要加快推进教育现代化、建设教育强国、办好人民满意的教育。人民的需求是教育改革和发展的出发点，人民满意是教育改革和发展的落脚点，这既是党的宗旨的体现，也是党坚持人民立场原则的要求。

  要实现教育为人民服务，就要解决现实社会中存在的教育不公的问题。教育发展的不平衡是导致教育不公的重要原因。教育发展不平衡既包括教育内部细分模块间发展水平的不平衡，也包括区域教育发展不平衡和城乡教育发展不平衡。教育发展的不平衡将会导致区域之间和城乡之间人才数量和质量的差异，从而加重全国经济发展不平衡问题，扩大贫富差距，同时损害了教育落后地区人民公平受教育的权利，对教育民生工程造成极大的破坏。习近平在加快职业教育发展的重要指示中提到了我国教育区域发展不平衡的问题，他指出农村地区、民族地区和贫困地区是我国教育事业发展相对落后的地区，很多人受教育的权利得不到有效保障，教育资源匮乏，要着重解决这些地区人民受教育的问题，增加教育投入，加大教育支持力度，提高他们改善生活水平、提高精神追求的能力。习近平在北京市八一学校考察时强调，我国一切发展成果都由人民共享，教育也不例外；或者说，教育因为是改善民生的基础工程而更甚。如果教育发展成果不能惠及全体人民，那就没有教育公平和社会公平可言。我国正处于全面建设社会主义现代化强国的时期，而要解决贫困地区的发展问题，教育是根本。"扶贫先扶智，治贫先治愚"，要彻底阻断贫困的代际传递，就要提高贫困地区人民改善生活水平的能力，而这种能力只能来自教育。习近平在重庆考察石柱土家族自治县脱贫攻坚工作情况时作出指示，他提出，"义务教育有保障"是"两不愁三保障"里特别重要的一条要求，再苦不能苦孩子，再穷不能穷教育。要保证贫困山区的孩子上学受教育，有一个幸福快乐的童年。在解决"两不愁三保障"突出问题座谈会上，习近平提出在脱贫问题上要实施"五个一批"工程，其中"发展教育脱贫一批"是最根本、最稳固、影响力最持久的脱贫办法。

教育为人民服务，就是要以人民群众对教育的需求为出发点来发展教育，通过满足人民群众受教育的需求来解放和发展生产力，以此达到人的全面发展和经济社会的持续发展，最终实现人民群众的最根本利益。党的十八大以来，以习近平同志为核心的党中央顺应广大人民群众对教育民生的向往和期待，围绕"培养什么人、怎样培养人、为谁培养人"这一问题，始终坚持以人民为中心发展教育的思想，关注落后地区教育发展问题，加快补齐教育短板，深入推进教育事业发展的综合改革，在提升人民群众思想道德素质和科学文化素质方面取得重大进展，把办好人民满意的教育作为教育改革和发展的奋斗目标，大力发展教育民生事业，"不断使教育同党和国家事业发展要求相适应、同人民群众期待相契合"[①]，大大提升了人民群众的教育获得感。

二、教育为中国共产党治国理政服务

我国教育要为中国共产党治国理政服务，首先是由中国共产党的执政党地位决定的。中国共产党自1921年成立以来，经历了漫长的实践探索，不断总结经验教训，逐步成长为一个能够独当一面的成熟的政党，用坚韧的品格和始终如一的初心赢得了人民的认可和拥戴，成为我国革命、建设和改革的领导核心，过去的历史和现在的发展也证明了人民选择的正确性——没有中国共产党的领导就没有中国社会的安定团结，也没有国家的富强和中华民族的伟大复兴。党的十九大报告指出，中国共产党的领导是中国特色社会主义最本质的特征，是中国特色社会主义制度的最大优势。社会的发展是全方位的，从社会发展的事业构成来看，国家政治建设、军队国防建设，党自身的建设以及贴近人民生活的民生事业的发展，都在党的统一领导下进行；从我国地理空间来看，我国幅员辽阔，人口众多，小到个人，大到山川湖海，都在党的统筹规划之中。在全国教育大会上，习近平总书记发表的重要讲话强调了教育事业是我国现代化建设强本固基的事业，是提高国民综合素质的基本途径，在现代化建设中具有极其重要的地位，要始终坚持发展党领导下的教育，牢牢抓住党对教育的领导权。他指出，教育部门和各级各类学校处于教育事业的最前线，其政治立场和政治方向决定了国家未来的发展，教育改革和发展要在党的统一领导下进行，坚决维护党的领导权威。党协调和领导各方，同时党的领导也需要各方事业的配合拥护。教育为中国共产党治国理政服务，是党各项方针政策有效落

[①] 教育部课题组：《深入学习习近平关于教育的重要论述》，人民出版社，2019年，第3页。

实的保障，能够从国民意识层面巩固党的领导地位。

其次，教育具有政治性。在我国，教育作为上层建筑的一部分，是社会意识形态的一种表达，是将意识形态内容和精神传递给人民并得到认可和掌握的实现途径，能够凝聚社会各方各类成员的力量，将纷繁复杂的社会意识整合起来，从而使党的执政地位得到巩固。通过教育具有的解释、传播、灌输等功能，塑造人的知识体系，培养人的道德认知，树立人的理想信念，能够在全社会形成理解党、认可党、拥护党的良好风气，为党的各项工作提供良好的舆论环境。教育能够提高人民群众的思想觉悟，使人民群众准确理解把握各项政策，拥护党的各项决策并自觉监督，使政策能够更好落实，还能为各项事业建设，包括党自身的建设源源不断输送大量高素质人才，提高党治国理政的能力。习近平总书记强调："我国是中国共产党领导的社会主义国家，这就决定了我们的教育必须把培养社会主义建设者和接班人作为根本任务，培养一代又一代拥护中国共产党领导和我国社会主义制度、立志为中国特色社会主义奋斗终身的有用人才。"[1] 这一论述明确了我国教育事业具有政治性和党性。任何国家和社会的统治阶级为了维护其自身统治，形成安定的国内环境，都要通过教育，从思想意识层面在全社会形成具有凝聚力的社会风气。我国的教育是党领导下的教育，学校是党领导下的学校，这就要求教育为党治国理政培养人才，在意识形态培养上下功夫。

教育要为中国共产党治国理政服务，还因为党完成新时期治国理政的历史性任务需要教育的力量作支撑。推进现代化建设是党在新时期重要的历史性任务，我国要实现"两个一百年"奋斗目标，建设社会主义现代化强国，实现中华民族的伟大复兴，对教育事业提出了新要求，赋予了教育事业发展新任务。教育能够传授人知识和技能，使人的思想觉悟得到提升。发展广泛而公平的教育，能够提高社会整体的道德素质，从而为现代化建设创造良好的社会环境，是经济建设在发展方向上的维稳器。因此，教育要自觉承担起服务于党治国理政的使命，在各项教育改革措施的实施过程中贯彻党治国理政的基本理念，既要通过思想政治教育激发人民群众投身现代化建设的积极性、主动性和创造性，鼓励群众自觉勇敢担负起新时代的历史使命，又要通过知识技能教育提高人民群众的智力水平和技术能力，提升现代化建设的质量和速度。通过教育培养综合素质或者专业技能优秀的人才，对于党完成新时代另外两项历史性任务——祖国统一、维护世界和平与促进共同发展也提供了最基本的人才和技术

---

[1] 教育部课题组：《深入学习习近平关于教育的重要论述》，人民出版社，2019 年，第 4 页。

保障，这充分证明教育是党治国理政的基础工程，教育要为中国共产党治国理政服务。

教育为中国共产党治国理政服务，一方面体现了教育在形成思想观念、引领正确方向上的重要作用；另一方面进一步巩固了党的领导地位，有利于党各项工作的开展，还能够给我国的社会主义建设输送大量人才，充分体现了教育发展的作用和目的，是发展社会主义教育的题中应有之义。

三、教育为巩固和发展中国特色社会主义服务

新时代教育事业的发展应当跟随国家总体发展的脚步。教育事业在发展过程中最重要的问题，是培养什么样的人，人的发展也是有方向可言的。当代中国是一个坚决坚持人民当家作主的社会主义国家，大力发展具有中国特色的社会主义教育事业，其根本任务是要培养社会主义的建设者和接班人，培育出坚持走社会主义道路、坚持社会主义理论、坚定维护社会主义制度的人才。习近平总书记指出："'国势之强由于人，人材之成出于学。'培养社会主义建设者和接班人，是我们党的教育方针，是我国各级各类学校的共同使命……高校只有抓住培养社会主义建设者和接班人这个根本才能办好，才能办出中国特色世界一流大学。"[①] 习近平在学校思想政治理论课教师座谈会上又一次强调，培养拥护我国社会主义制度、立志为中国特色社会主义事业奋斗终生的有用人才，是教育发展的根本问题，也是一切发展的根本问题，只有这样才能实现现代化建设和中华民族的伟大复兴。我国教育要巩固和发展中国特色社会主义，具有两个方面的原因：

首先，中国特色社会主义是历史证明了的我国发展要坚持的根本遵循。新中国成立以来，实践证明单纯照抄马克思或苏联的社会主义建设模式对具有特殊国情的我国是行不通的，我国要建设成为社会主义国家，必须结合我国的实际情况，将原理进行创造性的运用，赋予其中国特色。事实证明，中国特色社会主义道路是带领我国走向繁荣富强和伟大复兴的唯一的正确道路，无论是发展进入新时代的今天，还是将面临无数未知风险与挑战的未来，中国特色社会主义是我国在风雨中屹立不倒的精魂。我国要坚定不移地继续走中国特色社会主义的道路，这是历史、实践和人民群众根本利益的要求。习近平总书记在十九届中央政治局第十七次集体学习时这样指出：中国共产党从成立之日起就坚

---

① 习近平：《在北京大学师生座谈会上的讲话》，人民出版社，2018年，第5页。

持不懈地传播马克思主义学说和社会主义国家理念，以建立人民当家作主的新社会为目标，提出了一系列以人民为中心的关于未来国家制度的主张，并领导人民为独立、自由和解放进行斗争；新中国成立后，中国共产党依然不忘初心，将马克思主义关于国家建设和社会结构的理论与我国国情深度结合，实现了马克思主义在中国的又一次创造性运用，逐步建设起社会主义国家制度，并在发展的实践中不断巩固国家各方面的重要制度和具体的体制机制，使中国特色社会主义在实践和经验总结中不断得到完善；全面深化改革自党的十八大以来不断向前推进，使得我国社会主义制度的体系结构更加成熟而稳定，使得党和国家的建设事业在社会主义制度的框架下和各项体制机制的落实中取得了巨大成就。党在探索中一步步追寻马克思主义与中国具体国情相结合的最佳方式，在失败和成功中总结经验，经过艰难而漫长的建设过程，赋予了中国特色社会主义制度显著的优越性，使中国特色社会主义制度成为被实践证明了的科学的制度体系。

其次，教育固有的功能决定了它能够起到为中国特色社会主义服务的作用，教育的政治性决定了我国教育具有服务于中国特色社会主义的天然属性。教育是社会上层建筑的一部分，在成为国家统治和发展的一种工具的过程中具有了政治性和方向性，要担负起传播和巩固社会主导意识形态的责任，起到整合社会意识、营造和维护稳定的社会精神和生产环境的作用。我国的实践主体是广大人民群众，社会主导意识形态是人民的意识形态，我国教育的首要目的是为人成才服务。因为每个个体的发展是国家和社会发展的基础，国家和社会的发展是社会中个体发展合力作用的结果，所以个体的发展方向放在社会中会影响整个社会的发展方向。教育作为国家的一项重要职能，具有培育人的功能，就应该起到引领个人发展正确方向的作用。同时，个体的发展总是处于社会环境之中，享受和利用着社会和国家提供的各种物质条件、公共服务和精神文化环境，受国家制度法律的约束，个人与国家互相影响，不可分割。所以，教育培养人应该以国家和社会发展的目标为目标。习近平在北京大学师生座谈会上引用《礼记·大学》中"大学之道，在明明德，在亲民，在止于至善"[①]来说明教育要培养的是满足社会和国家持续稳定发展、制度顺利运行、政策顺利落实、传承优秀传统文化要求的人。教育也有自身的发展方向，但由于教育对人知识体系的构建、人格品质的塑造、思想观念的引导和行为举止的规范在

---

① 中共中央宣传部、中央广播电视总台：《平"语"近人——习近平总书记用典》，人民出版社，2019年，第54页。

一定程度上起决定作用，所以无论在过去还是现在，任何国家都按照自己的政治要求来培养人民，统治者将教育的领导权牢牢握在自己手中，严格规定教育发展的政治方向。因此，我国教育除了要坚持为作为客体的人民和作为主体的中国共产党服务外，还需为作为决定一切的整个制度环境的中国特色社会主义服务。人才培养始终坚持正确的政治方向和发展方向，党在这一点上旗帜鲜明，毫不含糊。学校的使命是传播知识、提高素质、培养人才，作为教书育人的主阵地，要把下一代教育好、培养好，就要从学校抓起，从娃娃抓起。习近平总书记在党的十九届四中全会第二次全体会议上指出，国家制度规定了国家的阶级本质，人民对社会主义的高度自信是一切政策落到实地的重要基础，是党和国家进行一切建设的重要基础，要把制度自信教育贯穿国民教育全过程，把制度自信的种子播撒进青少年心灵，通过教育不断巩固全国各族人民认同伟大祖国的自信，引导人民深刻学习理解并认同中国特色社会主义道路、理论和制度，增强人民群众对中国历史文化的自豪感，进而积极主动地建设和发展它。

无论是实现人的全面发展，还是提高党的治国理政水平，党发展全部事业都要始终坚持中国特色社会主义的正确方向。巩固和发展中国特色社会主义是党和人民全部事业的根本，特别是作为基础事业的教育问题，如果没有正确方向的指引，国家的发展终将在前行的道路上迷失方向。

四、教育为改革开放和社会主义现代化建设服务

我国经过改革开放 40 多年的建设发展，已经成为世界第二大经济体，成为世界经济增长的重要引擎。但我国在大力建设现代化、提升国际地位的同时一直反对霸权主义，并为世界的和平与发展做出了重要的贡献，使得我国的国际地位和世界影响力显著提升，成就了世界瞩目的"中国成功"。习近平总书记紧紧围绕改革开放和社会主义现代化的历史实践总结中国经验，深刻指出以改革开放推动社会主义现代化才是"中国成功"的秘密。也就是说，改革开放是"中国成功"的动力，社会主义现代化是"中国成功"的目标。

改革开放是"中国成功"的动力，是决定当代中国命运的关键一招，也是决定实现"两个一百年"奋斗目标、实现中华民族伟大复兴中国梦的关键一招。"关键一招"是习近平总书记对改革开放正确性和重大意义的肯定。他指出，我国今天所取得的成就离不开改革开放，我国明天也将继续沿着改革开放

的道路不断前进，这体现出了我国坚定不移继续推进改革开放的坚强决心。习近平总书记将改革开放定位为"中国的第二次革命"，指出它不仅深刻地改变了中国的发展模式和发展结果，为我国的社会主义发展之路增添了中国特色，向世界证明了通往现代化的道路不止一条，同时也深刻地影响了世界，契合了和平与发展的时代主题，体现出我国始终坚持与各国在参与人类社会的共同治理中携手并进、把握机遇的立场。正如习近平所说："改革开放只有进行时没有完成时。没有改革开放，就没有中国的今天，也就没有中国的明天。"[①]我国进行对内改革、对外开放的脚步自党的十一届三中全会以来就从未停止，党更是在十八届三中全会吹响了全面深化改革的冲锋号角，在不改变我国根本制度的前提下，全面深化改革体制机制中不能与时俱进的部分，破除长时间稳定过程中产生的体制内的不健康问题，调整实践过程中发现的不合理现象，对陈旧的体制机制进行合理的创新，在全面深化改革中使中国特色社会主义制度始终保持科学性和先进性，促进国家治理思维、能力和体系在实践发展中不断推陈出新，与时俱进，保障社会主义现代化建设的持续推进。

社会主义现代化是改革开放和"中国成功"的目标。习近平总书记在纪念红军长征胜利80周年大会上强调，实现社会主义现代化和中华民族伟大复兴是坚持和发展中国特色社会主义的总任务，当前我国发展水平距离世界发达国家还有一定的差距，现代化建设是一项极其艰巨的任务，将会经历一个漫长的发展过程。我国要实现的现代化是全面的现代化，它涉及人民生活和国家建设的方方面面，但究其本质而言是人的现代化。人综合素质的提高能够推动国家的发展进步，国家的现代化最终反过来为人的现代化服务，实现人的全面发展是国家发展的出发点和落脚点。

教育是人获得发展最重要的来源。教育是社会上层建筑中的一部分，归根到底是要服务于改革开放和社会主义现代化建设的，这就要求我国教育要培养出能够适应并促进我国发展的人才，所以教育说到底是要为人成才服务的。国运兴衰，系于教育，教育兴则国家兴，教育强则国家强，我国教育所培养出的适应改革开放和现代化建设要求的人才将在不久的未来亲手把我国建设成为社会主义现代化强国，在建设祖国中实现自身的最高价值。习近平总书记尤其重视对青年人的教育和培养，把青年人看作现代化建设强大的新生力量，总是鼓励青年人积极进取，加强学习，提高自身能力，勇于担当起时代大任。建成社会主义现代化强国不可能一蹴而就，需要几代有志青年前赴后继投入现代化建

---

① 中共中央文献研究室：《习近平谈治国理政》（第一卷），外文出版社，2018年，第69页。

设，而教育总是按照国家的政治要求来培养人才，我国教育就是要培养一代又一代为社会主义现代化建设和中华民族伟大复兴接力奋斗的青年人，将历史使命代代传递，"我们的今天就是这样走过来的，我们的明天需要青年人接着奋斗下去，一代接着一代不断前进"[1]。习近平总书记明确提出，知识经济时代国家的综合国力通过人才来衡量，人才的数量和质量决定了一个国家参与国家建设的人才队伍的素质水平，进而决定了现代化建设的质量和进度。国家发展需要众多高素质人才的参与，而教育是提高人民素质的第一途径，"教育是人类传承文明和知识、培养年轻一代、创造美好生活的根本途径"[2]。我国有庞大的人口优势，人口基数大，只要教育水平能够提高到一定高度，"将来人才就会像井喷一样涌现出来"[3]。百年大计，教育为本，而各阶段的教育中，高等教育的发展水平对国家而言更具有代表意义。习近平在北京大学师生座谈会上发表讲话时谈到，高等教育培养的是高素质的专业化高等人才，适应社会各行各业的人力需求，其水平体现了一个国家的发展水平和发展潜力，我国社会主义发展进入新时代，无论是全面深化改革、扩大对外开放，还是要完成分两步走建成社会主义现代化强国的目标，"党和国家事业发展对高等教育的需要，对科学知识和优秀人才的需要，比以往任何时候都更为迫切"[4]。

习近平从建设社会主义强国全局的高度论述了教育对我国社会发展的重要地位，教育为改革开放和社会主义现代化服务既是我国教育发展的要求，也是我国教育发展的目标。劳动者的素质对国家和民族的发展起着无可取代的决定性作用，我国教育就是要为建设社会主义强国培养和输送人才。习近平始终认为，人才是改革开放和建设社会主义现代化强国取得成功的第一要素和坚固基石，而人才来自教育的培养，对实现中华民族伟大复兴具有决定性的地位和作用，这是从我国社会主义初级阶段的基本国情出发做出的判断，强调了教育在保障民生、维护社会公平上的基础性地位。

---

[1] 习近平：《在北京大学师生座谈会上的讲话》，人民出版社，2018年，第3页。
[2] 教育部课题组：《深入学习习近平关于教育的重要论述》，人民出版社，2019年，第69页。
[3] 中共中央文献研究室：《习近平关于科技创新论述摘编》，中央文献出版社，2016年，第107页。
[4] 习近平：《在北京大学师生座谈会上的讲话》，人民出版社，2018年，第4页。

第二节　教育任务：立德树人是教育的根本任务

习近平总书记将立德树人确定为我国发展教育的根本任务。这是由于教育作为社会上层建筑的一部分，服务于经济基础和政治上层建筑，而经济和政治的发展归根到底服务于人的全面发展，人的全面发展则以优秀的思想品德为根基。教育是培养人的直接手段，不仅教授人以科学文化知识，更会提高人的思想道德素质，而思想道德教育决定了科学文化教育的发展方向。因此，立德树人才是我国教育发展的根本任务。习近平在北京大学师生座谈会上讲道："'才者，德之资也；德者，才之帅也。'人才培养一定是育人和育才相统一的过程，而育人是本。人无德不立，育人的根本在于立德。"[①]也就是说，德行与才能相比，德行是第一位的，才能是第二位的，没有德行的人才能越高，对社会的威胁反而越大。学校育人如果只重知识和才能的传授，而忽略对道德品质的培养，那么这个学校是不合格的。立德树人的成效能够体现一个学校的社会责任感，各级各类学校要坚持"以文化人、以德育人，不断提高学生思想水平、政治觉悟、道德品质、文化素养，做到明大德、守公德、严私德"[②]。我国的教育就是培养人投身中华民族伟大复兴事业的志向和能力，想要确保教育的持久健康稳定发展，确保教育培养的人才能积极投身于社会主义现代化建设，立德树人才是根基和关键。"德"的培养是社会主义精神文明建设的核心，是坚持科学文化建设社会主义性质和方向的保证，正如习近平所强调的，人民群众最重要的是增强自身的品德修养，"踏踏实实修好品德，成为有大爱大德大情怀的人"[③]。

一、坚定共产主义理想信念

立德树人回答了"教育培养什么样的人"的问题。全国教育大会上，习近平提出了"六个下功夫"——在坚定理想信念上下功夫，在厚植爱国主义情怀上下功夫，在加强品德修养上下功夫，在增长知识见识上下功夫，在培养

[①] 习近平：《在北京大学师生座谈会上的讲话》，人民出版社，2018年，第7页。
[②] 习近平：《在北京大学师生座谈会上的讲话》，人民出版社，2018年，第7页。
[③] 教育部课题组：《深入学习习近平关于教育的重要论述》，人民出版社，2019年，第10页。

奋斗精神上下功夫，在增强综合素质上下功夫，这是对青年成长和教育提出的六个方面的要求，给教育和个人发展提供了六个方面的奋斗目标。其中理想信念教育被放在首要的位置，因为它规定了其他所有方面的发展方向，是社会主义建设者和接班人首先要达到的精神状态，意味着理想信念问题是引领一切的方向问题，是"德"之根本。在我国，共产主义理想信念是一个人"德"的最重要的组成部分，这是世界观、人生观、价值观的问题，是我国教育最基本同时也是最高的要求，因为它关乎民心的团结和国家的发展方向，决定了社会主义国家的前途命运。回望历史，坚定的理想信念既是我们的优势所在，也是需要不懈维护的精神支柱，坚定理想信念，坚持正确的政治方向，无论是对当下还是对未来，都是最根本和最首要的问题。

坚定共产主义理想信念对我国社会稳定和发展具有重要意义。如果人民没有共同坚定的理想信念，就无法团结一心，像一盘散沙，无法形成强大的凝聚力。国家建设是一项宏伟的大工程，需要强大精神力量的支撑。坚定的共产主义理想信念就是我国进行社会主义建设的强大精神支柱，只有培育人民群众坚定的社会主义和共产主义信心，才会使人拥有投身现代化建设的志向，并为之奋斗，不断提高自身的才能。社会主义和共产主义是我国主导意识形态，当前，国内外形势复杂多变，国外敌对势力始终没有放松对我国意识形态和文化的攻击与入侵，国内市场经济的弊端和改革开放政策对青年思想意识的成长带来了一定的冲击和干扰，在复杂的内外环境下，鼓励教育在坚定理想信念上下功夫有维系社会稳定和促进社会发展两个方面的重要作用：

首先，当社会主义和共产主义理想信念成为全体社会成员共同的理想信念时，人们就有了共同的价值目标，而价值观是最牢固最难以改变的，对人行为和价值评判的影响是巨大的，当这种社会共同的价值目标与社会发展方向相一致时，就能形成意识上的团结，这种团结能够在最大程度上维系社会的稳定。其次，鼓励教育在坚定理想信念上下功夫，就是要教育事业全力配合我国社会主义建设，培养具有共产主义远大志向的时代新人，以人才的力量推动社会主义建设。理想和信念的作用是巨大的，它能让人在理想信念的驱动下自觉发展自我，提高自己的综合素质，以更加适应达成理想所需的要求，并投身于实现理想的实践之中。所以要树立共同的社会主义和共产主义理想信念，当每个人都以一己之力投身于社会主义建设，那么将产生巨大的推动力量，促进社会的进步和发展。正如习近平所说:"人民有信仰,民族有希望,国家有力量。"①

坚定理想信念教育要从青年抓起。青年的教育问题是新时代中国特色社会主义教育发展的重点,理想信念教育是重中之重,这主要有两个方面的原因:首先,青年时期是各种观念形成的关键时期。一方面,人的观念在青年时期形成并稳定下来,这个时期人接受和学习事物的能力最强,并且因为思想尚未定型,有更多塑造的可能,此时进行理想信念教育,树立正确的理想信念和价值观念,会影响和伴随人的一生。可以说,青年时期是进行理想信念教育的黄金时期。另一方面,处在观念形成期的青年思想上并不十分稳定,社会、学校、家庭、个人喜好等各种影响观念形成的因素交织在一起,容易因选择过多而感到迷茫,甚至引起混乱,如果没有正确的是非引导和自身明辨是非的能力,特别容易误入歧途。正如习近平所说:"理想指引人生方向,信念决定事业成败。没有理想信念,就会导致精神上'缺钙'。"② 这就需要及时树立正确而坚定的理想信念指引人生的发展方向。所以,在青年时期进行理想信念教育又是十分必要的。其次,青年的理想信念在一定程度上决定了国家发展的未来。青年是国家未来建设的主力军,当青年的理想信念与国家未来的发展方向一致时,国家就能完成既定的发展目标,当我国每一代青年都能牢固树立坚定的共产主义理想信念,我国就能始终朝着共产主义社会的宏伟目标前进。正如习近平总书记所言,青年的理想信念关乎国家未来。青年理想远大、信念坚定,是一个国家、一个民族无坚不摧的前进动力。理想信念既是方向,又是动力,能够推动人做出行为,并决定行为的目的和方式,所以教育应该引导青年树立与我国发展目标相适应的理想信念。习近平强调:"在人才培养上,始终坚持立德树人的根本任务,教育引导青年学生坚定理想信念……"③ 教育要传播马克思主义理论知识,使青年树立马克思主义信仰,同时促进青年对中国特色社会主义道路、理论、制度、文化的认识和理解,坚定"四个自信",形成对中国特色社会主义的信念以及对中华民族伟大复兴的信心,让青年在理想信念的指引下积极投身社会主义建设。远大理想并不是空想,教育还应该通过各种形式的实践活动鼓励青年脚踏实地,做出行动。无论是通过学习提升自我,还是用实际行动感染他人,都是对个人和社会坚定理想信念的一种强化。

坚定共产主义理想信念是中国特色社会主义教育的重要任务,理想信念对

---

① 中共中央文献研究室:《习近平关于社会主义文化建设论述摘编》,中央文献出版社,2017年,第10页。
② 习近平:《习近平谈治国理政》(第一卷),外文出版社,2018年,第50页。
③ 教育部课题组:《深入学习习近平关于教育的重要论述》,人民出版社,2019年,第91页。

于坚定发展方向、凝聚精神力量、建设社会主义现代化强国具有重要意义,而教育对树立理想信念、坚定理想信念和实现理想信念起着重要作用。新时代进行教育改革,发展教育事业,要牢牢把握理想信念这个着力点,坚定人民群众的共产主义理想信念,建立牢固的精神根基。

二、培育和践行社会主义核心价值观

社会核心价值观中包含了一个国家在统治阶级利益驱动下,评判是非对错和做出价值选择的价值标准,呈现的是一个国家最高的精神追求,但只有通过教育成为被社会成员认可的价值观,才能对国家的发展产生强大的物质和精神推动力量,且这种推动力量将是强大而持久的。社会主义核心价值观是社会主义核心价值体系的精神概括,凝练而又明确地回答了我们要建设什么样的社会主义国家、构建什么样的社会主义社会和培养什么样的社会主义个人,体现了社会主义意识形态的本质要求,成为我国发展进步的精神旗帜。社会主义核心价值观的教育是实现立德树人的关键,它本身就是一种"德":富强、民主、文明、和谐,是国家之德;自由、平等、公正、法治,是社会之德;爱国、敬业、诚信、友善,是个人之德,是我国主导意识形态的集中体现。培育和践行社会主义核心价值观是我国面临复杂的国际国内环境而始终保持正确发展方向的风雨不倒的法宝。我国在社会主义精神文明建设中,无论是作为方向引领的思想政治教育,还是提升全民族文化素质和生存能力的科学文化教育,都渗透着社会主义核心价值观的教育。

对青年学生进行社会主义核心价值观教育是我国培育社会主义核心价值观工程的重中之重。青年是国家的未来,青年将在不久的将来成为建设祖国的中坚力量,其价值观能够决定国家未来的发展方向,所以加强对青年学生的价值观培养至关重要,青年的社会主义核心价值观教育应该被引起高度重视。青年正处在价值观形成并稳定的关键时期,对各种观念的接受能力较强,但自身缺乏相应的分辨能力。因此,抓好青年的价值观养成工作是十分关键和必要的。在北京大学师生座谈会上,习近平总书记强调"要坚持不懈培育和弘扬社会主义核心价值观,引导广大师生做社会主义核心价值观的坚定信仰者、积极传播者、模范践行者"[1],当代青年学生"是标志时代的最灵敏的晴雨表,时代的

---

[1] 习近平:《在北京大学师生座谈会上的讲话》,人民出版社,2018年,第6~7页。

责任赋予青年,时代的光荣属于青年"①。习近平总书记把青年的价值观培养比作衣服的第一粒纽扣,如果青年的价值观没有树立好,其他的工作就会出现方向性的错误,就不会有正确和成功可言。所以,对青年学生的核心价值观培育是教育的基础工程,要引导学生学习社会主义核心价值观的内涵,引导学生将其内化为自我价值追求的最高目标,成为自身的道德品质和价值判断标准,使其成为自己思想和行动的依据和标准。另外,教育不仅要培育好社会主义核心价值观,促进学生将其内化为自身的道德品质和意识观念,还要通过多种形式,引导青年学生自觉践行社会主义核心价值观,通过自己的实际行动影响和感染他人,使社会主义核心价值观在全社会范围内蔚然成风。鼓励学生践行社会主义核心价值观,一方面是为了通过外化的行为进一步强化青年学生的思想认识,引导青年学生自觉提升自我修养,积极主动投身于社会主义建设;另一方面,践行社会主义核心价值观能够使青年学生通过实际行动影响和感染他人,营造良好的社会氛围,并将精神力量转化为物质力量,助推社会的进步。

习近平总书记强调,社会主义核心价值观将引导社会主义集体精神家园的建设。中国已经步入新时代,要建设具有中国特色的社会主义,在教育事业中发展并坚持社会主义核心价值观是十分重要的,具有其时代价值。第一,随着中国国际地位的不断增长,国际上不断有反对势力在思想意识层面对我国进行侵犯,妄想破坏我国的意识形态和文化建设。与此同时,国内全面深化改革已经来到深水区,对外开放持续加强,社会上各式各样的价值观及思想混杂在一起,增加了社会精神环境的复杂性,对我国主导意识形态造成了一定的冲击。而社会主义市场经济的弊端对价值观念的塑造也带来了一定的阻碍。面对这样的情况,进行社会主义核心价值观的宣传和教育至关重要、刻不容缓。通过加强社会主义核心价值观教育,倡导全社会对社会主义核心价值观的理解和认同,能够统一社会思想,凝聚社会精神力量,形成抵御外来思想侵略的强大合力。毫不动摇地进行社会主义核心价值观教育,可以增加社会主义核心价值观的渗透力,有效抵御分裂势力的观念渗透。第二,新时代中国要成为社会主义现代化强国,实现中华民族伟大复兴的中国梦,要求我国必须加强治理能力和治理体系建设,加强意识形态工作,通过意识形态的强化汇集全国力量,增强"四个自信",树立必胜的信心。这需要以对社会主义核心价值观的坚定认同为支撑,在核心价值观的引领下整合社会意识,坚定实现中国梦的伟大目标。中

---

① 习近平:《青年要自觉践行社会主义核心价值观——在北京大学师生座谈会上的讲话》,人民出版社,2014年,第3页。

国梦不是一个人的梦想实现,而是全体中国人民的梦。要想实现中国梦,就必须在全国范围内形成价值共识及相同的追求。唯有坚定不移地将社会主义核心价值观在实际生产和生活中践行,建立起社会主义核心价值体系,才有希望把全国各族人民团结到一起,拧成一股绳,为中国梦的实现而不懈奋斗。第三,中国的发展已经步入新时代,社会的主要矛盾变成了人民日益增长的美好生活需要和不平衡不充分的发展之间的矛盾。美好生活的需要是跨越了物质文化需要的、更高一级的精神层面的追求。社会主义核心价值观就是在人民精神层面上的更高的要求,鼓励全国人民在精神上要努力达到这个目标,追求更富足的精神生活。

核心价值观建设,究其本质来说是人的思想建设、观念建设、灵魂建设,目的是树立共同的价值追求,在全社会形成良好的风气,为国家的发展营造良好的国内精神环境。人是社会实践的主体,人虽然受社会和自然环境的制约,但社会发展的程度和面貌却是由人的实践活动决定的,所以人是社会建设的决定性因素。要把社会发展好,首先要把人发展好,把人发展好的关键是要抓住人价值观的建设,培育和践行社会主义核心价值观,就是引导我国人民树立的最高的价值目标。青年是国家建设的接班人,青年的价值追求决定了国家和社会未来的发展方向和精神面貌,要坚决利用教育在意识形态上引导青年人正确的发展方向。

三、弘扬中华优秀文化和传统美德

中华优秀传统文化是中华民族生存发展、绵延不绝的"根"和"魂","中华优秀传统文化是中华民族的精神命脉","中华传统美德是中华文化精髓,蕴含着丰富的思想道德资源"[①],这是习近平总书记对我国传统文化和传统美德的定位,体现了传统文化对我国存在、延续和不断向前发展的重要性。我国的社会主义核心价值观包含古代传统治国思想、社会风气、人民道德品质的精髓,新时期要完成教育立德树人的任务也要从传统道德观念中汲取养料。这些教育目标和任务的设定,都来源于中华优秀传统文化和传统美德,并把传统文化教育作为重要内容和手段,在实现的过程中又坚定了我国的文化自信。教育要坚持弘扬中华优秀文化和传统美德,主要有以下三个原因:

一是弘扬中华优秀文化和传统美德能够为伟大复兴凝聚民族自信的力量。

---

① 李向国:《中国共产党意识形态观及时代价值研究》,人民出版社,2019年,第215页。

中华民族的伟大复兴是社会发展各项事业的全面复兴，其中，中华文化的繁荣是重要条件，提高文化软实力是发展的重点。提高文化软实力，就要深入挖掘我国文化中最深层次、最内核的部分。我国五千多年的历史积淀下来的文化精华早已深入代代人民的骨髓，是中华儿女与生俱来的"胎记"。优秀传统文化和传统道德中包含着中华民族代代相传、最核心的精神追求，教育弘扬中华优秀文化和传统美德，是加强文化事业建设，实现文化繁荣的要求，也是团结统一、勠力同心实现中国梦的强大精神支柱。正如习近平总书记所说，"不忘历史才能开辟未来，善于继承才能善于创新。"[1] 只有坚持从历史走向未来，从延续民族文化血脉中开拓前进，我们才能做好今天的事业。今天的事业就是进行现代化建设，全面深化改革，扩大对外开放。改革会使社会生活产生一些变化，开放会带来一定冲击，特别是对文化和意识形态领域，而要在变动中维持稳定，需要坚强的精神根基和精神支柱。优秀传统文化就是我国在开放交往中，在改革发展中保持自身特色，不忘初心和使命的根基。要"始终把弘扬中华民族传统美德、加强社会主义思想道德建设作为极为重要的战略任务来抓，为实现中华民族伟大复兴的中国梦提供强大精神力量和有力道德支撑"[2]。只有在弘扬传统文化，发展传统文化教育的过程中，树立文化自信，这种强大的精神力量才会转化为我国各项事业建设的物质力量。

二是中华优秀传统文化和传统美德是社会主义核心价值观的源泉。社会主义核心价值观的三个层面分别继承了我国古代传统国家统治的理念、对社会成员关系主张和谐社会风气的向往以及个人自我修养的目标。古代关于国家、社会、个人三方面的发展理想有着很多至今来看也十分先进，或者正好符合当前三方面发展要求的部分，只是由于当时封建社会的弊端，只停留在理想阶段，但这些美好的向往却通过诗文、传说、口口相传等方式流传至今，成为我国历史文化的瑰宝，同时也为国家、社会和个人的发展提供了一定的方向指导和借鉴。我国的社会主义核心价值观就是一种对美好社会的理想，传承了传统思想的精髓。例如，国家层面的核心价值观来源自古以来统治者和人民对国家发展程度的向往，倡导"庶、富、教"为目标的治国理念，儒家"仁政爱民""天下为公"等思想则初步体现了以人民为主的民主思想等。社会层面体现人们对社会风气和社会治理的期盼，法家"官不私亲，法不遗爱"的倡导是依法治国

---

[1] 习近平：《习近平谈治国理政》（第二卷），外文出版社，2017年，第313页。
[2] 张彦、郗凤芹：《涵养好品德：〈新时代公民道德纲要〉十讲》，人民出版社，2020年，第27页。

思想的来源，儒家"克己复礼"的思想倡导以礼待人、友善相处，这些社会理想被传承下来，成为对社会发展的价值取向。个人层面的核心价值观是传统美德的集中体现。"天下兴亡，匹夫有责"的爱国思想体现了社会成员应该具有的责任感。孔子倡导"仁爱"、与人为善等传统思想，是对传统文化中的爱国、笃实践履、诚敬为学等精神的继承。中华优秀传统文化是社会主义核心价值观的来源，是社会主义核心价值观的坚强支撑，社会主义核心价值观的建设和教育必须以弘扬中华优秀传统文化和传统美德为出发点，这是我国面对对外开放过程中多种文化和意识形态的激荡却能够站稳脚跟的坚实根基。习近平总书记指出，要"深入挖掘和阐发中华优秀传统文化讲仁爱、重民本、守诚信、崇正义、尚和合、求大同的时代价值"①，使社会主义核心价值观把社会主义的价值特性与中华民族的文化特性融为一体。

三是教育要担当起弘扬优秀传统文化和美德的任务，因为道德体现了中华传统文化的核心价值诉求，中华优秀文化和传统美德为立德树人提供基本依据。习近平用"国无德不兴，人无德不立"②来强调德的重要性，德是个人、社会和国家存在和发展的根本，经济建设永远在思想道德的指引下进行。中共中央政治局第十二次集体学习时习近平总书记指出："要继承和弘扬我国人民在长期实践中培育和形成的传统美德。"③要在学校教育中对中华民族的优秀传统、文化积淀、历史进程和革命精神用丰富多彩的形式进行宣传教育。传统文化中的精神追求和文化底蕴能够极大丰富人的精神世界和精神生活，通过传统文化相关知识的传递引导人民增强对我国历史文化的认同，树立正确的历史观和文化观。传统文化教育一方面包含对我国历史和多种传统文化形式内容的教育，更重要的是运用其中所蕴含的道德和价值观念感染人和引导人。传统文化中有优秀的部分，也有落后的部分，要注意辨别，按照当代社会发展实际对其进行一定程度的改造，既保留传统的特色，又符合现代的观念，有选择地继承，使其更好地适用于现代社会。"要认真汲取中华优秀传统文化的思想精华和道德精髓，大力弘扬以爱国主义为核心的民族精神和以改革创新为核心的时代精神，深入挖掘和阐发中华优秀传统文化讲仁爱、重民本、守诚信、崇正

---

① 习近平：《习近平谈治国理政》（第一卷），外文出版社，2018年，第164页。
② 习近平：《青年要自觉践行社会主义核心价值观——在北京大学师生座谈会上的讲话》，人民出版社，2014年，第4页。
③ 习近平：《习近平谈治国理政》（第一卷），外文出版社，2018年，第160页。

义、尚和合、求大同的时代价值。"①对我国思想道德建设和美德教育起重要作用的不局限在古代丰富的道德思想中，还包括革命时期我国那段奋勇抗战的历史中包含的革命精神以及社会主义建设时期抱才献国、改变我国落后面貌的伟大奉献精神。党的十八大以来，习近平总书记多次强调"雷锋、郭明义、罗阳身上所具有的信念的能量、大爱的胸怀、忘我的精神、进取的锐气，正是我们民族精神的最好写照，他们都是我们'民族的脊梁'"②，用英雄和模范人物的高尚美德树立榜样，用榜样的力量优化社会风气，激发社会正能量，推动美德带来的精神力量转化为社会建设强大的物质力量。

祖国的未来要靠青年学生来建设，发展中国特色社会主义的事业要靠青年学生来完成，习近平总书记对学校教育发出了期许，希望学校继承光荣传统，传承各民族优秀文化，承担好立德树人、教书育人的神圣职责，着力培养造就中国特色社会主义事业合格的建设者和接班人。立德树人是一个内容丰富的教育体系，其中因为传统文化教育中含有大量丰富的道德思想，成为立德树人体系的重要组成部分。立德树人不能将传统割裂，而要从优秀传统文化中汲取丰富营养，完善立德树人教育体系。在学校思想政治理论课教师座谈会上，习近平总书记总结了我国优秀文化的组成部分，有几千年来中国古人用智慧和才华积淀下来的博大而深刻的优秀传统文化，也有在新民主主义革命和社会主义建设改革中形成的革命文化和社会主义先进文化，这些优秀的文化是我国发展的精神力量，为教育提供了丰沃的土壤和用之不竭的养料。因此，要着力在坚定理想信念、厚植爱国主义情怀、加强品德修养、增长知识见识、培养奋斗精神、增强综合素质上下功夫，而理想信念建立在坚定的文化自信基础之上，爱国主义是我国自古以来世代相传的民族精神，品德修养是从古至今文化积累所得。"六个下功夫"指出了新时代的教育和新时代的青年应在这六个方面努力奋斗，对时代新人提出了更高的要求，而这些要求与传统文化息息相关。在推进优秀传统文化教育过程中，要以实现"六个下功夫"为参照，深入挖掘与阐发优秀传统文化在新时代下推进立德树人的育人内涵与育人功能。

中国人民有独特的精神品质和智慧，所谓天性也不过是文化积淀的价值和理想经过世代继承留在中华儿女血脉中，这些智慧为中华民族创造了博大精深的中国文明，代代相传至今，是历史和先人留给现代社会的宝贵财富，深深影

---

① 中共中央文献研究室：《习近平关于社会主义文化建设论述摘编》，中央文献出版社，2017年，第141页。

② 中共中央文献研究室：《习近平关于实现中华民族伟大复兴的中国梦论述摘编》，中央文献出版社，2013年，第34页。

响现代中国人的精神世界，对社会而言已经成为社会的血液，那些伟大的创造精神、奋斗精神、团结精神和梦想精神应该从基因深处被激发出来，唤醒中华儿女的奋斗力量，并通过行为的感染继续薪火相传下去。

道德教育的内容和精神来源于优秀传统文化和革命文化所包含的价值追求，要完成教育的根本任务，就要坚持从传统文化中挖掘资源。人行为的动力来自精神的力量，传统文化能够使人的精神力量足够强大从而转化为物质力量，外显为提升自我的学习、改善物质生活的工作，这些行为能够在不知不觉中成为推动社会进步的一份力量，从而达到社会发展的目标。

第三节　教育战略：坚持优先发展教育战略

人的因素是社会发展的基础，但人并不能天然具备社会属性。人的最大优势之一就是能自觉地学习。教育能够培养人，教给人在社会中生存和发展的能力，使人具有社会人的属性。在一定意义上，教育是国家统治的工具，能够引导人的发展方向，使人的教育结果与社会要求相适应。因此，发展我国教育事业是社会主义现代化建设的基础工程。习近平总书记在全国教育大会上的讲话中指出，要"坚持把优先发展教育事业作为推动党和国家各项事业发展的重要先手棋"[①]，对教育事业实行优先发展战略，"优先发展，育人为本，改革创新，促进公平，提高质量"是《国家中长期教育改革和发展规划纲要（2010—2020年）》提出的工作方针。在当今社会，经济的发展早已不是单纯只依靠体力劳动和扩大生产规模来实现，而更依赖于知识所带动的脑力劳动。在这样的新趋势下，教育传授知识与技能，其发展水平成了制约社会主义现代化建设的关键因素。教育先行的战略思想是由教育的重要地位所决定的，习近平指出："教育是发展科学技术、传播先进文化、培养优秀人才、推进人类社会文明进步的基础，在现代化建设中具有基础性先导性全局性作用。"[②]

一、全局性的地位

在谋万世和谋全局思想的指导下，习近平总书记多次强调，要实现中国梦

---

① 教育部课题组：《深入学习习近平关于教育的重要论述》，人民出版社，2019年，第3页。
② 习近平：《干在实处　走在前列——推进浙江新发展的思考与实践》，中共中央党校出版社，2006年，第337页。

的伟大愿景，教育要发挥基础性、先导性和全局性的作用，坚持把教育看作对实现中华民族伟大复兴具有决定性意义的事业。无论是提升自我修养还是增强改善物质生活的能力，从个人的成才立业到党的治国理政，无论是发展社会中的哪个行业，还是建设现代化的哪个方面，都需要教育，只有教育才能培养人才，这体现了教育的全局性地位：教育的发展水平关乎中国特色社会主义建设的全局。人的因素对生产力的发展起决定作用，社会主义现代化建设需要人来完成，通过对人进行科学文化教育和思想道德教育，能够培养出高素质、高知识和高能力的人才，当这些人才完成教育过程投身社会生产中去，就能促进社会的发展。从广义上的教育来说，在发展社会的过程中人继续受到教育，在不断的自我提升中提高建设国家的能力和水平。从个人知识的进步、能力的增强，到社会生产力的发展、经济发展水平的提高，再到社会其他方面的发展，都因为教育的发展培养出优秀的人才而带动起来，教育发展对社会能够起到极大的促进作用，具有明显的全局性特征。教育的全局性地位具体表现在：

首先，教育所具有的培养人才的功能影响着社会发展的全局。社会的一切发展都体现出对人的不同能力的需要。从社会构成来看，无论是解放和发展生产力，还是改善生产关系、调整经济结构；无论是发展社会主义市场经济，还是建设民主法治和科学文化事业；无论是发展物质文明，还是发展精神文明，都需要通过教育培养人的综合素质和专业能力来满足发展的需求。从社会单元来看，个人、家庭、企业、政府乃至国家，每一个社会单元构成一个环境，教育的发展成果就体现为每一个环境的氛围和发展程度。由于教育培养总是有规划、有重点地进行，例如国家决定重点发展的行业，会在教育上加大人才培养力度，所以教育的变革会给社会人才结构带来调整，对各行各业的发展产生重大的影响，进而导致经济结构和社会发展格局的变化。从教育的结果来看，教育的成果是人，人将投入社会生产，进入不同的行业，因此教育发展的成果决定了行业和社会发展的程度，不同行业人才数量和质量的差异也决定了行业发展的差异。由此可见，教育的发展对社会产生了全面而深远的影响。

其次，从时间维度来看，教育决定了社会发展的现在和未来。社会要发展，对人才的需求就不会停止。人才不是瞬时产生的，而需要一个逐步提高的过程，这个过程使教育成果的获得相对于教育资源投入是滞后的。教育成果的滞后性决定了教育成果不是教育实施的那一刻就能得到的，而且教育成果也没有固定的标准，其本身也总是处在不断发展和提高的过程中，人能够通过实践和理论学习不断提高自身境界和工作能力。因此，过去培养的人造就了社会的今天，今天培养的人造就了社会的明天，如此环环相扣，只要教育培养不中断，社会的发展也会源源不断。当前，国与国之间的竞争主要是人才之间的竞争，人才差异造成了国家发展水平的差异，对外开放不仅要引进先进的技术和设备，更重要的是引进人才。人才的引进一方面说明在某领域我国教育培养的人才在数量和质量上不能满足发展的需要，对我国教育提出了更高的要求；另一方面也说明了人才储备的重要性，人才培养要与当前和未来社会发展要求相匹配。

最后，对个人而言教育会影响人全方位的发展。教育对个人的影响主要体现在两个方面：一是受教育的程度往往与社会地位和物质生活水平正相关；二是能够树立人的价值观，提高精神境界，提升幸福感。首先，从物质角度来看，教育能够培养和提高人的能力，从而使人能有效参与社会生产。个人能力满足社会需求的程度不同，能够决定人的社会地位和收入水平的高低，通常来说，能力越强或者正好能够满足稀缺人员空位的人，往往能得到较高的地位和收入，这种能力的高低取决于受教育的程度和水平。这里要提到的是，教育除了传授知识，还有一项重要的任务，就是传递社会发展的规范和要求，提高人的规则意识，在教育的渗透下形成与社会要求相符合的思想和行为，这是教育的任务，也是教育之所以能够提高人的社会化水平的功能体现，有规则意识的人才能被社会所接纳，才会有之后的能力展现。通常来说，社会化水平越高的人，规则意识越强，越容易在社会中立足，只有知识和技术而没有规则意识，不遵守社会规范的人并不是一个合格的社会人。一个成熟的教育系统包含了对一个人全面的培养，进行教育的顺序应该是认知能力的培养—规则意识教育—学科教育。规则意识包含了社会要求的道德品质和社会行为规范，由此可见教育对人的影响是全方位的。学科教育中也能培养人参与团队进行团队合作的规则意识，从这一点可以看出，各种类型的教育都能推动人的社会化，而个人受教育的程度能够决定人在社会中的地位和收入水平。其次，从精神角度来看，由于社会的逐渐发达，能够使人的物质生活不断得到保障，导致人对物欲的追求逐渐减弱，对精神满足感的渴求越来越强烈。当前我国人民对美好生活的向往既包含了物质条件的改善，又包含了精神需求的满足。除教育具有提升人思想境界的内容和功能，以及教育本身就是一种精神活动之外，教育能够提高个人能力，使人获得社会的认可，这种成就感能够提升人的自我价值感和幸福感。充实精神世界需要物质和时间两个条件，教育间接给人优越的物质生活条件，同时，受教育程度越高的人往往越能够控制劳动的过程，能够摆脱更多的束缚，这本身就能带给人满足感，而这种对劳动的控制还能够为个体提供更多的时间自由去进行提升自我精神发展水平的活动，例如深造学习和一些能够修身养性的活动，这都是教育带给人的影响。由此可见，教育能够从物质和精神两方面促进人的发展，对个人发展而言也有全局性的地位。

教育的全局性地位是实施教育优先发展战略的重要依据。在制定战略决策时，一方面要高瞻远瞩，统揽全局；另一方面要看清发展趋势、注重实际。始终坚持教育优先发展战略，体现了习近平从社会主义现代化建设的全局的视角出发，对教育全局性地位的清醒认识。

二、战略性的地位

教育对个人而言，是自我发展的基础，对国家和社会而言，是国家稳定和进步的支柱，无论在哪个时代都应该被提到战略性的高度来进行部署，特别是在国家和社会发展都以知识、人才为决定力量的今天。但培养人才很重要的一点就是要从实际出发，其中包括由国家和社会构成的环境实际：因为国家和社会在每个发展阶段具有不同的面貌和特征，会设立不同的发展目标，使得对人才培养的标准和具体要求也会不同。同时这种实际也包括被培养人自身的实际情况：因为每个人都有学习能力、思维性格等方面的差异，相应的教育培养目标和方式内容等也需要有所差异和变化。其中还包括当前教育自身的发展实际，例如对教育的投入水平、教育与社会发展要求相比的实际发展情况等，实事求是地对这方面的实际做出评估，有利于在制订教育发展计划时能够看清教育发展的薄弱环节以进行重点部署。以上三种实际充分说明了制订教育事业发展计划应该与具体阶段的实际情况紧密结合在一起。

新中国成立以来，教育就一直成为党和国家坚持发展的事业，并且在1977年恢复高考制度后越来越受到重视。教育是全国性的事业，影响社会发展的各个方面，决定社会发展的今天和明天，应该将其摆在战略性的地位重点发展。改革开放以来党中央对教育制定过很多发展政策和战略，体现出国家对教育事业的重视程度，并且从教育成果滞后性的特点出发，对未来国家发展趋势进行科学预测，在国家总体发展规划和布局的基础上对教育事业发展进行适度超前的部署，使教育为实现国家计划和目标开路。从教育的重要地位出发，我国对教育实施了科教兴国、人才强国战略，在此基础上又提出了可持续发展战略，增加教育优先发展战略。这些战略体现了教育事业对于国家发展的重要性，从战略性高度进行的部署，无论是从过去、现在还是将来来看，都具有重大意义。当前我国建设的社会主义现代化强国，以科技和人才为支撑，科技来源于人才，人才来源于教育，正如习近平总书记所说，当今世界，人才是推动社会发展的战略性资源，因此培养人才的教育就具有了战略性的地位。

既然教育具有战略性地位，要与社会发展阶段相匹配，那么明确现阶段的社会发展目标就对教育事业的发展具有重要的意义。从现代化建设来看，教育现代化要在现代化建设中先行，要始终把教育作为优先发展的战略性事业，连续培养适应未来社会发展需求的人才，为现代化建设源源不断投入多行业的专业化和综合性的人力资源，一代一代共同努力，才能保障现代化建设事业的顺利进行。全国教育大会上习近平总书记发表重要讲话时提出，党的十九大从新时代坚持和发展中国特色社会主义的战略高度，做出了优先发展教育事业、加快教育现代化、建设教育强国的重大部署，表明了在新时代教育事业关乎社会主义建设的命运，我国的教育要比其他事业优先进行建设，这样才能让人才的培养跟上现代化建设的脚步。而教育的现代化是如今提高教育发展水平的唯一途径，只有通过教育现代化，才能使人适应现代化，要以国际一流的标准来发展教育，提高人才培养质量和数量，使我国成为教育强国。在人民眼中，教育是影响人一辈子的事，因此教育民生事业的发展水平是人民群众最关心的问题，发展教育民生是建设社会主义现代化国家的重要任务。教育的普及率和教育质量水平是最直观的教育民生反映，只有把教育看作基础性事业来抓，从战略性高度进行部署，才能促进教育的现代化，满足教育民生的需求。

随着高知识技术人才在社会发展中地位的凸显，教育的重要性也越来越明显，随着社会发展阶段和目标的变化，教育的环境条件和自身的目标标准都发生了改变，所以必须牢牢把握住教育的战略性地位，从新的视角和新的高度来看待教育事业的发展，使新时代教育的发展既能满足个人自我发展的要求，又能满足社会进步对人才的需要，立足于时代任务，办人民满意、社会满意的教育。

三、基础性的地位

习近平总书记在同北京师范大学师生代表座谈时指出："教育是提高人民综合素质、促进人的全面发展的重要途径，是民族振兴、社会进步的重要基石，是对中华民族伟大复兴具有决定性意义的事业。"[①] 这段论述体现出无论是从个人层面还是国家层面来看，教育都具有重要的基础性地位。习近平总书记

---

① 习近平：《做党和人民满意的好老师——同北京师范大学师生代表座谈时的讲话》，人民出版社，2014年，第2页。

在党的十九大报告中指出："建设教育强国是中华民族伟大复兴的基础工程。"① 就国家层面而言，教育的基础性地位具体体现在以下三个方面：

首先，教育是发展科学技术的重要基础。教育通过传播知识和文化，教给人认识和改造物质世界和精神世界的知识和能力。科学技术是推动改造物质世界的生产力发展的重要因素，而教育的培养为科技生产力的发展提供了重要的智力支持。教育具有再生产的能力，这种再生产体现在对知识和科技的创造上，而创造以继承为前提。如今的科研工作者都具有牢固的专业知识基础，都经过教育的培养，教育通过广泛的培养挖掘和发挥科学技术潜力，受教育者在继承前人的科研成果的基础上，通过教育强化科技认识，并获得创新的能力，在教育的环境中和指导下，发展已有的科技，并创造出新的科技。新的科学技术成果又通过教育的广泛性向更多的人、在更多的领域传播，从而使整个社会科学的发展站在一个更高的台阶之上，如此螺旋式上升，推动了科学技术的发展，教育也不断成为科技发展的新基础。

其次，教育培育生产力的第一要素，是科学技术转化为生产力的手段，是社会存在和经济发展的基础。劳动者是生产力的第一要素，但在当今社会，真正起作用的是劳动者所具备的知识和能力，这些知识和能力只是通过劳动者本身而起作用，以劳动者的体力和精力为支撑表现出来，从而作用于实际生产过程。劳动者的能力和素质是生产力发展水平的决定因素，而教育是人提高劳动能力和素质的根本途径，是培养人才的第一方式。可以说，生产力的第一要素来源于教育。在知识经济的今天，没有教育就没有生产力，教育对社会的存在和经济的发展起基础作用。单纯的科学技术是不会自发成为生产力的，只有通过教育，使科学技术为人所掌握才能作用于生产过程，推动生产力的发展。教育是人获得知识和技术的根本途径，在知识经济时代，人们在教育过程中获得的知识和能力成为生产力发展的决定性因素，科学技术成了第一生产力，而知识又总是由人所掌握，通过教育来获取。换言之，教育培育了社会生产力，生产出了劳动者身上的劳动能力、知识、创造力等。若把教育同生产力相联系，那么教育就具有了基础性产业的性质，成为生产力中主导要素的来源，又由于教育成果产生的滞后性，习近平提出了教育是未来生产力的思想，强调了教育对社会的存在和经济的发展起基础作用。

就个人层面而言，正如习近平所说，教育是培养年轻一代、创造美好生活

---

① 习近平：《决胜全面建成小康社会 夺取新时代中国特色社会主义伟大胜利——在中国共产党第十九次全国代表大会上的报告》，人民出版社，2017年，第45页。

的根本途径，对个人自我价值的实现和出彩机会的获得具有决定性意义。一方面，教育能够改善人的物质生活。教育不仅教给人安身立命的基本生存技能，还能扩大人的知识储备，提高人参与社会生活的能力，更好地在社会上立足。另一方面，教育能够丰富人的精神生活。首先，教育本身就是一项精神活动，能够传递给人丰富的知识和思想，使人的精神需求得到满足。其次，教育能够提高人掌握劳动过程的能力，使人获得成就感和满足感，从而达到精神上的愉悦。最后，教育能够帮助人们树立更高的人生追求，提高精神境界。总的来说，教育是能够增强人幸福感的事业。

教育是国家和个人发展的基础，把教育放在国家发展的基础性地位，始终坚持教育优先发展战略，有利于全社会处处形成尊师重教的良好风气，有利于从源头上解决民生问题，培育合格的社会主义建设者和接班人。

四、先导性的地位

教育的先导性地位是指教育总是首先起作用的那一个，是发展的起点、开端。国家的发展是由个人的发展合力推动的，个人的发展来源于教育，教育促进人的发展，人的发展实现国家和民族的发展。因此，习近平总书记强调，"教育决定着人类的今天，也决定着人类的未来"[1]，"重视教育就是重视未来，重视教育才能赢得未来"[2]，通过教育让"青年一代有理想、有担当，国家就有前途，民族就有希望"[3]。习近平在致首届清华大学苏世民学院开学典礼的贺信中指出：教育传承过去、成就现在、开创未来，是推动人类文明进步的重要力量。这些论述强调了教育的前瞻性，表明我国教育要始终发挥对思想道德建设和科学文化建设的引领作用，是教育具有先导性地位所规定的任务。人才投入社会主义现代化建设之前首先要接受教育，因此，教育的水平和方向决定了人才的质量和人才投入的行业，从而影响到社会的发展。从这个意义上来说，教育具有明显的先导性特点，具体体现在：

第一，教育成果的滞后性决定了教育的先行性。人的发展成熟不是某一瞬间就能达到的结果，成为一个满足社会发展需求的社会人要经历一个漫长的培

---

[1] 教育部课题组：《深入学习习近平关于教育的重要论述》，人民出版社，2019年，第157页。
[2] 中共中央文献研究室：《习近平关于社会主义社会建设论述摘编》，中央文献出版社，2017年，第61页。
[3] 中共中央文献研究室：《十八大以来重要文献选编》（上），中央文献出版社，2014年，第277页。

养过程。在我国，每个人都要接受九年义务教育，义务教育属于强制教育，九年义务教育后，个人才能合法进入社会再生产过程。这个教育过程就是培养个人在未来参与社会生活的能力，而这种能力也不是瞬时获得的，需要不断进行教育强化和时间积淀，将教育内容内化为自身的品质和能力，这也体现了教育成果的获得具有滞后性。教育成果的滞后性决定了当下的教育工作只能在未来收获成果，这就要求我们要始终坚持优先发展教育战略，坚持教育先行。对教育事业来说，与其他建设事业同步就等于落后，比其他事业落后就是失败，只有优先发展教育，才能真正实现教育为社会发展服务。

第二，教育的发展需要适应未来社会的需要。人是推动社会发展的最根本动力，进一步究其本质来说，是人的素质、知识和能力。人的培养来自教育，但是今天的教育建设是未来的社会，社会的发展进步是在教育的超前发展中实现的，所以要坚持教育优先发展战略。优先发展教育需要对未来社会的需求做出合理的预判，制订教育发展的目标和任务，引导教育改革和发展的方向。因此，要用长远的、适度超前的眼光来发展教育，制定教育发展的长期规划和短期计划，这也是教育前瞻性的来源。适度超前的眼光和判断是落实教育优先发展的依据，教育没有规划就会迷失方向。

第三，教育具有重要的引领作用。党和国家的新政策、新方针落实之前，都要先进行宣传教育，组织学习领悟其中的精神和内涵，这充分体现了教育的引领作用。这种引领作用不仅体现在对新思想新观念的导向上，还体现在物质生产过程中和精神文明建设中。劳动者经过教育的培养，能够制造和改进劳动工具，优化劳动手段，更新劳动对象，进而推动生产力发生变革。同时，教育能够激发劳动者的精神力量，使劳动者获得创新意识，并领悟自身的社会责任和使命，从而鼓舞他们积极主动投入社会建设中去，使精神的力量转化为强大而稳固的物质力量，推动物质生产和整个社会的发展。在精神文明建设方面，教育总是具有一定的意识形态性，在观念塑造上具有一定的方向导向，它能够引领人们树立正确的世界观、人生观、价值观，整合社会意识，坚定理想信念，从而形成良好的社会风气。

教育具有全局性地位，事关社会主义现代化建设的全局全过程；教育具有基础性地位，是社会和个人发展的来源；教育具有先导性地位，决定了社会发展的未来面貌。这三个地位共同决定了我国教育处于重要的战略性地位。为了实现全局目标，在充分掌握全局的基础上，站在全局的高度进行的谋划就是战略。教育具有战略性的地位就是要把教育作为全局性和长期性的事业来发展，将教育看作统筹全局的谋划，充分显示了教育对我国社会发展的重要性。在当今世界，人才的质量和数量决定了国与国之间各方面竞争的成败，人成了经济社会发展最活跃、最重要、最具有决定性意义的资源，人才的重要性使教育事业的基础性、先导性、全局性地位和作用日益凸显，因此我国要始终坚持教育优先发展战略，抓好教育才能充分发挥人才优势。

特别要指出的是，教育的基础性地位、先导性地位和全局性地位尤其体现了国家发展义务教育的重要性。从基础性地位来说，教育是人发展的基础，也因此而成为社会发展的基础。义务教育能够保障社会成员接受最基本的教育，随着义务教育的普及，社会的文盲和低素质人员大幅减少，再经过几年、几十年的持续不断发展，这种占比将趋近于零。这种发展能够提高社会发展的基准，提高发展的质量水平和速度。从先导性地位来看，教育成果显现的滞后性导致的现象是今天的教育决定明天的社会，如果义务教育不能得到有效的普及，那么在家庭条件较落后，或者家长教育重要性意识不足的家庭出生的孩子可能不会接受合格的教育，这对社会未来的发展来说是一种严重的阻碍甚至破坏。当教育已经不再是人自愿享有的权利，而成为必须要履行的义务的时候，社会未来的发展就有了大量的人力保障。从全局性地位来看，教育影响社会发展的方方面面，影响社会发展的过去、现在和未来，影响人发展的一生。所以义务教育的普及具有十分重大的意义，它能够缩小区域经济发展差异，提高学历门槛较低行业从业人员的整体综合素质水平，从而一定程度上缩小行业发展的差距。从时间上来看，义务教育可以提高未来社会的整体素质，对于个人未来的成长也具有重要意义。人要形成正确的思想观念，要改善物质生活条件，提高精神境界，要进一步获得自身的提高，培养和拥有终身发展的思想，义务教育起着至关重要的作用。

我国当前义务教育的普及程度已经达到了较高的水平，以农民工的义务教育水平为例，国家统计局的数据显示，2019年我国农民工未上过学的人数只占全部农民工人数的1%，农民工随迁儿童义务教育年龄段在校率为99.5%。从总体来看，2019年我国九年义务教育的巩固率，也就是该年初中毕业生总人数与该年级小学一年级入学时那年的入学总人数比，达到了94.8%，这体现了以习近平同志为核心的党中央对义务教育的重视，体现了一系列发展举措的成果。但是当前我国义务教育的发展还存在一些问题，比如义务教育是由地方进行投入来保障人民义务教育，因此义务教育水平与地方经济发展水平呈正相关关系，经济发展水平的差异导致了义务教育发展不平衡的现象，硬软件设施和工资待遇等差异又会导致师资力量的差距，从而加剧义务教育发展的不平衡。我国提出教育优先发展战略，充分体现了党和国家对教育事业的高度重视，要解决义务教育中存在的问题，解决教育发展不平衡的问题，就要加大对教育的投入，不仅是资金、物资、师资的投入，还有政府责任的投入，特别要加强基层教育部门和有关管理部门对教育发展的重视，大力发展义务教育，提高我国的综合素质水平。

第四节　教育发展：发展中国特色、世界水平的现代教育

习近平提出，中国特色社会主义教育是集中国元素、社会主义强国教育、世界水平、现代教育于一体的特色教育，这是对中国特色社会主义教育的具体描述，也是教育现代化的发展目标。习近平在给第二十九个教师节向全国广大教师致慰问信中指出，希望全体教师为发展具有中国特色、世界水平的现代教育作出贡献，初步提出了发展中国特色、世界水平的现代教育的想法。他认为，要主动吸收国外办大学的成功经验，但不能片面迷信，要看到我国大学的内在优势；要积极借鉴世界文化的优秀发展成果，但更重要的是立足我国国情实际，办具有社会主义天然属性的大学，推动大学教育的现代化发展。如今，无论是学前教育，大中小学，还是职业教育，都以中国特色和世界水平为发展目标，中国特色和世界水平已经成为教育发展现代化程度的重要检验标准。

一、"世界一流"的发展标准

习近平总书记在党的十九大报告中提出"加快一流大学和一流学科建设"的教育发展部署，为我国教育事业的改革提出了"世界一流"的发展要求和标准。数据显示，当前我国教育总体水平处于世界中上行列，其中，高等教育水平的提高尤为显著。2017年，中国的高等教育毛入学率达到45.7%，高于中高收入国家平均水平。[①] 2018年，中国各类高等教育在学总规模达3833万人，占世界高等教育总规模的1/5，高等教育整体结构不断完善，我国已经成为世界上高等教育规模最大的国家，为国民进入高等院校学习、提高自身素质提供了坚实保障。2019年，中国（除港、澳、台地区外）共有22所高校进入英国QS世界大学排名500强，32所高校进入美国USNEWS世界大学排名500强，

---

① 刘超：《习近平"教育优先发展论"的历史性贡献》，《人民论坛》，2019年第3期，第19页。

1079 个学科进入 ESI 前 1%，120 个学科进入前 1‰，充分表明我国的教育实力显著提高，教育的国际影响力显著增强。高等教育的发展水平是一个国家教育水平的集中反映，以上数据充分证明，中国开始迈入世界高等教育发展的第一方阵，发展世界一流水平的教育成为新时代对高等教育提出的重要命题。[①]

我国在 2015 年提出了要办世界一流大学和一流学科的"双一流"建设项目，提出了"世界一流"的教学发展标准，体现了我国高等教育发展从重视数量到重视高校发展质量的转变。从建设"双一流"高校的视角来看，"世界一流"的标准不仅有一系列可量化的要求，比如具体可以体现在师资力量、人才培养的数量和质量、科研成果、创新能力，体现为留学生比例和国际化办学环境的国际化程度、自身特点的保持等方面，更重要的是"世界一流"标准中所蕴含的精神内涵："一流"是一种发展层次的表达，而不是对高校类型的定义。每所大学都有自身的办学特色，每所大学对自身的定位、责任和未来命运的思考在长时间的积淀下而成为一种独特的文化，特色就由此产生了。这样来看，世界一流标准的大学一定会明确自身在社会和历史中的定位，且这个定位是正确而意义重大的；明确对社会和个人发展的责任，且用实际行动坚决担负起这个责任；明确所培养学生应该具备的素质，且这种素质能够实现个人的发展目标和人生价值；明确未来的发展目标和转型方向，且这个目标和方向对增强我国综合国力、提高国际地位有极大帮助，能够充分显示我国各方面的优势地位。

要办"世界一流"的教育，就要坚定不移扩大教育开放。教育对外开放需要同各种不同的意识形态作斗争，还要应对各种偏见。当前我国教育对外开放面临一些挑战：由于我国综合实力在国际社会的快速上升，引起了国际敌对势力的不满，他们在鼓吹"中国威胁论"的同时，给我国进行国际教育交流合作制造了很多限制阻碍。但机遇总是与挑战并存，在经济全球化的今天，封闭并不能自保，只有增强自身的教育实力，在扩大教育开放中直面挑战，才能彻底战胜这些艰难险阻。教育开放是一种双向开放，包含"引进来"和"走出去"两个方面。办世界一流水平的教育就是要把我国的教育放到世界教育的大环境中进行比较，以一流水平为目标，取长补短。教育开放要积极地"引进来"，吸收其他国家发展教育的成功经验，引进优秀的教育资源，其中包括教育过程中使用的先进设备、教育环境的打造方式等硬件设施和条件，以及教育人才、

---

① 朱信凯：《习近平关于教育的重要论述对"双一流"建设的规定性和指导意义》，《国家教育行政学院学报》，2019 年第 6 期，第 4 页。

优秀学生、先进的科技知识文化、教育管理模式等软资源，充分利用国际教育资源提高我国教育事业的实力。教育开放要主动地"走出去"，积极推进境外办学，例如我国在世界各国设立孔子学院，传播中华优秀民族传统文化，要欢迎外国留学生到中国学习生活，将在中国的见闻、学习到的知识、文化、习俗传播向世界各国，增强我国的国际影响力，同时也要鼓励我国的出国留学生在留学过程中学习先进的科学知识和文化，并在国外塑造好中国形象，鼓励他们学成归国，为建设祖国做贡献。这种留学生的互动其实是教育对外开放的一种下沉，更加贴近生活，贴近人民。在"引进来"和"走出去"的交互过程中，还要与他国加强教育、科技、文化和人才的交流与合作，通过以强扶弱和强强合作提高教育对外开放的水平，不断扩大教育开放的范围，提高教育合作的层次，实现国内和国际两种教育资源的整合利用。扩大教育对外开放，还需要大批能够完成我国教育对外开放事业的人才。要管理教育对外开放事务，需要培养一批专门的人才，他们既要懂得教育的相关知识，熟练掌握我国教育发展的相关政策和开放相关国的对外政策，又要清晰明确国际形势和各国的开放动态，同时还要对国际社会的行动规则有详细的认识，这就需要增加我国在国际组织工作的人员数量，提高国际组织中我国办事人员的占比。这些国际组织对于工作人员的要求较高，并且由于我国没有专门、系统地建立高校向国际组织输送人才的通道，过去对于国际关系的人才培养力度和重视程度不足，导致我国这类人才短缺，缺少专门管理教育对外开放事宜的人才，给我国教育对外开放事业的发展造成了一定的困难，也不利于维护我国在国际上进行平等的教育交流与合作的权利，这是我国目前扩大教育对外开放面临的问题和挑战。

以"世界一流"标准办教育，有利于吸收国外教育办学经验，依"世界一流"的标杆改善我国教育硬件条件，促进教育软件水平提高，推动我国教育整体不断向世界最高水平发展，培养适应新时代国际合作与竞争的优秀人才，也有利于在教育开放中传播我国优秀教育理念和传统文化，增强同世界教育强国之间的交流与合作，使教育成为传播中国声音、传递中国理念的重要途径，对人类命运共同体的建设有着积极的推动作用。

二、"中国特色"的发展特点

我国有独特的历史、独特的文化、独特的国情，决定了我国必须走自己的高等教育发展之路。我国必须发展"中国特色"的教育，无论是学前教育，大中小学教育还是职业教育，都要坚持社会主义的办学方向。

教育的特色主要体现在教育的方向、内容、模式和目的或者说成果上。其中，教育的方向和目的都体现在教育的内容中，教育的内容是最重要的部分。我国要发展中国特色的教育，在内容上要坚持社会主义方向，充分体现中国特色社会主义教育的要求，也就是要培养具有中国特色社会主义道路自信、理论自信、制度自信和文化自信的社会主义建设者和接班人。为了增强"四个自信"，我国在教育内容上特别突出对国家历史的教育，使学生从中体会我国是如何走向社会主义道路的，为什么要坚定地走社会主义道路，从而坚定道路自信；在我国高校，马克思主义基本原理、毛泽东思想和中国特色社会主义理论体系是学生的必修课程，体现了国家对中国特色社会主义理论基础教育的重视，学生能够掌握这些理论知识，并承认其科学性，对于坚定理论自信起着积极的引导作用；我国重视时事政治的教育，学生能够在时政中理解中国特色社会主义制度的内容，理解我国的各项改革措施，同时通过国家在国际社会中地位的变化理解中国特色社会主义制度的优越性，从而坚定制度自信；传统文化教育是我国教育的重要内容，最能够体现这一点的是在基础教育阶段所有课程中语文课的占比最大，是教育的基础，传统文化的教育能够增强学生的文化自信。

发展中国特色的教育要特别注重对传统文化的教育，因为"中国特色"的特点从根本上说来源于对中华优秀传统文化和传统美德的继承。每个国家的发展轨迹不同，都有不同的文化积淀，而优秀的传统文化总是经历几百甚至几千年才流传至今，因此各国的文化各具特色。我国之所以能够在幅员辽阔和人口众多的情况下实现统一的治理，并使人民具有强烈的爱国情怀和团结精神，其中最重要的原因就是我国五千年来积累的历史文化能够得到现代人民的普遍认可，这是一种文化自信，并由此形成了强大的民族凝聚力。因此，我国要发展具有中国特色的教育，理应从传统文化中汲取养料，大力宣传我国的优秀传统文化和传统美德。传统文化是一个国家和民族的根，越是在开放和现代化的今天，就越是要保留传统文化特色，加大传统文化教育力度，使优秀的传统文化和传统美德能够世世代代地继承下去。要将传统文化教育融入各个教育阶段，特别要注重推动传统文化教育的低龄化，因为幼年和少年时期是进行传统文化教育的黄金时期，在这个年龄阶段，人的自主判断和选择的能力还未发育完全，教育和环境传递给他们什么，他们就接受什么，并对今后的成长产生决定性的影响，在良好的氛围中获得的知识、形成的观念、培养的素质会影响甚至决定人的一生。所以要抓住这个黄金时期，不仅要对青少年进行传统文化的内容教育，还要增强他们对传统文化的继承、传播和保护意识。在新时代坚定不移地发展传统文化,将传统文化教育融入教育全过程,是我国发展教育事业保持中国特色的基本要求。

从教育模式上来看,发展具有中国特色的教育,就要切合中国社会的实际。我国发展教育面临的最大挑战就是人口众多,如何满足所有人对教育的需求,是我国教育发展要解决的最大难题。从数量来看,要让更多的人能够走进学校,就要多建学校。我国的学校以公立为主体,鼓励民办教育的发展,在大力建设公立学校的同时,鼓励民间办教育,上至民办高校,下至民办幼儿园,民办学校已经较为普遍地存在于各个地方,大大增加了我国学校的数量。同时,由于民办学校一定程度上具有企业的性质,相互之间存在竞争的关系,促使民办学校通过提高教育水平、丰富教育资源来吸引学生,对于我国教育事业的发展起到了重要的推动作用。从民生角度来看,为了普遍提高人民群众的文化水平和品德素养,提高人的社会生存能力,以及满足贫困家庭孩子受教育的需要,国家大大增加对教育的投入,从2006年开始实施九年义务教育制度。也就是说,接受小学到初中的九年教育已经不是个人可以选择使用或放弃的权利,而是必须履行的义务。从教育结构来看,由于我国人口众多,个人发展情况具有复杂性,不能统一,个人的学习能力、兴趣爱好、人生目标和受教育的程度等方面各不相同,针对这样的情况,为了使每个人都能拥有人生出彩的机会,也为了满足社会众多行业发展对劳动力的需要,我国近年来大力发展职业教育,培养了很多方面的专业人才,解决了很多人生存和就业问题。

教育坚持"中国特色"的发展特点,是我国教育发展的方向保证,在坚持教育开放的新时代,保持教育"中国特色"既是立足国情的基本要求,对于我国的现代化建设也具有统领全局的重大意义。我国教育从内容到模式都已经具备了明显的"中国特色",并取得了具有"中国特色"的成果,在未来的发展中更要"扎根中国大地办教育"[①],正如习近平所指出的,我们只有扎根中国大地,坚定不移走自己的路,才能办成具有中国特色、世界水平的一流大学,才能更好地践行党中央的战略决策。

三、"创新驱动"的发展战略

党的十八大明确提出,科技创新是提高我国社会生产力和综合国力的重要力量,要坚定不移地实施创新驱动发展战略。创新是国家建设所有事业发展的

---

① 习近平:《习近平谈治国理政》(第一卷),外文出版社,2018年,第174页。

驱动力量，其中，教育作为社会发展最重要的基础事业更应该贯彻创新驱动发展战略。我国教育坚持"创新驱动"的发展战略，就是要用创新来驱动教育的发展，也就是要对教育事业进行改革和创新。2019年1月17日，习近平在天津南开大学考察调研时强调要加快一流大学和一流学科建设，加强基础研究，力争在原始创新和自主创新上出更多成果，勇攀世界科技高峰。2019年5月1日，习近平在致国际人工智能与教育大会的贺信中指出，"培养大批具有创新能力和合作精神的人工智能高端人才，是教育的重要使命"，要"积极推动人工智能和教育深度融合，促进教育变革创新，充分发挥人工智能优势"[1]，既要用教育培养创新，又要用创新发展教育。习近平认为应该把创新放在整个国家发展全局的核心地位。他高度重视教育事业的创新，认为创新是驱动教育发展的第一动力，而教育所培养的创新型人才又反过来成为教育发展最重要的资源。

对教育"创新驱动"发展战略，可以从以下两个方面来理解：一方面，教育是创新的来源，创新型人才通过教育来培养，要充分发挥教育的作用培育社会的创新能力；另一方面，教育作为现代化建设的基础事业，自身需要不断创新，以创新带动教育事业自身的发展。我国大学之前的教育阶段都以升学为主要目的，每一门基础功课都有固定的考试重点和可掌握的应试技巧，学生的学习大多也是以应付考试为主，这种教育模式抑制了开放性发散思维的形成，使学生缺乏自主思考能力，缺乏活力和创造力，这种教育方式还会导致部分学生在进入大学校园之后因为失去升学目标而丧失学习动力，又由于失去目标而显现出学习自觉性差、自我约束力不强等问题，陷入发展的盲区。因此，教育要培养创新型人才，应该从基础教育阶段入手，因为基础教育阶段是人思维方式的形成和固定时期，是进行发散思维教育的黄金时期，而应试教育使思想局限、僵化，不利于创新意识和创新能力的培养。过了这段黄金时期，人的思维形成定势，再要放开思考方式就变得更加困难。所以要在基础教育阶段营造良好的创新环境，不是一味教导传授，而要鼓励学生自主思考、自我教育，提高对错误的包容度，激励学生在规则内大胆去想，大方去做，引导学生对事物进行钻研，培养批判精神和创新意识。具体来说，可以从以下几个方面入手：改变课程体系结构，适当增加类似科学观察、美术音乐等课程的占比，或者开展相关课外实践活动，培养学生的探究精神，发现和发展学生的兴趣爱好，激发

---

[1] 习近平：《习近平向国际人工智能与教育大会致贺信》，《人民日报》，2019年5月17日第1版。

自主学习的兴趣；开展丰富多彩的发明创造比赛和竞赛，训练学生团队协作精神和自我管理、独立思考的能力，让学生在没有压力和指挥的情况下畅所欲言，发散思维；设置激励机制，既奖励那些鼓励学生创新创造的老师，鼓励老师在教育过程中有意识地培养学生的自主思考能力，又奖励那些努力思考、训练自我思维能力的学生，鼓励学生有意识地提高自己思维和创造的能力；建立学校、家庭、社会的统一环境，三者都要鼓励学生进行创造性思维的发挥，包容错误，创造鼓励创新的良好环境。

教育需要创新是因为教育就是创新的来源。有旧才有新，创新是在继承的基础上产生的，人们对旧有事物的认知来源于教育，除了形成人对已有事物的认识和继承，培养创新意识和创新能力也是教育的重要任务。教育作为创新的来源，其本身更需要创新，一成不变的教育内容、方式、载体和模式是无法培养出社会发展所需要的创新型人才的，而教育成果获得的滞后性又决定了教育需要比社会其他事业适度超前的发展，所以要坚持以创新来驱动教育的发展。教育创新能够为教育事业的发展不断注入新鲜的血液，对教育事业缺乏部分的一种补充，是对落后部分的一种革新，使教育始终与时俱进，保持其先导性地位，实现教育服务于社会发展的目的的根本途径。

对教育进行创新主要涉及两个方面：

一方面从教育的过程来看，教育过程的构成要素主要有教育主体、教育对象、教育内容、教育方法和教育载体等，可以以这些方面为着手点进行创新。教育主体的创新可以从三个方面进行：首先是提高现有教育工作者的创新能力，增强教育者与时俱进的意识。其次是吸引新的创新型教育人才，提高教育创新能力。最后是创新教育主体的形式，不是只有单一的专业教师能够进行教育，各个行业的领军人才都可以参与到教育活动中来。另外，随着人工智能技术的发展，机器人教育也逐渐得到运用。我国教育现阶段以课堂为主要载体，近年来网络共享课程得到越来越广泛的应用，除此之外还可以开展丰富多彩的教育主题活动等来创新教育的载体。教育方法方面，可以在理论教育为主的基础上增加实践教育、自我教育等形式，改善教育效果。

另一方面，从教育改革来看，需要对教育体制机制、教育管理模式、教育发展方式等方面进行创新，例如改革基础教育培养模式，鼓励发展有益的兴趣爱好并加以培养，更加注重合理个性的发展，因材施教；再比如校企合作育人的模式，鼓励学生发挥创造力，开展创新创业的活动，激发学校教育发展的活力等。

"高校作为科技创新的生力军，要创新人才培养机制和教育办法，为国家现代化建设培养造就更多的合格人才、创新人才。"① 以创新驱动教育发展，不仅能够促进教育自身的现代化，促进教育与时俱进，同时为社会培养创新型人才，为社会主义现代化建设输送优秀人才，推动我国由制造大国向创新大国转变。

四、"科教兴国、人才强国"的发展目标

习近平总书记积极响应联合国"教育第一"的倡议，他指出："中国将坚定实施科教兴国战略，始终把教育摆在优先发展的战略位置。"② 科技是第一生产力，人才是第一资源，而教育，特别是高等教育，将科技和人联结在一起：科学技术通过教育为人所掌握才能转变为现实的生产力。教育培养人才是为了使其投入社会生活中，进行国家和社会的建设，而人才只有掌握了科学技术才能为生产力的发展和社会的建设贡献力量。"实现中华民族伟大复兴，教育的地位和作用不可忽视，我们对高等教育的需要比以往任何时候都更加迫切，对科学知识和卓越人才的渴求比以往任何时候都更加强烈"③，为了满足国家发展对科技和人才的需要，我国将"科教兴国、人才强国"确定为教育发展的目标。

科技带来现代化，我国要建成社会主义现代化强国，就要大力发展科技，提高科技创新能力和创新水平。2016年，党中央颁布了《国家创新驱动发展战略纲要》，明确了到新中国成立100年时要使我国成为世界科技强国的发展目标。习近平用"国之利器"来描述科技的重要地位。他强调，科技是现代化建设的动力，"国家赖之以强，企业赖之以赢，人民生活赖之以好"④，并进一步指出，要建设科技强国，"必须拥有一批世界一流科研机构、研究型大学、创新型企业，能够持续涌现一批重大原创性科学成果"⑤，充分说明了科技来源于教育，教育是科技创新的基础，科技的发展能够推动教育现代化的实现，二者有着密不可分的关系。科教兴国战略是开启全面建设社会主义现代化国家新征程的"七大战略"之首，体现了以习近平同志为核心的党中央对科教兴国

---

① 童世骏：《建设社会主义教育强国研究》，人民出版社，2019年，第18页。
② 习近平：《习近平谈治国理政》（第一卷），外文出版社，2018年，第191页。
③ 童世骏：《建设社会主义教育强国研究》，人民出版社，2019年，第18页。
④ 习近平：《为建设世界科技强国而奋斗——在全国科技创新大会、两院院士大会、中国科协第九次全国代表大会上的讲话》，人民出版社，2016年，第6页。
⑤ 习近平：《为建设世界科技强国而奋斗——在全国科技创新大会、两院院士大会、中国科协第九次全国代表大会上的讲话》，人民出版社，2016年，第9页。

战略的高度重视，也充分说明了科学和教育在国家现代化建设中处于基础性地位。"科教兴国"战略目标的内涵主要包括两个方面：

首先，教育"科教兴国"目标强调了科学技术在社会发展中的重要地位。习近平总书记指出，我国是世界上最大的发展中国家。"发展中"，说明了我国各方面的发展还不够充分，还有潜力可言，要实现发展，还需要不断解放和发展生产力，必须坚持科学技术是第一生产力的思想，要认识到科技作为第一生产力能够推动社会的发展，科技成果在各行各业的运用能够提高我国的现代化水平。而教育要起到推动科技发展的作用，不仅要教会人们现有的科学技术成果的使用，使科学技术能够转变为现实的生产力，还要鼓励人们进行科技创新，培养人们的科技创新意识和科技创新能力，实现科技自主创新，推动我国科技的发展。

其次，教育"科教兴国"目标强调了教育在社会发展中的重要地位。就教育推动科技发展与创新和培育人才的功效来说，教育是社会发展的基础。习近平指出，时代越是向前，知识和人才的重要性就越发突出，教育的地位和作用就越发凸显。要实现"两个一百年"奋斗目标、实现中华民族伟大复兴的中国梦，必须更加重视教育。这段论述充分说明了教育对国家和社会发展的重要意义。同时，教育的发展也离不开科技的进步。其一，科技本身就是教育的重要内容，科技的发展能够推动教育发展水平的提高。其二，科技发展能够改善教育过程中所使用的工具和载体，提高教育的现代化水平。

科技发展依赖于人，科技成果的运用要通过人来实现，而人能够发展科技，运用科技成果，都有赖于教育的培养。由此可见，人才是社会发展中最关键的因素，是国家强盛的根本。教育"人才强国"的目标包含了三方面的具体要求：

第一，无论是国家还是个人都要树立强烈的人才意识。对国家而言，国家治理的一系列思想是由人提出的，一系列政策是由人落实的，党执政兴国需要源源不断的人才资源，正如习近平所说："实现中华民族伟大复兴，人才越多越好，本事越大越好。"[①] 要明确人才对国家建设的重要性，始终对人才保持一种求贤若渴的状态，树立强烈的人才培养意识。对个人而言，个人的发展能够改善自身的物质生活条件和提高精神境界，成才应成为个人发展的目标，通过教育在全社会形成渴望成才和努力成才的社会风气，树立强烈的成才意识。

第二，要重视对人才的培养，加强人才队伍建设。习近平指出，要"努力

---

① 习近平：《习近平谈治国理政》（第一卷），外文出版社，2018年，第12页。

造就一批世界水平的科学家、科技领军人才、工程师和高水平创新团队，注重培养一线创新人才和青年科技人才"①。建设人才队伍需要从培养人才和吸引人才两个方面入手，通过发展教育，提高教育水平，明确教育目标，积极培养我国现代化建设所需要的人才，特别是各行各业的领军人才；全面推动高等教育的发展，为不同行业、不同类型的人才提供深造机会，以吸引人才。建设人才队伍能够为我国改革和发展提供强大的智力支持，促进现代化建设目标的实现。

第三，要营造良好的人才发展环境，建立起人才吸引和聚集机制。首先要坚持对外开放的政策，提高国内教育水平，改善创业就业环境，完善人才引进机制，吸引进入。其次，正如胡锦涛所说："环境好，则人才聚、事业兴；环境不好，则人才散、事业衰。"② 要大力保护自主知识产权，制定和完善相关法律法规，营造鼓励创新、维护创新、崇尚知识、尊重人才的社会风气和社会环境，建立人才发展的信心，调动人才创新的积极性。

教育"科教兴国、人才强国"的发展目标，体现了科技、教育、人才三者之间的链式关系以及两两之间的相互促进作用，为教育的发展提供了一个良性循环的模式，即以教育培育人才，以人才创新科技，以科技发展推动教育的现代化，为实现教育发展提供了宝贵的思路。

第五节 教育民生：促进教育公平

民生问题历年来备受党和国家的高度重视，党的十八届五中全会审议通过的《中共中央关于制定国民经济和社会发展第十三个五年规划的建议》首次提出"以人民为中心的发展思想"。习近平总书记曾从教育、工作、收入、社会保障、医疗卫生服务、居住条件、环境等方面提出了"十个期盼"。在民生建设方面，自改革开放以来，我们已经取得了显著成就，但改革已经进入了攻坚时期，目前也涌现出教育、医疗、就业问题，这些问题时刻影响着民生建设。增进民生福祉是发展的根本目的所在。教育被列为"十个期盼"中的第一位，也无疑彰显了党和国家对教育事业的高度关怀。习近平总书记在2013年的联

---

① 中共中央宣传部：《习近平总书记系列重要讲话读本》，学习出版社、人民出版社，2014年，第68页。

② 本书编写组：《胡锦涛总书记在庆祝中国共产党成立90周年大会上的讲话学习读本》，人民出版社，2011年，第75页。

合国"教育第一"倡议上强调了教育要放在优先发展的位置。教育放在优先位置的目的就在于使13亿人都能公平地享受教育。这一思想与党的十九大报告中通篇贯彻的"以人民为中心"的思想不谋而合。十九大还将十八大的"努力办好人民满意的教育"提高到"办好人民满意的教育",这一改变更加表明办好教育的重要地位。2018年9月,习近平在全国教育大会上用"九个坚持"再次凸显我们必须坚定以"人民为中心"的思想,深刻总结了在新时代,中国教育所面临的重大理论与实践问题,进一步理清了当下社会主义教育的战略地位以及面临的根本任务、改革逻辑等各个方面。这一思想为接下来中国教育发展提供了根本遵循和行动指南。在民生事业建设方面虽取得重要成就,然而从改革开放以来,出现了经济发展的巨大差异导致的教育地区和城乡发展不平衡、高等教育缺乏法制管理变得逐渐商业化、教育资源配置不合理、特殊教育和民办教育薄弱等现象,教育公平问题亟待解决。2016年习近平总书记在北京市八一学校考察时曾指出"教育公平是社会公平的重要基础,要不断促进教育发展成果更多更公平惠及全体人民,以教育公平促进社会公平正义"[①]。《国家中长期教育改革和发展规划纲要(2010—2020)》指出,要把促进公平作为国家基本教育政策,把提高质量作为教育改革发展的核心任务。[②]

　　自从十八大以来党中央就高度重视教育公平,教育公平的解决也关系到社会公平。马克思曾说公平是一个社会历史范畴。习近平高等教育公平正义论在继承马克思关于公平正义的理念的基础上,体现了新时期中国高等教育公平正义的新特点,回答了新时期中国高等教育公平正义中出现的新问题。教育公平是指国家在对教育资源进行分配的时候按照合理规范的原则,让社会的成员都能够享受到同等的教育权利和教育机会。其主要包括了机会公平、过程公平和结果公平。教育机会公平是教育公平思想的核心,教育机会公平主要指受教育者权利上的平等,即不分种族性别等因素,人人都有接受教育的权利。教育过程公平是指在教育过程中每个人都应该享受到较为高质量的教育,保证学生有充分的尊严和发展权,保证每个学生不因此受到排斥或歧视。教育结果公平是指通过向儿童提供个人的天赋得以发展的各种机会,使得不同出生背景的孩子都能够取得进步,都能够获得平等教育的效果。习近平总书记所指出的教育公平思想的根本要求在于找到维护和实现教育公平的路径,保证每个学生享有充

---

① 习近平:《全面贯彻落实党的教育方针　努力把我国基础教育越办越好》,《人民日报》,2016年9月10日第1版。
② 宋乃庆、罗士琰、王晓杰:《义务教育改革与发展40年的中国模式》,《南京社会科学》,2018年第9期,第29页。

分的学习权利。这一思想和马克思恩格斯所强调的实现"人的全面发展"思想不谋而合。目前,"教育公平已经超越了早先入学机会的平等"①,对质量提出了新的要求,为进一步促进教育公平,为缩小地区、城乡、校际差异,习近平提出扩大配置优质教育资源;为解决贫困人口子女教育机会公平的问题,提出继续完善困难家庭资助体系,阻断贫困代际传递;推动完善法制体系促进教育公平;进一步加强特殊教育和民办教育。

习近平总书记对于教育公平的重要论述是新时代中国教育改革理论中的一部分,也是其核心内容。教育公平不仅仅是美好的社会愿景,同时教育公平的实现对促进社会平等、阻断贫困代际传递等起着重要作用。习近平的教育民生思想有利于解决教育发展中的不平衡不充分问题,有利于提高教育质量,为新时期做好教育工作提供了指南,深入领悟和贯彻其思想对办好人民满意的教育有着重要的理论价值和实践意义。

一、均衡配置教育资源

党的宗旨是全心全意为人民服务,教育作为民生之首关系到亿万人民群众的切身利益,为人民服务指出了教育改革的发展方向。坚持以人民为中心、办好人民满意的教育是社会主义教育的本质要求。办好人民满意的教育,必须高度重视教育资源配置问题,重点在于教育投入。教育投入是支撑教育发展的物质基础,是教育人力、物力资源的重要来源。教育资源主要指的是人力、物力和财力资源的总和。改革开放促进了经济发展但也带来了利益分配的不均匀,经济发展水平差异导致教育不公平,主要表现为:第一,地区差异。如北上广深和其他大城市,省会城市和一般中小城市。第二,城乡差异。迄今为止,中国社会发展和经济增长仍然没有脱离城乡二元制结构,农村在公共资源的获取上本就比城市少,教育城乡差异是城乡差异最大的表现。第三,校际差异。重点学校硬件设施齐全、师资雄厚、学科带头人多,生源优质,而相对薄弱的学校则相反。甚至在同一所学校里,重点班的设置也会导致教育资源的不公平。这些教育政策的过度倾斜,导致了教育不公平现象愈发严重。习近平指出,教育公平的首要任务是均衡配置教育资源,优质资源的分配不仅体现了教育资源分配效率,同时也成了衡量教育公平的关键指标。

针对地区间、城乡间、校与校之间的教育资源差距,习近平总书记在考察

---

① 董世骏:《建设社会主义教育强国研究》,人民出版社,2019年,第53页。

北京市八一学校的时候明确指出:"要优化教育资源配置,逐步缩小区域、城乡、校际差距,特别是要加大对革命老区、民族地区、边远地区、贫困地区基础教育的投入力度,保障贫困地区办学经费,健全家庭困难学生资助体系。"[①]各级政府应当充分重视教育资源的分配并发挥政府在支配教育资源中的主体作用,以政策为导向,发挥宏观调控作用,改变把资源主要供给城市和重点高校的模式,要把资源合理充分分配,逐步缩小区域、校际的资源不平衡差异,从而促进教育均衡发展。在坚持教育公平上,推动教育从规模增长向质量提升转变,促进区域、城乡和各级各类教育均衡发展,以教育现代化支撑国家现代化。习近平强调基础教育在国民教育体系中处于基础性、先导性的地位,因此要办好基础教育,加大对其支持力度。在学前教育上,实施三年行动计划;在义务教育方面大力推动九年义务教育发展;在高中教育上提出加大支持力度和普及范围,国家实施相应的奖助学金来支持其发展。百年大计,教育为本,强国富民,育人为先。均衡配置教育资源主要体现在以下几个方面。

(一)补足农村教育发展短板,推动城乡教育均衡

2013年12月31日颁布的《关于全面改善贫困地区义务教育薄弱学校基本办学条件的意见》着重对中西部贫困地区的教学、生活和管理条件提出了要求和相应措施,这一文件对优化农村教育资源配置起着指引作用,在广大农村地区要进行大规模的投入建设,改善基础教育设施,通过建设希望小学等方式促进教育的公平,将教育资源向这些地区倾斜。目前教育短板在西部、农村以及老少边穷岛地区,针对这些地区习近平总书记在2014年曾强调要加大扶持力度。这就要求中央、省级要进一步强化教育资源配置,加大对中西部地区、偏远贫困地区的扶持力度,将资源向农村地区倾斜,加大对乡村学校的投入力度。《"十三五"脱贫攻坚规划》要求,各地从贫困地区学校状况入手,按照"缺什么、补什么"的原则改善义务教育薄弱学校基本办学条件。2018年国务院颁布《关于全面加强乡村小规模学校和乡镇寄宿学校建设的指导意见》,旨在解决乡村办学和寄宿,补足我国教育发展的最大短板,让农村孩子享受到优质的教育资源。为解决广大农村务工人员孩子的教育问题,习近平指出既要保障"进城务工人员子女平等接受教育",又要保障"农村留守儿童接受义务教育"。另外,在贫困地区加大实施定向招生专项计划和中西部地区招生计划,

---

① 中共中央文献研究室:《习近平关于社会主义社会建设论述摘编》,中央文献出版社,2017年,第59页。

给予贫困地区学生接受高等教育的机会以及提升贫困学生进入重点高校的比例，以使更多贫困学子能够得到更好的教育资源。

（二）增加教师资源，实现教师配置均衡

扶贫先扶智，教师是教育的重要人力资源。为了解决"下不去""留不住""教不好"三个重点突出问题，为给广大农村配置更多教师资源，2015年4月1日，习近平召开的十八届中央全面深化改革领导小组第十一次会议，审议通过了《乡村教师支持计划（2015—2020年）》，该计划对提高乡村教师待遇、职称评定等方面进行了指示，希望能建立一支素质优良、甘于奉献、扎根乡村的教师队伍。2018年1月，党中央出台了《关于全面深化新时代教师队伍建设改革的意见》，这一政策的出台具有历史性的意义，这是自1949年以来党中央发布的第一个专门针对教师的文件，一方面保障了教师权益，一方面教师也要承担更重大的责任。同年4月，教育部出台《教师教育振兴行动计划（2018—2022年）》，指出要全面加强教师素质培养。不仅仅是上述文件，国家还有相应的许多政策，这些都体现了国家对教师资源的高度重视。

（三）合理配置教育经费

教育事业离不开教育经费的支撑，精准投放教育经费是教育事业平稳发展的根基，习近平提出要将教育在经济社会发展规划中安排在优先位置，要优先保障教育、要加大财政资金在教育上的投入，尤其注重基础教育发展，要完善公共资源的配置。城乡教育差异大的原因不仅仅在于城市比农村拥有更多优质的教育资源，也在于国家对农村教育经费的投入较少。教育经费要向农村、贫困地区和少数民族地区倾斜。我国的财政性教育经费从党的十八大以来也在逐年上涨，连续5年占国内生产总值比重保持在4%以上。在2019年4月教育部公布的《2018年全国教育经费统计快报》显示2018年全国教育经费总投入为46135亿元，相比2017年增长8.39%，在这当中国家财政性教育经费为36990亿元。由此可见我国在教育事业发展上倾注了大量的财力物力，这些教育经费的大力投入会直接影响我国学生所享受到的教育资源以及能够获得的教育质量。我国人口众多，教育规模也是世界第一，在教育经费的投入上自然是一笔大支出，只有坚持合理精准投入才能实现其价值。《国家教育事业发展"十三五"规划》坚持教育优先发展的战略地位，进一步明确了"一个不低于、两个只增不减"要求，以优先投入保障教育事业向着更好更公平的方向发展。习近平还强调要推动信息技术与教学的深度融合，用较低成本实现优质教育资源的全面覆盖。2016年教育部发布了《教育信息化"十三五"规划》。习近平总书记希望借助教育信息化助力教育实现现代化。他强调要以教育信息化为重要手段,"逐步缩小区域、城乡数字差距","消除不同收入人群、不同地区的数字鸿沟",进而实现城乡、校际教育资源共建共享,"让亿万孩子同在蓝天下共享优质教育、通过知识改变命运"①。这种"互联网+教育"模式可以实现教育资源的开放共享。

我国教育的不均衡不仅是历史问题,更是经济和政治问题。在全面建设社会主义现代化强国的过程中必须要补足教育短板,要最大限度实现教育均等化,这样才能为全面建设社会主义现代化强国奠定基础。

二、完善公平的法制体系

国无常强,无常弱。奉法者强则国强,奉法者弱则国弱。不管是教育事业"走出去"或是"引进来"都离不开法制体系的建设。健全法制体系、坚持依法治国是社会主义体制改革的重要工作,以习近平同志为核心的党中央坚持以问题为导向,高度重视顶层设计。习近平指出:"依法治国是坚持和发展中国特色社会主义的本质要求和重要保障。"②

我国为促进教育公平也颁布了诸多法律法规,1986年我国颁布并实施了《中华人民共和国义务教育法》,这是依法治教的新篇章。中国《法治蓝皮书(2015)》指出,我国在教育领域已经从单纯的国家行政管理走向教育行政法制,主要表现为已经初步形成了教育法律制度体系,立法方面也逐步完善,形成了《宪法》是根本大法,《教育法》作为基本法,单行教育法律为主、教育法规为枝干的教育法律体系,各项教育制度都实现了有法可依。教育公平写进了法律,完善法制体系才能保障教育资源能够得到均衡配置,才能保障国家财政在教育经费上的合理投入,才能保障招生、就业等。2017年8月29日,习近平主持召开中央全面深化改革领导小组第三十八次会议,先后审议通过了《关于深化考试招生制度改革的实施意见》《乡村支持计划(2015—2020年)》

---

① 中共中央文献研究室:《习近平关于社会主义社会建设论述摘编》,中央文献出版社,2017年,第53页。

② 中共中央文献研究室:《习近平关于全面依法治国论述摘编》,中央文献出版社,2015年,第4页。

《关于深化教育体制机制改革的意见》等文件。① 这些文件对促进教育公平、办好人民满意的教育提供了法律保障。

习近平在党的十九大上指出要把深化供给侧结构性改革摆在贯彻新发展理念、建设现代化经济体系这一重要部署的第一位，要扎实有效地补短板来扩大有效供给，从制约社会经济发展的关键环节和相应领域出发，解决好大众反映的教育、卫生、食品等问题。而这些教育改革文件的颁布正是体现了不断坚持深化供给侧结构性改革，围绕这些体制机制，合理地配置好教育资源才能全面深化改革，推动我国教育事业的发展。

尽管相应的法律法规体系逐步规范、完善，但我国与发达国家差距仍较大。现如今还存在课外补习负担重、民办教育营利化发展等现象。针对这些现象，习近平希望各级政府要加大力度保护学校、学生以及教师的合法权益。教育公平需要法律制度保障。习近平总书记曾指出要逐步建立以权利公平、机会公平、规则公平为主要内容的社会公平保障体系来保证人民平等参与、平等发展的权利，同时还要持续推进依法治教、依法办学，公民不分民族、种族等，都有依法享有平等受教育的机会。我国在教育法制建设上还存在立法不完备、执法不严的现象，必须紧密结合中国的国情，坚持依法行政，健全相应的法律法规、健全监督体系保障教育有法可依、有法必依、执法必严、违法必究。

习近平教育法治思想是对中国特色社会主义法治理论的补充和发展，这在很大程度上能够解决我国长期在教育领域法治化建设水平相对不高的现象，进而发展教育和法制的内在联系。因此要完善公平的法制体系，坚持用法治思维与法治方式推动我国教育事业发展。

三、健全贫困学生的资助体系

党的十八大以来，党和国家将脱贫攻坚放在了十分突出的地位，中国在脱贫攻坚上取得了重大成就。党的十九大提出了三大攻坚战，即防范化解重大风险、精准脱贫、污染防治三大攻坚战。三大攻坚战关系到全面小康社会的建成以及第二个百年奋斗目标是否能顺利开局。扶贫必扶智，治贫先治愚。做好教育、教育好下一代、培养好贫困地区孩子才是扶贫之策。各级党委和政府尤其要重视对革命老区和贫困地区的资助倾斜，高度重视攻克"三区三州"（西藏、

---

① 王歆：《始终把教育摆在优先发展的战略位置——十八大以来党的教育民生思想实践发展浅析》，《人民论坛》，2017年第30期，第82页。

四省涉藏地区、南疆四地州、四川凉山州、云南怒江州、甘肃临夏州)。贫困地区、贫困家庭孩子是"关键少数",习近平总书记将他们作为实现教育公平的重点对象之一。习近平总书记提出,要形成惠及全民的公平教育,"不让一个孩子因家庭经济困难而失学"[①]。习近平指出,做好精准扶贫才能让每个人的人生都有出彩的机会。学生资助是脱贫攻坚的重要内容,党的十八大以来,我国的脱贫攻坚战取得了决定性的进展。

教育的精准扶贫是功在当代利在千秋,中国目前的教育资源不平等重点在农村,"发展教育脱贫一批"是精准脱贫的重要一项,近年来,我国对贫困学生的资助范围不断扩大,基本上实现了从学前到高等教育的全覆盖。党的十九大报告提出健全学生资助体系,尤其注重广大农村地区。贫困学生为减轻家庭负担辍学率较高,可通过以下四个方面健全贫困学生的资助体系。

(一)加强对贫困学生的认定工作

对贫困人口建档立卡,完善从学前教育、职业教育、普通高中教育、高职教育、普通本科教育的贫困资助政策,完善每一个申报贫困学生的相关家庭情况,利用互联网大数据提高资助对象的精准性,以及成立相关小组进行调研和回访确保申报无误,在高校里建立起相关的学生资助信息平台。同时针对不同的教育阶段,习近平指出要采用不同的资助形式,义务教育阶段全部免除学生学杂费和书本费,在中等职业教育阶段设立国家助学金并且针对特殊专业实行免费政策,在高等教育阶段设立各类的奖助学金和实现绿色通道。

(二)设立相关的"绿色通道"

对贫困家庭开辟"绿色通道"。目前"绿色通道"主要是通过相应的助学贷款,助学贷款能够最大限度减轻学费压力,针对贫困地区消息相对闭塞的情形,学校和政府要加大政策宣传力度。学校针对参与助学贷款的学生建立诚信档案,通过惩处措施来降低银行贷款风险。其次是减免学费和提供一些相应的补助,另外就是高校提供勤工助学岗位,通过勤工助学一方面锻炼了学生,另一方面可以减缓费用压力。高校可提供更多的勤工助学岗位来满足贫困学生的需求,对他们进行考核,进一步培养他们爱岗敬业、服务社会的意识。

---

① 中共中央文献研究室:《十七大以来重要文献选编》(上),中央文献出版社,2009年,第908页。

（三）在农村地区增加教育资源的投入

在贫困地区，要增加物资和师资力量，学校和政府等部门要对家庭困难的学生进行相应的认证，国家的教育经费要更多地向西部贫困地区、基础教育和职业教育倾斜，改善农村办学条件，给予农村留守儿童更多的关爱。一方面，加大对建档立卡、低保、特困和残疾学生的帮扶力度，逐步完善国家奖助学金、国家助学贷款以及相应的困难补助等政策；另一方面，针对贫困地区的学生推进"学生营养改善计划"，2018年营养膳食补助受助学生达3700万人。还要加强农村师资力量，把建设乡村教师队伍放在优先发展的位置。习近平总书记提出，要力争用实际的物质和政策支持，帮助他们解决实际问题，为促进教育公平提供有力保障。

（四）完善资助监管体系

习近平指出要按照"坚守底线、突出重点、完善制度、引导预期"[①]的原则，在资助上既尽力而为，又量力而行，进一步健全学生资助制度，从而实现对经济困难家庭资助的全覆盖。在习近平看来，在贫困学生的资助体系上要落实好以人民为中心的发展思想，用相应的政策推动资助工作的开展，解决资助工作中的短板问题，同时还要牢牢落实好立德树人这个根本任务，在对贫困学生资助的同时也要加大相应的监管，规范监管责任、资金、队伍等，防止资助的不到位和不合理。

党的十八大以来，全国累计共资助学生6.2亿人次，资助金额累计突破1万亿元，目前在资助上已经实现了各个教育阶段全覆盖、公办民办学校全覆盖、家庭经济困难学生三个"全覆盖"。今后仍然要深入贯彻落实习近平重要讲话精神，在资助体系上更加"精准"，除了金钱和物资的资助，还应重视心理资助，改善贫困生的自卑，开展学业帮助，提升专业知识水平，以及增加相应的技能培训，提高贫困学生的综合素养。

四、加强特殊教育和鼓励民办教育

办好"特殊教育"能够保证起点公平，保证让更多弱势群体学生也能够公平享有高质量的教育资源。习近平总书记要求"2020年全面建成小康社会，

---

① 习近平：《习近平谈治国理政》（第二卷），外文出版社，2017年，第79页。

残疾人一个也不能少"①。以残疾人为代表的特殊群体是社会中弱势群体的主体部分，特殊教育公平的价值内涵的直接指向就是弱势群体的受教育权。特殊教育是指对特殊对象，如身体聋哑盲、智障者以及问题儿童等采用特殊的方法和设备进行教育。特殊教育和普通教育有所不同，普通教育强调德智体美劳，而特殊教育更加注重补偿缺陷和发展他们的优势。特殊教育也更强调个人教育，侧重于因材施教。习近平在残疾人事业发展的重要讲话中明确指出要实现残疾人的"中国梦"就要提升特殊教育质量。特殊教育和普通教育相比而言，存在教育机会上的不公平、特殊教育资源分配不均衡、专业教师数量不足、工资待遇低等问题。我国特殊教育从"十二五"以来就快速发展，开创了前所未有的新局面，因此也被纳入了国家教育改革的顶层设计。

2010年颁布了《国家中长期教育改革和发展规划纲要（2010—2020年）》，第一次把特殊教育和学前教育、义务教育、高中教育、职业教育、高等教育、继续教育、民族教育并列为八大教育改革发展任务之一，指出要给予残疾学生特别扶助和优先保障，提升残疾人受教育的水平。2014年，国家发布了《关于进一步加快特殊教育事业发展的意见》促进特殊教育发展，通过2014年到2016年三年的努力，我国残疾人受教育的机会逐渐扩大，但特殊教育整体仍然还很薄弱，尤其是在中西部农村特别是边远地区的普及率还很低。习近平就残疾人教育事业的多次论述指出要健全特殊教育的保障机制，地方政府要加大对特殊教育的投入，制定人均公费标准，加大对困难家庭的帮扶，为残疾学生改善和创造学习的环境，在特殊教育上提升教师水平，提高特殊教育教师的待遇，增加特殊教育教师的编制，强化培训，建设高素质的特殊教育教师队伍。

随着教育的多元化发展，公办学校会受到国家一系列教育规划的影响，能提供差异化和个性化教学的较少，而民办学校恰好可以弥补这一点。民办学校也能因此吸引生源，成为家长们除公立学校外的另一选择，民办教育在推动我国教育事业发展上起着重要作用，但是目前民办教育良莠不齐。当下民办教育存在着如下问题：一是筹资困难，教育资金是办学最首要的条件，而当前民办教育的资金主要是社会团体或者个人捐赠，这样的情况不容乐观，企业因为其营利性的目的，对民办教育的支持主要还是投资，然而民办教育却不能及时回报企业一定的利润，因此民办教育筹资也很困难，从而使得民办教育不得不抬高学费来维持资金运作；二是办学管理体制不先进，良好的管理体制机制是民

---

① 中华人民共和国国务院新闻办公室：《中国政府白皮书汇编（2019年）》，人民出版社、外文出版社，2020年，第198页。

办教育高效发展的重要保障；三是总体规划不清晰，民办教育对自身发展不够明确；四是政府扶持力度不够，民办教育起始于20世纪80年代，自1997年国务院颁布《社会力量办学条例》之日起，民办教育有了合法地位并得到快速发展，到现在为止发展初具规模，我国教育发展多元化局面逐步形成。多元化的教育发展模式不仅弥补了公办教育的不足，同时更能满足广大人民群众的多元化需求，但是目前民办和公办教育发展不均衡，仍处于"公办教育一头大，民办教育一头小"的不平衡状态，办学能力和办学质量也不高。

虽然《中华人民共和国民办教育促进法》指出民办教育是社会主义教育事业的重要组成部分，但历经多年，民办教育发展仍受到限制，为解决长期以来制约其发展的问题，2016年我国对《中华人民共和国民办教育促进法》进行了修订，确立起民办学校分类管理的制度，积极推动了我国民办教育的发展。党的十九大强调要优先发展教育事业，支持和规范社会力量办学，民办教育要深入贯彻十九大精神：第一，创新民办教育体制机制，落实"立德树人"根本任务；第二，坚持公益性为导向和分类管理，积极鼓励和支持社会力量办非营利性的学校；第三，政府进行合理配置，发展好学前教育、义务教育、职业教育、高等教育等；第四，坚持依法管理，民办学校要创新管理体制、育人方式，依法落实好民办学校的自主办学权，提高民办教育质量；第五，完善体系，要通过完善和健全支持民办教育发展的制度，如健全财政、土地、登记、收费等政策来支持民办学校发展。

综上所述，教育公平问题是历史的产物，教育公平的实现需要多管齐下，想要一劳永逸是不可能的。要努力实现教育由"大"到"强"的转变，提升教育质量，办好人民满意的教育。这一期盼不仅是新时代中国共产党人为之奋斗的目标，也是解决当下新时代社会主要矛盾的必然要求，也是培养优秀人才的必然途径。习近平教育公平思想是对马克思主义教育公平思想的一脉相承，丰富了中国特色社会主义理论体系。中国特色社会主义进入了新时代，习近平总书记高瞻远瞩、审时度势，在教育上作出了诸多论述，只有落实好习近平总书记以人民为中心发展教育的重要论述，才能缩小城乡发展差距，推动全面建设社会主义现代化国家，促进教育现代化，办好人民满意的教育，实现教育强国。

第六节　教育改革：深化教育领域综合改革

　　自1978年改革开放到现在，我国教育事业经历了40多年的发展建设，迈上了新台阶，教育发展的总体水平较以往已有了显著提升，教育事业成了推动经济社会发展的重要力量。当下，我国高等教育体系的规模居世界首位，国际影响力不断提高。人才对于国家社会的发展做出了重要贡献，青年人才是实现"中国梦"的主力军。当前我国教育事业面临着一系列新挑战，如各地区学校数量和质量参差不齐、不合理的教育结构、教育管理体制存在不足、民族文化差异等因素导致的问题，很多地区用统一的教育改革模式是不合理的，也造成一些地方的教育改革流于形式。党的十八大以来，面对国际国内的局势，习近平总书记从我国经济社会发展的实际出发结合教育事业面临的新形势、新任务，明确指出要改革教育事业。在党的十九大对教育发展提出了新要求，深化教育领域综合改革是实现"全面深化改革"的重要内容，同时也体现了习近平总书记的改革创新思想。2018年5月2日习近平在北京大学师生座谈会上强调"教育兴则国家兴，教育强则国家强"[①]。中国梦的实现离不开教育强国，离不开对青年人才的培养，只有深化教育领域的相关改革、推动教育现代化才能办好人民满意的教育。做好教育领域综合改革的顶层设计，深入贯彻落实以人民为中心的思想，落实"九个坚持"，在全面深化改革中把教育纳入其系统谋划中，以系统性、整体性、协调性推进教育改革，着力从深化教育体制机制、创新人才培养机制、加快推进考试招生制度改革等方面加强改革的力度。

　　在新时代、新形势下，全面深化改革必须坚持教育优先发展战略。"办好人民满意的教育"指明了教育事业今后改革的总方向，要实现教育从规模、数量到质量的转变，在全面深化教育事业改革中仍需要坚持创新、协调、绿色、开放、共享的新发展理念进行改革。深化教育领域综合改革有利于破除各种体制机制障碍，对促进教育公平、提高人才培养质量有着重要的现实意义。

[①] 习近平：《在北京大学师生座谈会上的讲话》，人民出版社，2018年，第8页。

一、深化教育体制改革

社会在发展中会面临各种各样的问题和矛盾，为解决这些问题就需要体制改革。自党的十八大以来，习近平总书记在多个场合指出要深化教育体制改革来破除影响教育事业发展的体制机制障碍。教育体制由教育机构和教育规范组成，教育机构涵盖了教育实施机构和教育管理机构。深化教育领域的综合改革说到底就是要深化教育体制机制改革，这也是根本任务。1978年以来，这40多年不仅是经济发展的40多年，也是教育体制改革的40多年，历经40多年的教育体制改革，我国教育事业取得了重大发展，我国解决了"穷国办大教育"的难题。我国教育体制是政府主导、分级管理的模式。

在教育体制改革方面，我国经历了五个时期。一是教育体制改革的"破冰期"（1978—1984年）。在1978年之前，高等教育是依靠国家出资，政府举办，高等教育属于国家计划中，这难免使得学校学科单一、模式单一。经历"文化大革命"后，文化事业百废待兴，通过恢复高考，增加高等学校的自主权，开展了对内部管理体制的改革，由政府出面来扩大高校的自主权。二是教育体制改革的初步发展（1985—1991年）。1985年颁布的《中共中央关于教育体制改革的决定》开启了教育改革，改变了国家统一招生制，扩大了高校的自主办学权，实现由中央、省、市三级办学体制，受社会主义市场经济影响，办学体制也更加多元化。三是教育体制改革的深化期（1992—2001年）。党的十四大以社会主义市场经济体制改革为目标，而教育发展也要适应其改革需要。1993年《中国教育改革和发展纲要》的颁布，初步建立了与社会主义市场经济体制相适应的教育新体制，改变政府包揽办学格局，转变政府职能，增加国家财政对教育的投入。在这一时期增强了社会力量共同办学。四是教育体制改革的转型期（2002—2012年）。21世纪以来，高等教育事业蓬勃发展，办学规模大力扩张，建立起了高等职业教育体系、民办教育体系、区域性高等教育协调发展机制。在这一时期更加注重促进教育公平，突出强调要合理配置教育资源、加大对农村地区的保障、改变贫困地区办学条件等。五是深化教育领域的综合改革（2013年至今）。从党的十八大以来，在"五位一体"总体布局和"四个全面"战略背景下，更加强调要实现教育现代化，对人才培养、招生制度、办学等方面都提出要深化改革，着力实现"重点突破"到"系统推进"。

历经25年的建设，我国才普及九年义务教育。自党的十八大以来，我国教育体制改革从各方面发力，多点突破，不断向纵深推进，搭建起了新体制的

"四梁八柱",整体进入"全面施工内部装修"阶段。但是教育体制机制改革在部分关键领域还未全面覆盖。为提高教育发展的质量,2014年3月,习近平在中央财经领导小组第七次会议上提到要研究教育体制改革问题;他在2016年考察北京市八一学校时指出要深化办学体制、管理体制、经费投入以及考试招生等制度方面的改革。2017年颁布的《关于深化教育体制机制改革的意见》明确指出,深化教育体制机制改革的主要目标是:到2020年,教育基础性制度体系基本建立,形成充满活力、富有效率、更加开放、有利于科学发展的教育体制机制,人民群众关心的教育热点难点问题进一步缓解,政府依法宏观管理、学校依法自主办学、社会有序参与、各方合力推进的格局更加完善,为发展具有中国特色、世界水平的现代教育提供制度支撑。[①] 2018年9月,在全国教育大会上习近平总书记认为应当从教育评价导向方面去彻底地突破原有的应试型导向教育,坚决克服"五唯"顽疾痼瘤。

改革尚未停止,在进入深水区的时候要实施教育、经济等多领域的改革,在教育上必将改革不合理的体制机制,统筹推进育人方式、办学模式、管理体制、经费投入体制、学校内部管理制度改革,促使各级各类教育顺应教育发展要求。

(一)深化办学体制改革,改善育人方式

中国特色社会主义进入新时代,提高教育质量是时代之需,也是深化办学体制改革的目的所在。在全国教育大会上,习近平总书记强调要实现办学体制和教育管理体制改革。从办学体制方面看,要重点关注高校办学体制和做好"双一流"建设工程,要在优化高校区域布局、学科结构、专业设置等多方面下功夫。坚持实施创新驱动战略,为新时代中国特色社会主义培养创新型、复合型人才。全面深化教育体制机制改革,坚持把"立德树人"作为教育的根本任务,以社会主义核心价值观为引领,构建起大中小幼一体化德育体系。

学前教育是教育体系当中的首要。2018年,全国共有幼儿园26.67万多所,在园幼儿4656.42万人,与此同时我国学前教育普及率有了大幅度提高,2018年适龄儿童毛入园率达到81.7%。但是总体而言,学前教育仍然是短板,随着国家二胎政策的开放,幼儿数量增多,目前还存在幼儿入学困难、学费昂贵、小学化等现象,面对公办学校少之又少、民办幼儿园又很贵的问题,提出

[①] 中共中央办公厅、国务院办公厅:《中办国办印发〈关于深化教育体制机制改革的意见〉》,《人民日报》,2017年9月25日第8版。

学前教育普惠发展的体制机制。根据教育部发布的《第三期学前教育行动计划》，要在2020年基本建成广泛覆盖、保基本、有质量的学前教育公共服务体系，实现全国学前教育三年毛入园率达到85%，普惠性幼儿园覆盖率要达到80%左右。改革学前教育办学体制对于政府理顺自身角色职责有着重要意义，也有利于提高学前教育质量。

在义务教育上，截至2019年5月19日，全国已有2717个县通过国家义务教育基本均衡评估认定，占全国总县数的95.32%。然而我国在义务教育方面观念和教学方法还相对落后，因此要完善体制机制使其均衡发展，着力减轻当下学生课外负担，进一步提高教育质量，增强学生体质，努力缩小城乡教育差异。

高中教育在国民教育体系中起着关键作用，党的十八大要求高中教育"基本普及"，到了十九大则要求实现"普及高中教育"。2019年，高中阶段毛入学率为89.5%，比上年提高0.7个百分点。[①] 2018年新课标教材出现，高中教育就更加关注学生个性化和多元化的学习需求，提高学生对于课程的自由选择度，增加学生自由选修选考的机会。国家要求全面实施高中阶段教育普及攻坚计划，并提高高中阶段毛入学率，另外还进一步推进普通高中改革，完成各科教材的修订，推行选课走班制，丰富课程体系，有力推进育人方式改革。

国家工业化发展离不开现代职业教育为国家输送的专业技能人才，"中国制造2025"和技能强国战略的实施与职业教育的发展密切相关。现代职业教育现有11.23万所院校、10万个专业点、2682万名在校生，每年培训上亿人次，向社会输送1000万名毕业生，就业率保持在90%以上，3万多家企业与学校建立紧密合作关系，职业教育财政性经费达到3000多亿元，职业院校办学条件显著改善。尽管职业教育规模扩大了，但是"技工荒"现象仍很普遍。习近平总书记多次强调职业教育的重要性。职业教育是我国国民教育体系的人力资源支撑的重要组成部分，发展好职业教育对于青年传承技术技能、创业和就业等方面都起着重要作用。习近平主要从四个方面论述了职业教育的发展方向。第一，发展目标是建立具有中国特色的职业教育体系，这一思想在党的十九大中深刻体现。第二，办学方向。习近平总书记指出要以服务发展、促进就业为职业教育的发展方向。因此需要根据经济社会发展需求，提高青年的技术技能，促进大量青年就业，缓解"技工荒"现象。第三，发展路径。就怎样发展职业教育，习近平总书记从完善职业教育体系、改进产教融合和校企合作的

---

① 教育部：《2019年全国教育事业发展统计公报》，《中国地质教育》，2020年第4期，第121页。

办学模式等方面进行了论述。第四，发展重点在于贫困地区、农村地区等，目的是要促进教育资源的合理配置，推动形成教育公平的局面。

高等教育是衡量一个国家、一个民族发展水平和发展潜力的重要标志。深化教育体制机制改革就是要解决人才培养问题，而高等教育本身还面临自身管理、经费管理、学生就业管理等多方面不足的问题。目前我国高等教育在学总规模占世界高等教育总规模的五分之一，位居世界第一。2012—2018年，高等教育毛入学率从30%增长到48.1%。高等教育不能只看规模、数量而忽略教育质量。高校应以"人才培养"为核心，构建立德树人的育人体系，加强大学生思想政治教育，着力于"课程思政+专业思政"德育工作，实现全员育人、全过程育人和全方位育人。与此同时要坚持创新驱动发展战略，通过创新人才培养方式、改革考试招生制度、完善人才评价机制、落实高校自主办学权、完善学分制、完善课程体系和增加实训基地等方式致力于为国家培养更多创新型、复合型、应用型人才。

在继续教育方面，继续教育是实现终身学习和教育现代化的重要组成部分。习近平总书记强调要推进学习型社会的建设，推动提高国民素质，在这一思想的指引下要求加快继续教育发展。学习型社会近年来发展较好，为成人教育提供了较多途径，但是学习的覆盖面还不广，学风也还不浓厚，而高校承担着重要职责。因此要构建起开放灵活的终身学习教育体系，搭建终身学习的"立交桥"。目前从办学体制来看，民办学校发展不够充分，许多民办学校发展还处于低成本扩张的初级阶段，内部制衡和外部参与机制不健全，教育服务业仍缺乏充分竞争和规范、公平的市场秩序，制约民办学校发展的许多政策和制度问题尚未得到有效解决，特别是民办学校分类管理的相关制度还有待进一步落实，应当形成高校主导、政府参与、社会共建的模式，坚持公益性原则，鼓励更多企业和其他社会力量参与办学，扩大优质的继续教育内容从而提升教育质量。

在民族教育上，重视民族教育，促进教育资源向民族地区倾斜等。在特殊教育上要促进残疾人的全面发展，完善特殊教育体系等。

（二）深化管理体制改革

我国教育事业在高等教育等多方面都取得了显著成效，但仍然是政府管理居多，管得过多过细。习近平总书记提出要健全教育宏观管理体制。因此政府要"放管服"，该管的管，该放的权利要放，构建企业、政府、社会新型关系，要让教育事业愈发有活力；改变原有的评价方式，通过健全第三方评价机制切实增加评价的专业性和客观性；创新教师管理制度，落实和扩大高校在学科专业设置、编制及岗位管理、教师职称评审等方面的自主权，对幼儿园、中小学、职业院校、特殊教育学校的老师要切实提高工资。深入推进管办评分离，构建政府、学校、社会之间的新型关系。通过"放管服"改革，转变政府职能，推动政府向学校、社会放权，完善督导体系建设，强化督政、督学、评估监测三大功能。在扩大省级政府教育统筹权的同时，制定对省级人民政府履行教育职责的评价办法。

（三）强化保障机制

在保障机制上主要体现在通过健全教育投入机制，明确各级政府在教育事业上的财政支出，要保证国家财政性经费支出占国内生产总值的比例不低于4%，将国家教育经费向老少边穷地区、贫困家庭、教育薄弱环节等方面倾斜，同时也要完善奖助贷体系，增强保障的力度。

总体而言，深化教育体制机制改革，一是要扎根中国大地办教育，一方面要在继承中华优秀传统文化的基础上借鉴西方有益经验，形成独具特色的中国模式；二是坚持目标导向和问题导向的结合，坚持教育"以人民为中心"的思想，确定教育改革的目标，就是要促进教育公平；三是坚持放管服相结合，政府简政放权，做到管放合理，学校也应理清不准做什么，从而调动学校的积极性；四是坚持顶层改革与基层改革相结合，顶层改革的同时也要注重基层改革，双管齐下。教育体制机制的改革是教育改革的关键环节，有力推动了教育事业的发展。综合习近平关于深化教育体制改革的论述来看，他指出改革重在落实，也难在落实。立足中国大地办好教育，切实深化教育体制机制改革才能破除"五唯"顽瘴痼疾，才能使各级各类教育顺应教育规律、符合人才培养规律，才能为实现中国梦壮大人才队伍。

二、创新人才培养机制

"国以才立，政以才治，业以才兴。"[①] 当今世界，人才是衡量一个国家综合实力的重要指标，人才对于一个民族、一个国家来说至关重要，而人才资源则是当下最为重要的战略资源之一。在习近平总书记看来，创新和人才都是推

---

① 国家发展和改革委员会：《中华人民共和国国民经济和社会发展第十三个五年规划纲要》辅导读本，人民出版社，2016年，第51页。

动支持生产力发展的第一力量。伴随新一轮产业革命兴起,国与国之间的较量说到底就是人才竞争。2013年10月21日习近平总书记在欧美同学会成立一百周年庆祝大会上指出:"人才资源作为经济社会发展第一资源的特征和作用更加明显,人才竞争已经成为综合国力竞争的核心。谁能培养和吸引更多优秀人才,谁就能在竞争中占据优势。"[①]面对今天我国仍然缺乏高精尖科技方面的人才的困境,习近平总书记强调要注重挖掘和培养这样的人才,要构建利于培养优秀人才发展的大环境,尤其要注重创新高效人才培养机制,改变现有不合理的教育方法,逐步推进素质教育培养优秀人才,通过企业、社会、科研等多方面来引进和开发人才资源;要大力完善人才评价激励机制和保障服务体系,通过营造良好的社会环境来培养人才,激发人才培养的内生动力,增加激励机制,增强青年人才的责任感和使命感;健全人才向基层和中西部流动政策,推动人才就业和服务国家的能力。

党的十八大以来,习近平非常重视创新与改革对我国经济、社会、教育发展的作用,提出创新是引领发展的第一动力。创新驱动实质上就是人才驱动,人才培养受到党和国家的高度重视,并且习近平总书记指出要建立起一支规模宏大、有创新精神并且敢于承担风险的创新型人才队伍,因此要在用好人才、吸引和培养人才上下足功夫。学校是培养人才的基地,而教师是培养人才的重要人力资源,因此学校和教师都应当牢牢抓住"立德树人"这一根本任务。依照习近平总书记有关创新人才的指示,当下培养人才的重要任务是提高人才质量,我国在人才方面更加缺乏高精尖科技方面的人才,只有提高教育质量才能激发人才创造活力。而这一思想的核心始终围绕着"中国梦"展开,在人才培养机制方面要深入贯彻落实习近平总书记人才培养开发、人才队伍建设、人才选拔使用、人才科学管理等指示精神。

(一)着眼于创新驱动战略的人才培养开发

创新驱动实质上就是人才驱动。为了更好地培养人才就要实施创新驱动战略,而其关键在于人才创新,要不断改善人才的培养环境、激发人才的创造活力,大力培养具有国际视野的高科技人才。我国实现了"天眼"探空到"蛟龙"探海的上天入地的创举,取得了页岩气的勘探和开采等重大科技方面的成绩都源于科技工作者的不懈努力。实践证明,在建设世界科技强国上,我们需

[①] 习近平:《在欧美同学会成立100周年庆祝大会上的讲话》,《人民日报》,2013年10月22日第2版。

要科技人才。面对世界发展的新形势,习近平多次强调要实施"加快创新型国家"的战略部署,而我国缺乏科技领军人才。高校是培养创新人才的重要基地,习近平就如何提高人才竞争力上,强调要推进教育实践基地的建设,通过在高校建设相应的实训基地、大学生创新创业基地来增强学生实践能力。2016年3月,中共中央《关于深化人才发展体制机制改革的意见》指出人才培养应以经济社会发展需要作为导向,要求调整高校学科、类型、层次、区域布局等,着力培养更多重点行业和领域的人才,更加注重培养人才的创新意识和能力,探索建立以创新创业为导向的人才培养机制,完善产学研用结合的协同育人模式。在人才培养上,要遵循人才培养的内在规律。正如习近平指出要"顺木之天,以致其性"[①],故不能急功近利。青年人才是"中国梦"的主力军,人才培养也应按照习近平总书记所说的从小抓起,不能小看少年儿童年少的理想、志向。扣好孩子们人生的第一粒扣子需要教育来实现,发展教育才能培育德智体美劳全面发展的人才,一旦人才多了,就会如井喷般涌现出来。

(二) 坚持党管人才的管理体制

党政军民学,东西南北中,党是领导一切的。[②] 我国教育事业顺利发展需要党的领导,这充分体现了中国特色社会主义教育的优势,也体现了中国的制度优势。习近平指出:"办好我国高等教育,必须坚持党的领导,牢牢掌握党对高校工作的领导权,使高校成为坚持党的领导的坚强阵地。"[③] 2012年9月,中共中央印发的《关于进一步加强党管人才工作的意见》首次提出党管人才的重要原则。2016年5月,《关于深化人才发展体制机制改革的意见》的重要指示中再次强调了要办好中国的事情关键在党,关键在人,关键在人才。办好教育的根本保证在于党的全面领导。习近平希望高校的领导班子要坚持社会主义的办学方向,科学地领导,通过制定政策、改善环境等为更多人才提供发展空间,另外也要加强学校基层党组织建设和党员队伍的建设。要让党的建设跟随教育科研的发展,坚持党管人才原则是推动人才工作的根本制度保障,但同时党管人才要灵活,教育部门和各级各类的学校要增强"四个意识"、坚定"四个自信",坚决做到"两个维护",抓好学校党建工作,抓好思想政治工作。关

---

① 习近平:《在中国科学院第十七次院士大会、中国工程院第十二次院士大会上的讲话》,人民出版社,2014年,第18页。
② 中共中央宣传部:《习近平新时代中国特色社会主义思想学习纲要》,学习出版社、人民出版社,2019年,第68页。
③ 习近平:《习近平谈治国理政》(第二卷),外文出版社,2017年,第379页。

于高校党委如何领导高校，根据习近平总书记的讲话，各级党委应当保证高校正确的办学方向，要掌握高校思想政治工作的主导权，要始终保证高校是培养社会主义事业建设者和接班人的坚强阵地。因此高校必须加强党的领导，做好基层党组织建设，对党员加强管理，要创新体制机制、改进工作方式，在高校教师和学生当中做好发展党员工作，要使得每个师生党员都在党爱党、在党言党、在党为党。

（三）人才队伍建设

自改革开放至今，我国已经是世界上的人力资源大国，但并不是强国，我国也意识到人才发展的总体水平较世界先进水平还有一定差距。我国人力资源的结构性矛盾尤为突出，这主要表现为我国尖端人才储备不足，同时也缺乏创新意识和创新能力。一方面为我国科技队伍规模位居世界第一感到自豪，同时也面临缺乏创新型人才的挑战，正如习近平总书记所指出的，"我国科技队伍规模是世界上最大的，主要问题是水平和结构，世界级科技大师缺乏，领军人才、尖子人才不足，工程科技人才培养与生产和创新实践脱节"[1]。按照习近平总书记所讲的，在人才队伍建设上重点要培养高层次的创新人才，同时企业也要参与到人才队伍的建设和管理中来，与此同时还对党员干部、国有企业人才队伍和网络信息人才队伍以及对本土人才和海归人才坚持"并重并用"。任何理论都需实践来检验，习近平总书记人才思想在实践里不断深化，因此当下坚持"创新驱动发展"战略和"人才强国"战略才能培育更多人才，这一思想也对解决国内缺乏高端创新人才具有重要的指导意义。在这一思想背景下，要建设世界科技强国，离不开教育培养出的人才资源，优秀人才资源也是国际竞争的潜在力量和后发优势。当下必须凸显出教育的基础性、先导性和全局性的地位和作用。"两个一百年"奋斗目标和中国梦的实现归根到底要靠人才、靠教育。习近平总书记在中国科学院第十七次院士大会、中国工程院第十二次院士大会上的讲话中指出："希望广大院士肩负起培养青年科技人才的责任，甘为人梯，言传身教，慧眼识才，不断发现、培养、举荐人才，为拔尖创新人才脱颖而出铺路搭桥。广大青年科技人才要树立科学精神、培养创新思维、挖掘创新潜能、提高创新能力，在继承前人的基础上不断超越。"[2]

---

[1] 中共中央文献研究室：《习近平关于科技创新论述摘编》，中央文献出版社，2016年，第108~109页。

[2] 习近平：《在中国科学院第十七次院士大会、中国工程院第十二次院士大会上的讲话》，人民出版社，2014年，第19页。

（四）改善人才培养环境，增强人才培养的适应性

人才培养离不开良好的环境氛围，要以良好的环境凝聚人才，通过健全相应的工作机制和服务意识营造尊重人才的良好环境。人才培养的环境就如习近平总书记指出的："环境好，则人才聚、事业兴；环境不好，则人才散、事业衰。"① 作为一个开放的中国，在人才工作方面，习近平总书记多次表明中国具有广纳天下英才的胸怀。在知识经济时代，高层次人才为经济社会发展注入了新的活力，好的环境是培养一流人才的前提。习近平在增强人才培养的适应性方面提了三点要求：一是要规划引领增强人才培养的适应性，对支柱产业、战略性新兴产业等领域都作出了相应的人才培养规划，重点要扩大应用型、复合型的人才规模；二是完善高校布局结构、层次结构和学科专业结构；三是要实现模式创新，如在本科实现自主选择专业、课程等模式，以及对专业学位研究生等方面都作了相应指示。总而言之，营造良好的政治环境、生态环境和生活环境都将有利于人才培养，要加快形成利于人才成长的培养机制、使用机制、激励机制和竞争机制，让人才根植于沃土里茁壮成长。

（五）人才选拔使用

习近平强调，"我们要树立强烈的人才意识，寻觅人才求贤若渴，发现人才如获至宝，举荐人才不拘一格，使用人才各尽其能"②。要发现人才和大胆用才。人才的选拔离不开人才引进，在引进人才上要探索新方法，对人才进行分类管理，拓宽选拔人才的事业，也应当深化教育改革，吸引更多优秀人才，聚天下英才而用之。在人才选拔上也应当完善人才评价机制，破除"五唯"思维，建立起多元化、民主化的人才考核机制才能留住人才。另外，在人才选拔上要按照习近平总书记提出的德才兼备标准，科学合理运用人才，发挥人力资源的最大优势。

创新人才培养机制是提升教育质量的必然要求，习近平总书记的人才观对实现人才强国具有极为重要的指导意义，高度重视创新驱动战略也意味着要从教育上培养更多优秀人才，故我们要认真贯彻落实这一思想。

---

① 习近平：《在欧美同学会成立100周年庆祝大会上的讲话》，《人民日报》，2013年10月21日第2版。

② 中共中央文献研究室：《十八大以来重要文献选编》（上），中央文献出版社，2014年，第344页。

三、积极推进考试招生制度改革

为改善多年的应试型教育模式的不足，为促进教育公平，习近平总书记指出要实现考试招生制度改革才能使更多人享有教育资源，才能使发展成果为人人共享。

为解决在考试招生方面存在的不公正现象，党的十八届三中全会审议并通过了《关于深化考试招生制度改革的实施意见》（以下简称《实施意见》）明确了改革的方向和举措。《实施意见》指出要坚持以问题为导向，从2014年开启考试招生制度改革试点，2017年全面推进，到2020年基本建立中国特色现代教育考试招生制度，形成分类考试、综合评价、多元录取的考试招生模式，健全促进公平、科学选才、监督有力的体制机制，构建衔接沟通各级各类教育、认可多种学习成果的终身学习"立交桥"。[①]《实施意见》从五个方面回应了群众高度关注的问题。它开启了我国考试招生制度的探索性改革。第一，改进招生计划方式。这一措施主要从两个方面来表现，首先是中西部地区的录取率还较低、城乡之间入学差异也很大，因此提出要支援中西部地区招生。其次是部署和省属重点高校留有一定名额给贫困地区学生，从而增加农村学生上重点高校的人数。第二，改革考试形式和内容。"一考定终身"的模式已经严重影响学生成才，通过完善高中学业水平考试，通过综合考核学生素质来改变原有的模式。第三，改革招生录取机制。这一改革对考试招生制度整体改革起着重要作用，主要体现为改善高考的不合理加分，取消了体育、艺术等特长加分，完善高校自主招生，完善高校招生选拔机制，招生更加透明化。第四，改革监督管理机制，主要是为了公平起见，要求信息公开，加强制度保障，以及加大违规查处力度。第五，在少数城市开展高考试点，率先在上海、浙江出台新政策，改革考试科目，取消文理分科。

习近平总书记认为，考试招生制度改革要统筹规划，率先在上海、浙江两地进行试点实施、分步进行、有序推进。《实施意见》的核心理念就在于让学生有更多自主选择的权利。这一改革必须要和推进国家治理体系和治理能力现代化相适应。教育的目的不只是考试，考试只是检验教学效果的尺度，加强考试招生制度改革才能使选拔人才更加公平，才能以"人"为本。同时这一制度还需要有效监督，防止特权介入才能维护其公平。考试招生制度坚持"立德树

---

① 王维平：《全面深化改革》，人民出版社，2017年，第60~61页。

人"，考试内容要符合教育的根本任务，国家要有意识地培养相应人才，弘扬社会主义核心价值观、继承我国的优秀传统文化等，在价值观上积极引导。只有强化考试招生制度改革才能在2020年基本形成"考试成绩＋素质评价"的考试招生模式。在从应试教育向素质教育转换的背景下，习近平希望人才培养开发的关键是要把孩子从分数中解放出来，人生道路千万条，各行各业都可以成才。

总之，考试招生制度改革立足于中国国情，《实施意见》是根据多年来考试招生制度改革的实践总结而成的文件，是继恢复高考以来考试招生制度改革的新的里程碑。它指出了目前教育领域存在的各种问题，通过考试招生制度改革才能更加公平地培养和选拔人才。坚持深化教育领域的综合改革是新时代教育事业发展的指导思想。

第七节　教育开放：扩大教育对外开放

对外开放是我国的一项基本国策，而教育也需要开放。自党的十八大以来，习近平总书记在审议各种重要文件以及参加各种会议和外交场合等方面都阐述了中国主张。这些实践和观点都进一步推动了我国的对外开放教育，教育开放有利于改革开放事业的发展。党的十八大首次提出"人类命运共同体"思想。习近平指出："这个世界，各国相互联系、相互依存的程度空前加深，人类生活在同一个地球村里，生活在历史和现实交汇的同一个时空里，越来越成为你中有我、我中有你的命运共同体。"[①] 这一思想备受国际社会高度重视，党的十九大进一步将这一思想作为新时代中国特色社会主义的一个基本方略，在国际上产生了深远影响。它表明我们需要尊重世界文明的多样性。文化没有优劣之分，各国文化的差异不应该成为世界冲突的根源，而应该化为推动社会发展的动力，没有民族文化的独特性就没有了世界文化的多样性。

2013年4月21日，习近平在致清华大学苏世民学者项目启动贺信中指出人类社会在面对各种问题的时候，需要的是各国人民的共同努力，而教育也是如此，顺应全球化大势，各国要加强文化交流，促使各国的学生增加了解，为人类的和平和发展做出努力。2013年9月25日，在联合国"教育第一"全球倡议行动一周年纪念活动上发表贺词时习近平指出："中国将加强同世界各国

---

① 习近平：《习近平谈治国理政》（第一卷），外文出版社，2018年，第272页。

的教育交流，扩大教育对外开放，积极支持发展中国家教育事业发展，同各国人民一道努力，推动人类迈向更加美好的明天。"① 2014年3月27日，习近平在联合国教科文组织总部发表的演讲中指出，"人们希望通过文明交流、平等教育、普及科学，消除隔阂、偏见、仇视，播撒和平理念的种子"②。习近平总书记站在"人类命运共同体"的高度对教育提出了要实现教育开放的战略方向。2018年3月11日下午，第十三届全国人大一次会议第三次全体会议投票通过了将"推动构建人类命运共同体"内容写进《中华人民共和国宪法修正案》序言的提议，这标志着习近平总书记倡导人类命运共同体建设的意见得到了全国人民的广泛支持。因此，我们必须坚持扩大教育对外开放的基本方针，促进中国教育的大发展，把对外文化交流的设想落实到教育开放发展的实践中，与中华民族复兴的伟大梦想结合起来，提升教育开放的时代价值。2018年9月在全国教育大会上，习近平总书记明确强调，"要扩大教育开放，同世界一流资源开展高水平合作办学"③，再一次说明了扩大文化交流实现教育对外开放的观点。

对外开放不仅是我国的基本国策，同时也是教育现代化的基本特征，为了贯彻落实好这一要求，就要做好进一步扩大教育对外开放的顶层设计。习近平总书记在2013年提出"一带一路"倡议。这一倡议对于构建开放的经济新体制、形成全方位对外开放新格局有着重要的现实意义，同时也能够促进世界繁荣发展与和平稳定。这一倡议与教育对外开放可以无缝衔接，教育对外开放可以沿着"一带一路"沿线国家展开。中国目前已经基本形成全方位、多层次、宽领域的教育对外开放格局，正在努力建成"一体两翼"的教育对外开放新格局，即坚持"一带一路"共同体，而"两翼"则是深化国际教育合作、加强中外人文交流。另外孔子学院也是扩大教育对外开放的桥梁与纽带。

开创教育发展新格局是新时代面向教育现代化的战略任务，习近平关于教育对外开放的系列重要论述是提高教育质量和建设教育强国的重要理论依据，该理论立足于国际国内两个大局，有利于文明的交流互鉴，推动人类文明的发展。

---

① 习近平：《习近平谈治国理政》（第一卷），外文出版社，2018年，第191页。
② 习近平：《出席第三届核安全峰会并访问欧洲四国和联合国教科文组织总部、欧盟总部时的演讲》，人民出版社，2014年，第9页。
③ 《大力推进教育体制改革创新——论学习贯彻习近平总书记全国教育大会重要讲话》，《人民日报》，2018年9月17日第2版。

一、孔子学院：桥梁与纽带

在经济全球化背景下，各国的竞争由经济、政治的竞争转为文化层次的竞争，各国交往越来越密切，而交流离不开语言。我们既要提高文化竞争力，也要尊重世界文化的多样性。中国根据国情创立了"孔子学院"作为文化传播的重要载体。习近平认为，随着经济全球化的发展，加强国与国、人与人之间的交流以及增进相互了解是时代潮流，认为孔子学院为世界各国民众学习汉语发挥了重要作用，并且推动了中国与各国人民的交流，促进了世界文明的多样性，是世界认识中国的一个重要平台。孔子学院的宗旨便是增进世界各国人民对于我国语言和文化的了解，这样可以促进他国与我国的友好交流，为构建人类命运共同体贡献力量。

2014 年全球孔子学院建立 10 周年之际，习近平总书记指出，孔子学院不仅属于中国也属于整个世界。第一所孔子学院是 2004 年 11 月 21 日在韩国首尔成立的，当时由中国提供硬件支持，中国提供了教学资料同时还派遣了部分汉语志愿者。随着后来孔子学院的增多，初步形成了中外高校合作、中外政府合作以及外国企业和中方合作等多种模式。孔子学院的重要任务就是给全世界各地希望学习汉语的人提供规范和权威的教材，同时也提供最正规的教学渠道。孔子学院不同于一般大学，它是一个专门推广汉语同时还支持各类学科专业的机构，除了基本的汉语教学外，还有以特色文化为主的孔子学院，如中医孔子学院、音乐孔子学院、武术孔子学院等。和普通教育机构有所不同，它不以学历教育为主，而是用跨境教育的合作形式进行文化传播，在与各国交流的同时促进相互认识，通过语言架起中外民心相通的桥梁。孔子学院在文化交流上形式并不单一，不仅开展书画、饮食、武术方面的课程体验，同时还针对不同人群的喜好设置相应的体验课，在体验中使人们增强了对汉语的热爱，增强了对中国文化的热爱；还展开了很多文化节日推广活动，如中国的春节、端午节、中秋节、元宵节等传统节日都受到了很多国家人民的喜爱；另外中国书画展、电影展、戏曲表演等文化活动使外国友人更加了解中华文化的精髓。

习近平把孔子学院看作"中外语言文化交流的窗口和桥梁"。"一带一路"倡议为沿线国家带来了众多机遇，孔子学院顺势而行，助力推动"一带一路"建设。孔子学院可以通过提供企业培训、语言培训等多种方式实现与沿线国家的交流合作，使民心相通，从而实现共赢。截至 2018 年 12 月，全球有 154 个国家和地区建立了 548 所孔子学院以及 1193 个中小学孔子课堂。孔子学院传播了中华文化和中国精神，向世界展现了一个真实而全面的中国。习近平在联合国教科文组织总部的演讲中指出："文明因交流而多彩，文明因互鉴而丰富。"① 孔子学院需要不断改革发展，因地制宜开展活动。要让孔子学院服务中国特色大国外交，实现高质量发展，才能更好地传播中国声音和中国文化。在世界多极化、经济全球化等时代背景下，我国与世界各国的沟通很重要。习近平曾提到一些人会对中国抱有偏见，主要还是对中国不了解，在中外文化沟通上我们要保持文化自信，加强交流，而加强交流的工具就是语言。孔子学院既是世界认识中国的一张名片，同时也是中国展现自己的一个平台，掌握不同的语言才能更加深刻领悟不同文化之间的差异，才会愈发包容友善。

二、出国留学人员：媒介作用

文化交流可以超越文明隔阂，文化互鉴可以超越文明冲突，文明共存才能超越文明优越，在此基础上才能够推进各国相互理解、相互尊重和相互信任。"世界上有200多个国家和地区，2500多个民族和多种宗教。如果只有一种生活方式，只有一种语言，只有一种音乐，只有一种服饰，那是不可想象的。"② 人才队伍的构成少不了留学人员，中国留学历史可以追溯到洋务运动时期，中国的留美儿童是中国近代历史上最早的官派留学生。中国留学历史悠久，至今已有150多年，留学人员对于中国实现近代化和现代化都具有重要的作用。自改革开放以来，留学人员增多，其中较多为公派留学人员，四十多年里，我国各类出国留学人数达到519.49万人，归国人数达到313.20万人。到了1992年，党的十四大召开，表明中国经济体制改革的目标是要建立社会主义市场经济体制，在这一时期，着眼于规范留学教育，同时还鼓励海外留学生归国。自2001年中国加入世贸组织之后，就意味着中国市场在全球开放，同时也意味着留学教育上了新台阶，中国高等教育市场进一步开放，出国留学和来华留学人数都在逐年增加，其中自费人数也在增加。2013年至今，在"一带一路"倡议下，来华留学和出国留学人数不断增加。新时代，在"四个全面"战略布局和"五位一体"布局中，留学人员都发挥着重要作用。中国不会走封闭的老路，教育开放可以使更多学子留学，学到更多先进的知识和经验，甚至成为行业领军人物，在很大程度上推动行业发展。留学人员在"大众创业、万众创

---

① 习近平：《习近平谈治国理政》（第二卷），人民出版社，2017年，第534页。
② 习近平：《在联合国教科文组织总部的演讲》，《人民日报》，2014年3月28日第3版。

新"号召下提高了我国自主创新能力,同时留学人员还为我国高等教育发展作出了贡献,高校中学科带头人许多都有国外留学深造的经历,这些留学回来的教师对我国教育事业的发展注入了活力,是人才培养的重要人力资源。随着改革开放不断深入、经济社会的不断发展,中国出国留学人员的数量也逐渐增多。相关数据表明,2018 年,我国有 66.21 万人出国留学,国家公派 3.02 万人,单位公派 3.56 万人,自费留学 59.63 万人,留学总人数比 2017 年增加了 5.37 万人,其中留学回国人数增加了 3.85 万人。由此可见,随着经济的发展,出国留学呈现出上升的趋势。党的十八大以来习近平高度重视留学工作,在多个重要场合发表重要讲话,从留学人才的选拔、培养等多方面表明国家高度重视留学人员,希望加快留学事业发展的步伐。习近平总书记关于教育对外开放的系列重要论述可以归纳为以下几个方面。

(一)中国梦为留学人员提供动力

中国梦实现的重要标志是实现文化强盛。2013 年 10 月 21 日,习近平在欧美同学会成立 100 周年庆祝大会上强调实现中华民族伟大复兴梦离不开大家的共同努力,只要留学人员和大家站在一起,那么一定会谱写中华民族伟大复兴梦的绚丽篇章。习近平总书记认为,欧美同学会是海外人才的储备库,也是联络站和避风港。他对留学人员给予了高度肯定。这也是一种人才全球化的模式,无论是出国留学,留在海外的人员或是归国人员,中国都招纳贤士来助力实现"中国梦"。

(二)留学人员是统战工作着力点

中共中央在 2000 年第一次将出国和归国留学人员纳入统战工作范围,自此以后,进一步强化了留学人员统战工作的重要地位。而进入新时代,这一地位仍未改变。2015 年 5 月 18 日到 20 日,在北京召开的中央统战工作会议上,习近平强调了"留学人员是人才队伍的重要组成部分,也是统战工作新的着力点"[①]。同年《中国共产党统一战线工作条例(试行)》发布。该条例将出国和归国留学人员列为十二类统一战线工作范围和对象之一,并提出了新的任务和要求,要求做好出国和归国留学人员的工作。党的十九大报告再次强调统战工作是党的事业取得胜利的重要法宝,要求做好党外知识分子工作。而归国留学

---

① 中共中央文献研究室:《习近平关于社会主义政治建设论述摘编》,中央文献出版社,2017 年,第 135 页。

人员也是党外知识分子的组成人员，这一群体在统战工作中规模较大，做好统战工作有利于他们热爱祖国、投身于祖国建设，在新一轮产业革命中发挥自身优势，抢占先机，为实现中国梦不懈奋斗。

（三）新时代留学方针

1985年我国制定了"支持留学、鼓励回国、来去自由"的留学方针。2013年习近平总书记在此基础上提出要"发挥作用"，突出表明他希望留学工作是有成效、有价值的，这也成为衡量留学工作的标准。留学人员能够学习到更多先进的科技文化知识，能够促进我国从"中国制造"转向"中国创造"。习近平总书记的十六字留学方针高度肯定留学人员的地位和作用。新时代、新形势下国家密切关注留学群体，期盼越来越多的海外留学人员、高层次人员归国，在科研、创业等领域能够起到带头示范作用。

（四）加快留学事业发展

留学工作关乎民族命运，2014年习近平指出留学工作要统筹谋划出国留学和来华留学，充分利用国际和国内资源，培养优秀人才。2016年2月国务院印发的《关于做好新时期教育对外开放工作的若干意见》对新时期的留学工作作出了相应的部署，如完善留学工作机制，规范好留学市场以及完善留学人员管理服务体系和优化出国留学服务。2016年7月颁布的《推进"共建一带一路"教育行动》提出了"丝绸之路"留学计划。该计划是以国家公派留学为引领，促使更多中国学生到"一带一路"沿线国家留学，"一带一路"倡议是我国对外开放的重点，教育对外开放工作也在"一带一路"沿线国家的交流中不断拓展。改革开放之初，我们的留学人员主要是向西方发达国家学习，去向也主要是欧美发达国家，而如今教育对外开放的活动半径不断扩展，为广大留学人员提供了契机，也有利于"一带一路"沿线国家相互增进了解。

（五）青年要"可堪大任"

党的十八大以来，留学工作得到了高度重视。习近平总书记对青年寄予了殷切期望，中华民族伟大复兴的中国梦需要一代又一代青年的不懈奋斗。留学人员群体中"80后""90后"以及"00后"人员居多，而"90后"和"00后"都是留学人员大军，这表明年龄结构愈发年轻化。这部分群体多以独生子女为主，在习近平总书记"聚天下英才而用之"思想的感召下，2017年出现了"归国潮"。国家各单位、各大企业等都在积极引进海外人才。黄大年在引进海外高层次人才背景下毅然归国为科研事业奉献，习近平总书记号召学习黄大年心有大我、至诚报国的精神，他对这一先进事迹作出了重要指示。这一指示也充分表明国家对高层次海归人才的重视。中国的发展与世界发展紧密联系，中国的发展与世界发展融为一体，高层次海归知识分子在科研等领域起着不可磨灭的作用，同时也推动了我国教育事业发展。爱国主义是统战工作的旗帜，青年强则国强，扣好青年的人生的第一粒扣子，加强社会主义核心价值观教育和中华优秀传统文化教育，无论这些青年去往何处留学都必将心系祖国，充满正能量，从而愿意学成之后回国参与社会主义现代化建设。

（六）处理好本土和海归人才的关系

习近平总书记在2017年12月30日给莫斯科大学的中国留学生回信时表示，他期望留学人员要"可堪大任"。创新是第一动力，而人才就是第一资源。中国的发展固然少不了对知识分子的重视，一方面既要重视海归人才，但也不可忽视本土培养的人才，二者应当并用并重。习近平总书记的留学思想在实践中不断丰富和发展，在涉及留学人员就业方面，既可以归国参与建设，也可以在海外通过多种形式参与祖国建设。在人才方面不能轻视"本土"只重"海归"，要防止滥竽充数，看到本土人才也有过人之处。要保障本土和海归人才公平竞争，以合理的标准评价人才、选拔人才，为在实现"两个一百年"奋斗目标和中国梦提供智力支撑和人才支撑。

习近平的留学理念体现了他对知识分子的高度重视，这一思想是习近平新时代中国特色社会主义思想的重要组成部分，它继承了马克思主义理论的精华，指引着人才强国战略的实施。留学工作要时刻遵循习近平的留学思想和指示。

三、中外合作办学：交流合作机制

（一）中外合作办学应面向世界

随着教育资源的不断开放以及人才交流国际化，教育对外开放的基本途径可以通过中外合作办学实现。世界文化的多样性值得我们相互借鉴和学习，海外优质教育资源不仅仅在于课程和教学，还涵盖了一系列管理体系、课程体系等方面。中外合作办学在本土就可以在很大程度上满足人们多样化和多层次的文化需求。

2013年4月21日，习近平在苏世民学者项目启动时的贺信指出："通过更加密切的互动交流，促进对人类各种知识和文化的认知，对各民族现实奋斗和未来愿景的体认，以促进各国学生增进相互了解、树立世界眼光、激发创新灵感，确立为人类和平与发展贡献智慧和力量的远大志向。"[①] 2016年9月他再次希望苏世民书院能够成为一个培养世界优秀人才的国际平台，为各国青年提供学习机会，增进相互了解，拓宽视野。党的十九大强调我们应当加强文化交流，而国际合作办学的模式肩负着中外文化交流的重要使命，将教育作为交流媒介，有利于跨文化交流，既实现文化"走出去"也吸引了文化"走进来"，这样的办学模式利于各国学生增进对他国文化的了解，更有利于传递中国声音、讲述中国故事、展示中国形象。

2006年宁波诺丁汉大学落成首创国内外教育资源结合的先河，推动了中国教育走向世界。2015年5月23日，习近平在致国际教育信息化大会的贺信中指出："中国愿同世界各国一道，开拓更加广阔的国际交流合作平台，积极推动信息技术与教育融合创新发展，共同探索教育可持续发展之路，共同开创人类更加美好的未来！"[②] 中外合作办学作为国家教育事业的重要组成部分，习近平指出中外合作办学在坚持合作、互利、共赢、有序的基础上，坚持引进来和走出去相结合，在规范发展过程中核心就是要引进国内外先进的教育资源并加以创新利用。中国教育涉外办学有很多模式，但中外合作办学是唯一的由国务院规范的办学模式。中外合作办学机构也从1995年的71个逐渐增加，截至2019年6月，经中国批准设立的中外合作办学机构就已经达到了2431家，其中90%为高等教育合作办学，涵盖了经济学、法学等11个学科和200多个专业，涉及36个国家和地区、800多所外方高校以及700多所中方学校。中外合作办学的教育模式助推中国教育实现现代化、国际化。与此同时，提升办学质量势在必行。《关于做好新时期教育对外开放工作的若干意见》提出"提质增效、服务大局、增强能力"的中外合作办学发展模式。《中外合作办学条例》及其实施办法的修订，是新时代中外合作办学工作的法律保障。"一带一路"倡议引发了沿线国家的关注，中外合作办学将办学经验、方案、智慧与倡议结合，为全球教育治理和制定教育国际规则提供了中国智慧和方案，中外合作办学的成功经验与世界共享。党的十九届四中全会也再次强调要规范合作办学，将合作办学与民办教育体制并列，这一举措为今后中外合作办学指明了

[①] 教育部课题组：《深入学习习近平关于教育的重要论述》，人民出版社，2019年，第253页。
[②] 习近平：《习近平致国际教育信息化大会的贺信》，《人民日报》，2015年5月24日第2版。

方向。

(二) 中外合作办学应以"双一流"建设为契机

2016年12月,习近平总书记在全国高校思想政治工作会议上强调:"我们对高等教育的需要比以往任何时候都更加迫切,对科学知识和卓越人才的渴求比以往任何时候都更加强烈。"[1] 党中央做出加快世界一流大学和一流学科建设的战略决策,以此增强国家核心竞争力。2015年10月,国务院印发《统筹推进世界一流大学和一流学科建设总体方案》,希望和世界一流大学、机构合作,利用优质教育资源进行学术攻关,与此同时也希望国内有一大批具有高水平的大学和学科能够进入世界一流行列和前列,加强高等院校人才培养,推动高等教育实现国际化。在2016年5月国务院又印发了《关于做好新时期教育对外开放工作的若干意见》,对对外开放教育作了重要部署,提出必须抓住办学质量。目前很多高校在中外合作办学定位上存在误解,没有从国际角度去认识合作办学的地位,只认为这种模式单纯是办学。因此在中外合作办学方面必须提质增效,拓宽视野,站在国际高度,既要认识办学性质,也要明白自身的特殊地位。我们既不能"全盘西化",也不能固步自封。虽然是中外文化的交流学习,但是在教学过程里应当融入思政元素,融入中国优秀传统文化和社会主义核心价值观,这样才能够引导青年树立正确的"三观",才能符合社会主义意识形态。

四、人文交流:提升国际影响力

习近平总书记十分看重对外人文交流,曾先后发表多次重要论述。他指出:"文明因交流而多彩,文明因互鉴而丰富。"[2] 对外人文交流对于实现文化自信、建设文化强国以及提升综合国力都具有重要意义。古往今来,实践证明世界上的先进文化都离不开文化的互鉴交流。世界上的文明多种多样,只有互相借鉴、博采众长才能使自身文化生生不息。中华文化海纳百川、兼收并蓄,才得以延续和发展。中华文明离不开人文交流,中华民族的人文交流历史源远流长,可以追溯到秦汉时期,当时主要通过"丝绸之路"展开,中国与朝鲜、

---

[1] 习近平:《把思想政治工作贯穿教育教学全过程 开创我国高等教育事业发展新局面》,《人民日报》,2016年12月9日第1版。

[2] 习近平:《在纪念孔子诞辰2565周年国际学术研讨会暨国际儒学联合会第五届会员大会开幕会上的讲话》,人民出版社,2014年,第9~10页。

日本等国家都有经济贸易往来，在唐代中外文化交流中中国占据了优势地位，具有极大的话语权。总而言之，在漫长的历史长河里，中外文化交流曾繁荣过也曾中断过，在当下我们并不会"闭关锁国"也不会"全盘西化"，在坚定自身优秀传统文化的基础上促进中外人文交流才能做到文化自信。

在教育事业发展上坚持"请进来"和"走出去"。中国要加强与世界各国的人文交流，扩大教育开放。在新时代，习近平人文交流思想回答了该如何做好人文交流，这一思想有利于维护世界和平、推动人类文明进步发展、最终有利于实现中国梦。习近平在中外人文交流上的重要论述可归纳为以下几点。

（一）人文交流需坚定文化自信

"文化兴国运兴，文化强民族强。没有高度的文化自信，没有文化的繁荣兴盛，就没有中华民族伟大复兴。"[①] 没有文化兴盛的支撑就难以使国家、民族强盛。"两个一百年"奋斗目标和中国梦的实现离不开文化软实力的提升，更离不开中外人文交流。中华文化底蕴深厚，中华文化博大精深，中外人文交流既有利于中华文化走出去，也有利于博采众长，兼收并蓄。中国特色社会主义文化需要媒介，按照文化传播学理论，国家的对外话语体系主要包含"故事"和"信道"两方面。"故事"即讲好中国故事，通过交流传播中国特色社会主义文化，这种文化源于中华五千年的优秀传统文化、革命文化、社会主义先进文化。而"信道"指的是交流、传播的通道。[②] 中国向世界阐释中国特色要坚定中国特色社会主义文化的基因——中国优秀传统文化。这也是文化交流的底气，通过对外人文交流展示中国的文化遗产、传统节日、文学艺术等。习近平总书记强调要坚守革命文化的鲜明底色。历史不能遗忘，中外人文交流通过宝贵的革命文化来展示中国人民奋勇拼搏、开拓未来的精神，同时也能展示中国热爱和平的决心。社会主义先进文化也能增强文化自信，习近平总书记强调，我们应当学习雷锋精神、航天精神、女排精神等。从党的十八大以来，习近平在诸多演讲、致辞中彰显了对中华优秀传统文化、革命文化、社会主义先进文化的继承，他常常引经据典、旁征博引。在世界文化激荡的时代，坚定文化自信才能站稳脚跟。

[①] 习近平：《决胜全面建成小康社会　夺取新时代中国特色社会主义伟大胜利——在中国共产党第十九次全国代表大会上的报告》，人民出版社，2017年，第40~41页。

[②] 张殿军：《习近平对外人文交流战略思想论略》，《社会主义研究》，2016年第4期，第23页。

（二）青年肩负大任

习近平总书记对青年寄予厚望。他认为夯实中外友好的青年战线、做好青年的统战工作是促进人文交流的关键。青年是促进友好交流、增进友谊的主体。2013年10月，习近平在印度尼西亚国会演讲时指出要发挥青年、智库、议会、社会团体等在人文交流上的作用。中国留学青年群体既有本国学习经历同时也学习到国外先进科技文化等。习近平曾在欧美同学会成立100年庆祝大会上表明，希望广大留学人员能够内引外联、牵线搭桥，做中外友好交流的民间大使。青年强则国强，青年定要肩负重任，积极推动中外人文交流。

（三）以"一带一路"为契机

知识经济时代，提升我国国际话语权必将离不开人文交流。在习近平总书记的坚强领导下，中国的对外人文交流成效显著。其中"一带一路"彰显了改革开放最鲜明的特征，借助"一带一路"不仅加强了经贸往来，还扩大了教育开放，彰显了我国文化底蕴，有利于推动构建人类命运共同体。中国人文交流要以"一带一路"作为契机，按照"一带一路"宏伟蓝图展开。《推进共建"一带一路"教育行动》指出，通过教育行动"五通"来加强与沿线国家的教育合作，加强"丝绸之路"青少年文化交流，政府增加丝绸之路奖学金吸引人才、实施丝绸之路留学推进计划和师资培训计划、人才联合培养等重大计划，增加国与国之间的学生交流，推动与沿线国家的民心相通。中国非常重视与世界各国的教育合作，也充分发挥中外高级别人文交流机制的带头作用。我国自2000年起，与俄罗斯、美国、英国、欧盟、法国、印度尼西亚、南非和德国先后建立八个高级别的中外人文交流机制。人文交流、战略互信、经贸合作是中国外交的三大支柱。人文交流能够推进战略互信、经贸合作。人文交流拉近了双方心与心的距离，从而影响政府决策。以领导人为主线的对外人文交流彰显中华文化自信。中外人文交流涵盖了科技、文化、旅游等多个领域，在中外人文交流中，我们也打造了独具中国特色的人文交流品牌。例如"鲁班工坊"走向世界，深化了与世界各国的合作；孔子学院的设立也促进了语言相通，为世界汉语爱好者学习汉语提供了学习途径。

（四）推动新媒体与传统媒体的融合

习近平总书记提到以信息技术为核心的科技革命深刻改变了人们的生活。现代传媒技术的快速发展对于传播中国文化起着重要的作用，习近平总书记也要求拓展对外传播的平台和载体。因此，推动传统媒体与新媒体融合发展势在必行，他指出："要遵循新闻传播规律和新兴媒体发展规律，强化互联网思维，坚持传统媒体和新兴媒体优势互补、一体发展，坚持先进技术为支撑、内容建设为根本，推动传统媒体和新兴媒体在内容、渠道、平台、经营、管理等方面的深度融合……"[①] 两者融合，就可以通过传统电视媒体与传播较快的微博、微信、抖音等社交平台传播中国声音、讲好中国故事、展示中国风貌。

惨痛的近代史证明中国不能自我封闭，开放是繁荣的必由之路。中国开放的大门越来越大，不仅仅在于引进来，更重要的是走出去。开创教育对外开放新格局是实现教育现代化的重要任务。新时代、新形势下，参与全球治理是这个时代的主题，这必然需要加强国际教育合作交流。教育对外开放中牢固树立"四个意识"和坚定"四个自信"，保证党在教育事业中的领导作用，推进教育对外开放有序进行。习近平教育对外开放思想是对中国自身教育和世界教育形势的洞察，这一思想向世界展示了中国风貌，提供了中国智慧、中国经验和中国方案，必将更好地服务于人类命运共同体。

第八节　教师队伍建设：尊师重教，建设高素质教师队伍

党和国家高度重视知识分子的重要作用，习近平总书记在安徽与广大知识分子、劳动模范等座谈时就表明知识分子关乎国运，这一群体能够在中国梦实现进程里提供人才支撑、智力支撑和创新支撑。广大知识分子应当自觉投身社会主义实践，而教师是培养人才最为重要的人力资源。习近平强调"教师是立教之本、兴教之源，承担着让每个孩子健康成长、办好人民满意教育的重任"[②]。实现中华民族伟大复兴梦的过程里离不开全体中华儿女的努力，更离不开教师，教师是"梦之队"的筑梦人，优良教师资源才能实现良好教育，一个国家和地区的教育水平根本上取决于教师队伍的整体素质。

党和国家在十八大以后更加重视教育事业，习近平总书记在一系列重要讲话和考察学校中逐渐形成的现代教育思想体系，这其中有关教师队伍建设着重

[①] 中共中央文献研究室：《习近平关于全面建成小康社会论述摘编》，中央文献出版社，2016年，第117~118页。

[②] 教育部课题组：《深入学习习近平关于教育的重要论述》，人民出版社，2019年，第208页。

于培养"筑梦人"。关于教师队伍建设思想，习近平总书记向全国广大教师提出"三个牢固树立"思想；2014年在同北京师范大学师生代表座谈会上提出"四有"好教师标准来提升教师素质；2015年9月9日，他在北京市八一学校考察时提出"四个引路人"，同年12月在全国高校思想政治工作会议上提出"四个统一"；2017年9月又提出"一个人遇到好老师是人生的幸运，一个学校拥有好老师是学校的光荣，一个民族源源不断涌现出一批又一批好老师则是民族的希望"[①]。党的十九大报告再次指出要加强师德师风建设，培养高素质教师队伍，倡导全社会尊师重教。2018年初《关于全面深化新时代教师队伍建设改革的意见》对新时期教师作为教育发展第一资源的定位予以确认，对全面提升教师队伍作出了指示："今天的学生就是未来实现中华民族伟大复兴中国梦的主力军，广大教师就是打造这支中华民族'梦之队'的筑梦人。"[②] 教师是教育的第一资源，不难发现，党和国家一贯重视教师工作，习近平从维护教师基本权利、"三个牢固树立"的根本要求、"四个统一"的职业操守以及弘扬尊师重教的优良风尚出发回答了新时期怎样建设高素质教师队伍。

习近平关于教师队伍建设思想一方面继承和发展了中国优秀传统文化，另一方面也是弘扬党的优良作风，同时加强教师队伍建设也是贯彻党的教育方针的重要体现。总体而言，教师队伍建设是一项基础工作也是坚持社会主义办学方向的根本依靠。

一、维护教师基本权利

科技的发展能够使国家变得越来越强大，人才的培养能够加快科技发展，教师在培养人才上扮演着重要角色。然而为什么会有部分教师投身于教育事业的积极性不高，究其原因是自身权益未能得到保障。在法律允许的框架下，任何教师的合法权益都应当得到保障。依法保护教师合法权益才能够维护教师的职业尊严，才能加快实现文化强国的美好愿景。保障教师合法权益才能让教师专心致志教学。习近平总书记也表明要维护好教师权益，要信任和依靠广大教师，支持他们长期从教和终身从教。做好教师队伍建设这一项基础工作，应从加强教师培训、提高工资地位待遇、关心教师身心健康、完善相关法律法规等

---

① 习近平：《做党和人民满意的好老师——同北京师范大学师生代表座谈时的讲话》，人民出版社，2014年，第4页。

② 习近平：《做党和人民满意的好老师——同北京师范大学师生代表座谈时的讲话》，人民出版社，2014年，第14页。

方面维护教师基本权利。

(一) 加强教育培训

师德需要深厚的知识修养才能体现出来，教师需要不断学习提升自我修养。学校要培养优秀人才，教师有权利得到更优质的教育培训才能更好投身教书育人。在师德师风建设方面部分教师还有待加强。做好职业培训才能增强教师职业认同感，才能提升专业素养。一系列"国培""名师送培"等项目都有利于打造专业素质精湛的教师队伍。因此，在广大教师队伍中要加强思想政治教育，开展专业课程培训、职业培训，加强继续教育，在广大教师队伍中树立终身学习理念。各学校要深入贯彻落实党的路线、方针、政策等方面的教育以及开展"不忘初心、牢记使命"教育，才能使广大教师树立正确"三观"。必须加强马克思主义理论、社会主义核心价值观的学习，提高教师的授课水平，尤其对师范学校教师要加大培养力度，力争为社会输出更多优质的教师资源，从而提高教师队伍的整体素质。

(二) 提高教师地位待遇

改革开放推动了教育事业的发展，这些年来，教师地位和工资待遇得到显著提升。习近平总书记还在河北正定县工作时就高度重视教师工资问题，在他的带领下，南牛公社南永固小学的民办教师待遇问题很快得到解决。教师的社会地位对于增强他们的获得感和幸福感非常重要，对于他们是否长期从教和终身从教有着重要的现实意义。我国教师职业的收入水平与其他行业比起来相对较低，尤其在农村地区，教师工资严重影响教师队伍的稳定性。稳定教师队伍的前提是要提高教师工资收入。

新时代，我们仍然面临城乡、区域、校际等教育资源条件的不均衡；教师收入较低，尤其是基层教师。因此党和国家高度重视改善教师低收入现状。为提高乡村教师收入，解决编制、职称等问题，2015年4月1日颁布的《乡村教师支持计划（2015—2020）》明确作了规定。2016年，习近平总书记在教师节前夕再次强调各级党委政府要着力解决教育发展中大家关注的热点问题，做出深化学校内部人事薪酬制度方面的改革。为增强教师职业的吸引力，促使教师队伍发展能够为各级各类教育带来优质的人力资源支撑，2017年《关于全面深化新时代教师队伍建设改革的意见》（简称《意见》）出台，从五个方面指出如何提高教师地位待遇。第一，从教师地位出发。要突出教师职业的公共属性，强化教师承担的国家使命和公共教育服务职责，高度重视公办中小学教师是国家公职人员的法律地位。对中小学的教师要着力提升政治地位、社会地位、职业地位，吸引更多教师长期从教。第二，完善中小学教师待遇保障机制。义务教育阶段的教师应当提升收入地位待遇，主要表现为要健全中小学教师工资长效联动机制。我国教师工资水平和世界上发达国家相比仍然处于较低水平，与其他行业相比也较低。因此要结合当地公务员的收入水平来核定教师绩效工资总量，确保他们的平均工资收入水平不低于或者高于当地公务员的平均工资收入水平。这一政策提出要保证教师能够多劳多得、优绩优酬。绩效工资的分配更多向班主任和特殊教育老师倾斜。对于特级教师每个月要多给500元的补助。第三，大力提升乡村教师待遇。目前，教育发展的瓶颈是在广大农村地区，乡村振兴就需要振兴教育。因此要深入实施乡村支持计划，对边远艰苦地区落实津贴政策，在生活上提高补助，改善教师住宿环境，不仅要解决乡村教师居住问题还要解决工资待遇、职称评定、医疗保健等各类问题。第四，维护民办学校教师权益。长期以来，民办学校教师与公办学校教师比起来，他们不能享受到和公办学校教师在科研、职务评定、医疗等方面的权利。因此，习近平总书记提出要完善民办学校教师的社会保障机制。公办教育和民办教育都致力于培养人才，教师并没有根本性的差别，因此，强调民办学校应当和教师签订协议、按时发工资、增强业务培训，在教龄、住房、医疗等方面要与公办学校教师享有相同的权利。第五，激发教师教育活力，提高地位。为促使全社会形成尊师重教风尚，可以大力通过评选"时代楷模""最美教师"来提升对教师地位的重视。提高教师地位才能激发教师热情。因此，《意见》要求要保障教师知情权、参与权、监督权等，扩大教师民主权利。

（三）关心教师健康

现如今，社会压力越来越大，教师的教学工作量日渐加大。学校不能只重视教学质量和学生的健康状况，还需重视教师的健康状况，尤其贫困地区教师的健康问题。学校要多给予教师人文关怀，每年要定期组织教师体检，各级党委和政府要密切关心教师的身体和心理健康，可以完善心理健康咨询机制，加强教师体育锻炼，促进教师身心健康。

（四）完善相关法律法规

在现有的教学过程中，也会面临一些教育不良事件，如学生坠楼、师生争执、师德师风败坏等问题。这些问题容易导致出现不良的社会舆论，这些不良舆论对教师职业也会产生冲击，教师的合法权益就得不到保障。习近平总书记要求依法治教，要进一步完善《中华人民共和国义务教育法》《中华人民共和国教师法》等法律法规，对违法乱纪等行为进行惩戒，对合理合法的教师行为进行保护。

二、"三个牢固树立"的根本要求

教育以教师为本，在教师队伍建设上，就如何提高教师素质方面，2013年教师节前夕，习近平总书记提出"三个牢固树立"根本要求。

（一）牢固树立中国特色社会主义理想信念

理论是行动的指南。党的十九大报告里指出：人民有信仰，国家有力量，民族有希望。习近平总书记指出："希望全国广大教师牢固树立中国特色社会主义理想信念，带头践行社会主义核心价值观，自觉增强立德树人、教书育人的荣誉感和责任感，学为人师，行为世范，做学生健康成长的指导者和引路人。"[①] 中国特色社会主义文化需要人们拥有理想信念，没有了理想信念，就会缺乏精神之"钙"。在培养社会主义事业的建设者和接班人上，要牢固坚持"四个自信"，说到底就是坚持文化自信，实现文化自信离不开教师教书育人。教育的根本任务是"立德树人"，教师若没有中国特色社会主义理想信念，就没有良好的思想品德、政治立场和职业道德。如何树立正确的理想信念？关键是树立以社会主义核心价值观为指引的正确价值观念，才能不断增强"四个自信"。每个人的价值追求都离不开与国家的富强、民族振兴的远大目标相结合。为人师表，教师的理想信念在很大程度上影响着学生，加强社会主义核心价值观教育才能使学生的价值观念不被"西化"。目前高校中的部分教师存在理想信念不够坚定、思想境界不高、"三观"不正、道德和法律意识差等各种问题。习近平总书记真切希望广大教师在为中国特色社会主义事业奋斗的过程中，拥有坚定的理想信念，这样才能"立德树人"，才能担负起时代赋予教师的教育使命。

（二）牢固树立终身学习理念

俗话说："打铁还需自身硬。"当前我们处在知识经济时代，文化软实力是综合国力竞争的关键，每个人只有不断学习才能更好适应时代发展的潮流，因

---

① 习近平：《习近平向全国广大教师致慰问信》，《人民日报》，2013年9月10日第1版。

此，要树立终身学习的理念。习近平总书记也殷切希望教师"牢固树立终身学习理念，加强学习，拓宽视野，更新知识，不断提高业务能力和教育教学质量，努力成为业务精湛、学生喜爱的高素质教师"[①]。教师并不是无所不知，只有不断学习才能适应时代需要。作为教师，自身的见识、能力、态度都时刻影响着教学质量和学生品德。终身学习的理念不仅适用于教师，各行各业都需如此。教师不断研究和学习才能为学生答疑解惑，才能改进教学方式；不断开阔视野，才能让学生更加敬佩，才能成为业务精湛的人民教师。

（三）牢固树立改革创新意识

五大新发展理念中，创新是民族进步的灵魂，也是国家兴旺发达的动力。在新的历史条件下，国际形势日趋复杂，我们比任何时候都期望创新驱动。习近平指出应"牢固树立改革创新意识，踊跃投身教育创新实践，为发展具有中国特色、世界水平的现代教育作出贡献"[②]。全面深化改革进入深水区也影响着教育改革，在改革浪潮里，广大教师应当树立改革创新意识，不断改革教育理念、教学方式和教育内容。这对教师提出了更高的综合素质要求，在实现前两个牢固树立的基础上，教师的创新意识对于创新型、复合型、应用型人才的培养都起着至关重要的作用，改革创新才能发展具有中国特色、世界水平的现代教育，这一思想为建设创新型教师队伍指明了方向。"立德树人"的根本任务要依靠广大教师来执行，同时教育体制的改革也离不开教师的付出，因此，广大教师需要牢固树立改革创新意识，要强化教师的责任感、创新意识，促使他们以主力军身份推动深化教育领域的综合改革。这"三个牢固树立"给全国广大教师以及教育工作树立了标杆，有着很强的指导意义。

三、"四个统一"教师职业操守

党的十八大以来，习近平总书记从教育发展和民族振兴的大局出发，阐述了教育工作的重要性。到底怎样的教师才是好的教师？习近平总书记从"四有"好教师谈教师素质：一是有理想。坚持同党和人民在一起，为中国特色社会主义不懈奋斗，忠诚于党和人民的教育事业，自觉贯彻党的教育方针。二是要有道德情操。教师拥有良好的道德情操才会专心致志工作，才能做学生的榜

---

① 习近平：《习近平向全国广大教师致慰问信》，《人民日报》，2013年9月10日第1版。
② 习近平：《习近平向全国广大教师致慰问信》，《人民日报》，2013年9月10日第1版。

样。好的教师的道德情操最终要体现在他的工作中，不仅仅在课堂展现，同时也发生在师生交流的任一时刻。为人师表，离不开良好的道德情操。好教师会通过德育教育感化学生，做学生的榜样。三是要有扎实的学识。扎实的学识、过硬的教学本领和方法才能提高教学质量，才能培育优秀学子。四是要有仁爱之心。教师的仁爱之心很重要，不能只看重升学率、不能唯分数识别人才，好的教师是要在教学中充满责任感，多关怀学生，多激励学生，从各方面给予学生关爱，增强学生的信心。好的教师应具备"四有"品质。理想信念是好教师的精神动力，道德情操是前提，扎实的学识是基础，仁爱之心是好教师的灵魂。"四有"好教师从政治、道德、学识、情感四个方面定义了好教师的标准，为教师从教提供了遵循。习近平总书记后来在北京市八一学校与教师座谈时又进一步提出四个"引路人"，即"广大教师要做学生锤炼品格的引路人，做学生学习知识的引路人，做学生创新思维的引路人，做学生奉献祖国的引路人"[①]。除了以上要求，2016年习近平在全国高校思想政治工作会议上提出"四个统一"，这是在新时代对加强师德师风的四个基本要求，这不仅仅是对高校教师，也是对全国教师的要求。

（一）坚持教书和育人相统一

"四个统一"中，教书和育人排在了第一位，这揭示了教育的目的，同时也体现了教育事业的特点。教书育人是教师的使命，教书和育人是主客体相统一的。从现有的教育来看，教师是教育过程中的主体，学生则是教育的客体，但实际上两者是相互作用的过程。"教书"是针对教师而言；"育人"是针对学生而言，指学生能够健康成才。"教书"一方面体现了教师要具备知识，把知识传授给学生，但"教书"也不是生搬硬套，而是灵活应用，教书育人要改善唯分数、唯文凭论人才的弊端，针对不同的学生要因材施教，培养学生健康的人格。俗话说，授人以鱼不如授人以渔。教育学生不仅仅是注重知识本身，还要注重方法和手段。教师要将自身终身学习的态度展现给学生，教学中严谨治学才能成为学生前行的领路人和谆谆教诲者。教书和育人合二为一，缺一不可，达到此要求才能最终实现"育人"。

（二）坚持言传和身教相统一

教师在教书过程中既要"言传"也要"身教"。"言传"就是指教师要将自

[①] 习近平：《全面贯彻落实党的教育方针 努力把我国基础教育越办越好》，《人民日报》，2016年9月10日第1版。

己所知的教育内容通过言语传播给学生;"身教"就是通过自身的行为向学生传递教育知识,包括身体语言,如表情、体型、姿态等。两者都固然重要,人类知识的传递离不开语言的表达,这里的言语并不只是简单意义上的言语,还包括图画等教学语言,但相比于言传,身教对学生的影响更为隐性且更为深入。言传和身教的统一就是要言行一致。首先,言行一致是健全人格的体现,也是高尚品德的表现。其次,言行一致也是德育的内在过程。教师要言行一致才能给学生树立好的榜样,教学过程里要立足中国优秀传统文化,先教育自己再传授知识给学生。

(三)坚持潜心问道和关注社会相统一

习近平总书记所说的"四个统一"中前面两个统一主要指高校教师的教学方面,而后面两个统一主要是从科研角度出发。"潜心问道"就是指专心从事学术研究,不能浮躁。对于高校教师而言,科学研究工作十分重要,在知识经济时代,大学不仅承担了培养人才的任务,也承担了学术发展的任务。一个国家的创新很大一部分来自高校创新,这也就对当代大学教师提出了要求。面对社会各种利益诱惑和压力,许多教师无法静心做好研究,这是高校教师队伍现存的问题。因此,习近平总书记提出的"潜心问道"很具现实意义,高校教师从事科学研究,钻研教育教学规律,必须潜心向学、专心一致,但是"潜心问道"并不是指和社会脱节、漠视社会发展,而是尊重事物发展的规律,结合社会发生的问题进行研究。因此,习近平总书记提出要坚持"潜心问道",要"问道",这里的"道"在我国就是马克思主义理论、共产主义远大理想和中国特色社会主义共同理想、社会主义核心价值观等国家主流意识形态。在坚持学术研究的时候也不能独善其身,也需要高度关注社会的发展,将学术研究和社会发展有机结合起来,揭示社会之道。

(四)坚持学术自由和学术规范相统一

1956年毛泽东提出了文化"百花齐放、百家争鸣"的方针,而现在也讲究学术自由,所谓的学术自由是指这些学术研究者有比较自由的空间去研究,不被束缚住。学术自由对于建设一流大学至关重要,现阶段我们对高等教育非常重视,这也关乎创新型人才培养。若没有充足的学术自由,各种思想就会被禁锢,就难以提出新思想、新方法。因此,成为优秀学者的前提就是要给予一定的学术自由,而这种自由是在法律所允许的框架下,并不放任自流。没有学术规范,学术界就会混乱,出现各种抄袭现象。学术自由是在道德法律范围里各抒己见，教师不能有任何分裂祖国的言行和举止。习近平在全国教育大会上指出："对教师队伍中存在的问题，要坚决依法依纪予以严惩。"① 因此，学术自由是促进学术规范的前提，而学术规范又很好地为学术自由服务，两者相辅相成推动着我国高等教育发展。

"四个统一"思想对新时代教师队伍建设提出了新要求。"四有"好教师是做到"四个引路人"和"四个相统一"的前提和本源，而后两者则延伸了好教师的标准。这些思想都是立足于当代中国教育的长远发展而提出的，有利于提升师德师风。

四、弘扬尊师重教的优良风尚

"教师是人类历史上最古老的职业之一，也是最伟大、最神圣的职业之一。"② 习近平总书记指出教师是立教之本、兴教之源，教师需要承担推动教育事业发展和学生成长的职责。他明确要求："全社会要大力弘扬尊师重教的良好风尚"，"使教师成为最受社会尊重的职业"，"充分信任、紧紧依靠广大教师，支持优秀人才长期从教、终身从教"。③

尊师重教是我国的传统美德，"师者，传道授业解惑也"，教师不仅影响学生的发展，同时教师也影响着社会和国家的发展。习近平在党的十九大报告中指出，要"深入挖掘中华优秀传统文化蕴含的思想观念、人文精神、道德规范，结合时代要求继承创新"④。高校在师风师德建设上应从中华优秀文化中汲取养分。习近平总书记关于高等教育的重要论述中强调尊师重教，优先发展教育，推行素质教育，重视教育方法，这些都与中国古代传统文化中尊师重教、重视教育地位等观点有着密切联系。古往今来，尊师的例子不胜枚举，这奠定了习近平总书记强调建设教师队伍的思想。荀子曾提出"国将兴，必贵师而重傅；国将衰，必贱师而轻傅"来说明尊师重教对国家发展的重要性。

社会主义市场经济不仅重塑了中国经济，还带来了思想观念的转变。各种思想的涌入，如拜金思想、享乐主义等导致人们对职业的评价不一。在利益的

---

① 习近平：《坚持中国特色社会主义教育发展道路　培养德智体美劳全面发展的社会主义建设者和接班人》，《人民日报》，2018年9月11日第1版。

② 习近平：《做党和人民满意的好老师——同北京师范大学师生代表座谈时的讲话》，人民出版社，2014年，第2页。

③ 习近平：《习近平向全国广大教师致慰问信》，《人民日报》，2013年9月10日第1版。

④ 习近平：《决胜全面建成小康社会　夺取新时代中国特色社会主义伟大胜利——在中国共产党第十九次全国代表大会上的报告》，人民出版社，2017年，第42页。

驱使下，教育变得不再纯净，教育的功利性逐步掩盖了教育的本质。现如今，一些毕业生面临就业困难的现象，导致有部分人认为读书无用，对教师的评价和印象不够好。同时，学校教师也存在专业素养不够、教师队伍素质参差不齐的情况，以及对工资待遇不满导致工作消极怠慢的现象也会影响大家对教师的看法。在这样的情形下，习近平指出要尊重教师。习近平总书记基于对教育的深刻认识和对教师的深厚情感，不仅强调了尊师重教的重要性还身体力行做表率，每年教师节都会慰问教师。他曾说："教过我的老师很多，至今我都能记得他们的样子，他们教给我知识、教给我做人的道理，让我受益无穷。"①习近平总书记用自身行动来倡导全社会形成"尊师重教"的风尚，他和自己的语文教师陈秋影的故事也成为佳话。习近平指出："一个人遇到好老师是人生的幸运，一个学校拥有好老师是学校的光荣，一个民族源源不断涌现出一批又一批好老师则是民族的希望。"②

习近平在全国教育大会上强调全党全社会都要弘扬尊师重教的风尚。因此要努力提高教师政治、社会、职业地位，广大教师应享有社会声望，才能更好地教书育人。《关于全面深化新时代教师队伍建设改革的意见》指出，各级党委和政府要高度重视教师工作的积极性，确立了教师队伍建设在整个教育事业中的"三个优先"地位：优先谋划教师工作、优先保障教师工作投入、优先满足教师队伍建设需要。弘扬尊师重教的优良风尚有利于实现教育强国梦，有利于促进教育公平，也有利于办好人民满意的教育。

习近平总书记提出的"三个牢固树立""四有好老师""四个引路人"和"四个统一"都是一脉相承的，这些标准对教师的思想、道德、学识等方面都提出了新的要求，这些标准在新的历史时期为培养高素质教师队伍提供了新的行动指南。习近平关于教师队伍建设的论述充分显示了教师的价值和社会地位。在教师队伍建设上要深入贯彻落实好这些标准，才能提升教师队伍的质量和水平，才能加快我国教育现代化。

---

① 习近平：《做党和人民满意的好老师——同北京师范大学师生代表座谈时的讲话》，人民出版社，2014年，第2页。

② 习近平：《做党和人民满意的好老师——同北京师范大学师生代表座谈时的讲话》，人民出版社，2014年，第4页。

第三章　新时代中国教育发展的新论述

在新的时代背景下,党中央召开了新时代第一次全国教育大会,对改革开放以来,特别是党的十八大以来我国教育改革发展的经验进行总结,概括出"九个坚持"。习近平总书记在全国教育大会上的讲话,对关于加强党的领导进行新强调,对教育作用再做定位,对立德树人作出新阐释,对教师队伍建设进行新表述,对评价体系提出新要求,对服务能力表达了新期待。中国改革开放进入新阶段,这些论述为系统推进教育综合改革做好了准备。

第一节　教育类型的新论述

习近平强调:"要把立德树人融入思想道德教育、文化知识教育、社会实践教育各环节,贯穿基础教育、职业教育、高等教育各领域,学科体系、教学体系、教材体系、管理体系都要围绕这个目标进行科学设计。"[①] 教师要围绕这个目标来教,学生要围绕这个目标来学,凡是不利于实现这个目标的做法都要坚决改过来。

一、基础教育

习近平高度重视基础教育的发展,要求务必把握好基础教育在国民教育体系中的定位,明确其基础性、先导性的主要特征,在此基础之上将中国共产党关于基础教育的方针指示予以全面的贯彻落实;各级党委通过采取多方面的举措,努力把我国基础教育越办越好。自新中国成立以来,党中央高度重视基础教育的发展,获得举世瞩目的成就。党的十九大报告指出我国进入新时代,基

---

① 教育部课题组:《深入学习习近平关于教育的重要论述》,人民出版社,2019年,第86页。

础教育也随之进入全面发展的新阶段。

关于基础教育的定义，1977年联合国教科文组织高级教育计划官员讨论会上，与会人员对基础教育进行了深入的讨论，认为"基础教育是向每个人提供并为一切人所共有的最低限度的知识、观点、社会准则和经验的教育，目的是使每一个人能够发挥自己的潜力、创造性和批判精神，以实现自己的抱负和获得幸福，并成为一个有益的公民和生产者，对所属的社会发展贡献力量"[1]。《教育大辞典》对基础教育下的定义是："基础教育是对国民实施的基本的普通文化知识的教育，是培养公民基本素质的教育，也是为继续升学或就业培训打好基础的教育。"[2] 习近平在北京市八一学校考察时指出："基础教育是提高民族素质的奠基工程。"[3] 在我国现行的教育体制中，基础教育是为保障我国公民最为基本的生存和发展的权利，维护公民的基本尊严，提升公民的基本能力，以此，为社会和广大人民群众提供的最为直接、密切和现实的教育和公共文化服务。同时，基础教育作为一个具有动态性特征的概念，不是固定不变的，其概念和范围会随着时代的变化、社会的发展而不断地改变，使各个历史发展阶段对于基础教育的理解和解读具有差异性，但定义总体呈现为更加向上和全面覆盖的趋势。从其本质，基础教育强调全民、全覆盖和基础性，能够为每个公民的成长发展打下坚实基础，使受教育者获得知识和受教育的权利，明确自身对国内、国际社会甚至是人类历史发展的价值意义。

基础教育是整个教育体系中的基石，使基础教育之后的教育事业能够顺利开展，是科教兴国的奠基工程。基础性、先导性和全面性是基础教育的主要特征，基础教育推动着教育事业的磅礴发展，培养出各个行业的优秀人才，不断提高我国的整体素质，助力社会主义现代化事业的发展，日益向世界呈现出中华民族的大国风貌。在国务院《关于基础教育改革与发展的决定》中明确指出，必须把基础教育摆在优先地位并作为基础设施建设和教育事业发展的重点领域，切实予以保障。[4] 明确基础教育的三大特征，能够更好地推动基础教育的发展。

基础性。基础性是基础教育的最根本特性。其基础性通过地位、目标、内容和功能四个方面进行根本呈现。首先，地位方面。基础教育作为教育体系中

---

[1] 沈胜林：《基础教育发展之我见》，《教育科学论坛》，2017年第22期，第1页。
[2] 高蔺莎：《新课改下基础教育的"基础性"研究》，《新课程研究》，2008年第9期，第81页。
[3] 习近平：《全面贯彻落实党的教育方针　努力把我国基础教育越办越好》，《人民日报》，2016年9月10日第1版。
[4] 顾明远：《改革开放30年中国教育纪实》，人民出版社，2008年，第102页。

的起始和基础，支撑和保障着高等教育的发展。坚实的基础对于现代教育系统的全面构建和发展至关重要。因此，必须高度重视基础教育的建设规模与发展质量，进而推动教育整体的高速、高质量发展。其次，目标方面。基础教育追求的是促进受教育者个体基本的、一般的发展，为受教育者个体接受更高一级的教育和走向社会打好基础，而不是指向受教育者个体在专业性和职业性方面的发展，以国家和民族整体素质的提升作为目的。再次，内容方面。基础教育的各门课程都有其专门的体系和结构，而基础教育的内容是这些体系和结构中基本的要素和基础的部分，必须优先保障。最后，功能方面。国民素质的普遍提高、国民意识的觉醒是基础教育的目标指向。基础教育需要为个体的前期稳步发展和后续深造奠定坚实基础，为社会繁荣进步源源不断地输送具有扎实基础的人才。

先导性。一个社会如果基础教育不普及或基础教育的水平较低，它是无法走向现代化、获得持续发展的，将很难推进现代化的进程。明确基础教育的先导性，了解其作为通向未来社会的不可或缺的通行证的意义。通过基础教育，受教育者对于自身未来的发展和学习方向有坚定前行的底气，主动参与到社会建设之中，提高国家的竞争力。通过基础教育，受教育者能够有效打破存在的很多不公平的现象，从而实现个人、地区、民族的差距跨越，能够有效改善地区、民族间的现状，因此基础教育是必须跨越的第一步。《中国教育改革与发展纲要》指出："基础教育是提高民族素质的奠基工程。"基础教育以整个民族、全体国民为出发点，实行普及教育，使整个国家的人民都能够接受教育，以此达到提高国民素质和民族地位的目的，进而促使社会文明程度得到质的飞跃。因此，各级党委和教育行政部门必须高度重视基础教育的发展，让所有儿童和青年接受平等的教育，使其潜能得到充分发挥。

全面性。基础教育的涵盖范围主要可以分为三个阶段：义务教育阶段的小学和中学教育，普通高中和职业高中教育，学前、特殊和其他类型教育。此三个阶段，对于广大儿童和青少年的意识启蒙、知识获取、道德品质以及个性品格的形成至关重要。人在一生当中知识方面的学习、智力发展、能力培养、思想品德以及良好行为习惯的养成也都是在这一个阶段中奠定了基础。基础教育作为一项政府主导的基本公共服务，以公益性作为前提，不断满足社会教育需求，普惠公众；为受教育者的全面发展、社会文明程度的有效提高、国际基础教育话语权的提升奠定了坚实基础；使受教育者在智德体美劳等各方面实现统筹发展，成为社会主义的建设者和接班人。

基础教育是引导学生自尊自信自立自强的第一步，关系着我国立德树人教育事业的发展。因此，在此阶段要加强思想政治教育、品德教育和社会主义核心价值观教育。与此同时，要遵循这一阶段青少年身心发展的特点和规律，在素质教育的大力推进过程中，树立坚定的人才观念。各地区学校教学要合理利用当地的教育资源，从办学特色和教育特点出发，形成自己的特点和风格。提高民族素质是基础教育的重要指向，基础教育推进过程中首先需要保证教育公平，教育发展成果由各个民族和全体人民共同享有，教育公平是社会公平有效实现的前提。为了实现提高民族素质的目标，首先需要对于三个阶段的教育加大投入力度，对于地区、区域和校与校之间的发展不平衡问题要多加关注，尽快实现均等性的教育资源配置。对于教育资源配置不平衡的问题，要坚持矛盾论的观点，对于重点地区，例如偏远地区、贫困地区、民族地区和革命老区等要重点扶持，通过点对点帮扶等方式保障教学质量。对于贫困家庭孩子上学难的问题，要健全资助体系，除了政府发力还可以集结社会力量。要推进教育精准扶贫，重点帮助贫困人口子女接受教育，阻断贫困代际传递，让每个孩子都对自己有信心、对未来有希望。① 基础教育是一项需要多方面密切配合的重要事业，没有社会、学校和家庭的联合是无法顺利开展的。一方面，学校要担负主体责任，对学生和学生家庭负责。另一方面，家长要尊重和配合学校、老师的教学安排，学生在学校得到良好教育时，家长要给予孩子示范引导，培育良好家风，以实际行动使教育浸润于心。在二者基础之上，社会层面，各相关单位，例如宣传、文化、科技和体育机构，要为学生了解社会、参与实践和锻炼提高提供良好条件。以此，形成学校、家庭和社会全方位的教育氛围，为基础教育保驾护航。

习近平指出："一个人遇到好老师是人生的幸运，一个学校拥有好老师是学校的光荣，一个民族源源不断涌现出一批又一批好老师则是民族的希望。"② 这充分表明好教师对于党和国家事业发展具有重要意义。中华民族自古以来对于教师这个职业就有自己的标准，同时尊师重教的传统也使教师得到广大群众的尊重。培养一名好的教师，培养高素质的教师队伍，对于基础教育的发展非常关键。长期以来，我国广大教师队伍默默耕耘，为教育事业的发展不辞辛劳地奉献着自己的力量，将自己的所学毫无保留地传递给学生，以实际行动扛起了自身所肩负的责任和使命，为党和国家培养了具有国家意识、民族意识和能

---

① 中共中央文献研究室：《习近平关于社会主义社会建设论述摘编》，中央文献出版社，2017年，第59页。
② 习近平：《做党和人民满意的好老师——同北京师范大学师生代表座谈时的讲话》，人民出版社，2014年，第4页。

够意识到肩负的责任的优秀人才。同时，基础教育对广大青少年的理想信念和民族意识的塑造十分关键。怎样培养为祖国、为人民服务的人才，培养社会主义所需要的建设者，教师起着决定性的作用。因此，要让教师自发肯定自己的价值，在工作中获得幸福感、荣誉感、成就感，使教师成为人民群众所尊重的职业。这就要求各级党委和教育主管部门要充分关心教师，从物质和精神两方面出发，使教师能够静心于岗位，沉心于学习，醉心于教书育人，能够在教学上做到爱心、热心、舒心、静心，汇集"四心"开展教育，使基础教育有效开展，能够使更多中小学生在教育教学的全面开展中成长成才，养成乐观、积极、向上的健康品格，实现习近平总书记对于广大青少年的期许，"努力做一个心灵纯洁、人格健全、品德高尚的人，努力做一个有文化修养、有人文关怀、有责任担当的人"[1]。

二、高等教育

2018年5月2日习近平总书记在北京大学师生座谈会上强调："高等教育是一个国家发展水平和发展潜力的重要标志。"[2] 习近平总书记多次强调发展高等教育事业对新时代中国的重要性，认为高等教育能够使中华民族伟大复兴中国梦早日实现。新时代要坚定不移地以习近平关于高等教育发展的论述为理论指导，不断开拓和创新高等教育事业的发展，以立德树人为中心环节推动高等教育的高质量发展。

高等教育是在完成基础教育的基础之上进行的高等的、专业性的知识教育，是教育普遍性和高等教育自身的特殊性在其规律和特征基础之上的有机统一。以具有纵深性和专业性的知识构筑高等教育的根基，将其与课堂的教育教学、人才的综合培养和科学研究相连，授课内容、研究方法、研究对象以及培养标准都围绕具有纵深性的专业知识而展开，离开了高深知识，高等教育便无法进行。高等教育的概念和性质经过多年发展在国际社会已基本达成共识。1962年联合国高等教育会议对高等教育的概念进行了讨论和总结，对于高等教育的教育类型、入学条件、入学年龄、课程学习和学位学历等方面进行了相关说明，首次对高等教育的相关方面进行了界定，使全世界各个国家能够进一步明确高等教育的开展方向和办学理念。1988年首届高等教育大会在巴黎召

---

[1] 教育部课题组：《深入学习习近平关于教育的重要论述》，人民出版社，2019年，第224页。
[2] 习近平：《在北京大学师生座谈会上的讲话》，人民出版社，2018年，第4页。

开，大会对高等教育进行了定义，并且明确了高等教育的办学要求，对办学机构的性质做了相应的规范。1993年联合国教科文大会第27届会议通过了《关于承认高等教育学历与资格的建议》，建议明确指出高等教育是由大学或其他国家主管部门认可的高教机构提供的各类中学层次以上的学习、培训或研究能力培养，对于高等教育的开展机构和学习范畴进行了说明，并在联合国教科文组织后续重要文件中进行了沿用。高等教育的发展史不断向我们证明，专业教育和通识教育在不同的历史阶段、社会发展时期和政治文化背景条件下具有差异性，但是随着各方面的进步，逐渐由两者的不平衡发展过渡到彼此融合补充，进入高等教育发展新阶段。

习近平非常重视我国高等教育事业的发展，强调高等教育对于民族复兴、社会进步的重要作用。对于当前我国高等教育还面临的一系列不足作出指示，表明当前我国急需发展高等事业，新时代需要具有创新能力、科学知识的卓越人才。习近平总书记亲自作出建设"双一流"高校的战略决策，以此来"提高我国高等教育发展水平，增强国家核心竞争力"[①]。"更加迫切""更加强烈"等词语表达了高等教育事业发展对于我国的重要性。他将高等教育事业发展同国家核心竞争力的提升、中国梦的实现紧紧相连。习近平强调，中华民族拥有历史悠久、绵延几千年的中华优秀文化以及中国具体的国情。因此，我国高等教育必须走适合自身发展的独特路径，坚定高等教育的中国特色发展方向，扎根中国大地、结合中国的实际情况办好高等教育。在高等教育的发展中要紧紧结合国家发展的大政方针，把握好现实和未来两个方面。高等教育事业成长发展必须为人民、为党政治国、为中国特色社会主义制度和现代化建设服务。习近平要求各级党委和教育主管部门要主动扛起高等教育的发展重任，同时高校也要明确自身的职责所在，综合各方面努力培养出全面发展的建设者和接班人，将人才培养作为办好中国特色高校的核心，不断提高人才培养能力，以点带面加速高等教育事业的发展。

马克思主义指导思想是我国高校不同于世界其他高校最为鲜明的特点和底色，其作为我国立党立国的根基，构筑了正确坚实的意识形态理念。我国的高等教育事业是具有中国特色的，因此坚持以马克思主义理论为指导、坚持中国共产党的领导，是办好中国高校的基本要求。高校必须重视马克思主义理论学习和传播，对于思想政治理论课程要给予充分的保障，为广大高校学子的成长

[①] 中共中央文献研究室：《习近平关于社会主义社会建设论述摘编》，中央文献出版社，2017年，第61页。

成才奠定思想理论基础，让广大师生成为社会主义核心价值观坚定的信仰者、弘扬者和践行者。同时，我们一定要促进高校的和谐与稳定。以健康的环境培养理性、平和的心态，加强人本主义的关怀与管理和心理辅导，使安定团结的精神扎根高校建设，成为社会安定团结进步的标杆。优良的校风和学风能够使高校教育回归本位，带动高校的治理和管理，使其做到治有方、管到位，营造风清气正的高等教育发展环境。高校作为坚持中国共产党领导的强有力阵地，必须明确把握高校发展和教育工作开展由党领导的坚定性。以此，由学校党委牵头，让高校朝着正确的方向发展，牢牢把握高校思想政治主导权，使高校成为向社会主义输送合格建设者和接班人的活水源头。习近平指出，高校思想政治工作必须成为各级党委的重点，加强各方的领导和指导，形成良好的工作格局。高校的发展要充分了解学生的关注重点和遇到的现实问题，各级党委要多到高校了解情况，在同师生接触中发现关键点，并且通过报告等形式回答师生面临的实际问题。重视同高校知识分子的联系，多加注意、沟通和鼓励，善于广交和深交朋友，了解他们表达的意见，做到真听、真做、真改。习近平强调，要充分发挥高校党委对学校教育教学工作的全面领导能力，落实党委的主体责任，把控高校的发展方向、整体情况、决策的落地和执行。在高校里，要加强基层党组织的建设，不断根据实际创新体制机制，做到有效改革，提高思想政治意识形态水平和工作能力。

　　党的十九大报告中提出要加快"双一流"高校建设，实现高等教育内涵式发展。虽然，我国高等教育办学规模和每年的毕业生人数在目前居世界第一，但规模的扩大和数量的增加并不等同于质量和效率的同步发展，采取协调发展和内涵式发展路径是我国高等教育高质量发展的必经之路。"国势之强由于人，人材之成出于学"，国家的优势在于人才，是屹立于世界民族之林的内生动力，因此必须发展高等教育事业，以优质的高等教育资源培养祖国栋梁。中国共产党的教育方针就是培养社会主义合格的建设者和接班人，这是各阶段学校担负的共同使命。高校对于青年学生的成长成才具有重要的作用，只有了解和明确党的教育方针和任务，高等教育事业才能得到有效发展，才能更好地发展具有中国特色的大学，跻身世界一流大学行列。为此，需要进行三项基本任务。

　　首先，高校办学必须坚持正确的政治方向。中华民族自古以来对于开展教育教学有着丰富的经验，虽然方式方法各有差异，但都有一个共通点就是要培养社会发展所需的人。能够适应并且有效推动社会发展，对文化进行有效传承，不断积累知识，使得社会制度运行良好，为国家存续和发展等各方面呈现良好态势提供有用之才。因此，不论古代和现代的中国还是其他国家，各个国家都是根据各自的政治所需来培养人才，各个国家的高校也是伴随本国的发展、在为本国服务的过程中而得以成长，得到其他国家和世界人民的认可，成为世界一流大学。同时也要坚信通过国家、社会和人民的各方面努力，我国的大学也将在世界上占有一席之地。

《资治通鉴·周纪一》言："才者，德之资也；德者，才之帅也。"德才兼备自古就是我国人才培养的目标，在培育过程中必须以育人为本，注重育人和育才的辩证统一。古人言："人无德不立。"立德作为立身的根本，在育人的过程中必须加以重视，不然办学的根基将受到动摇。现今高校要将立德树人作为开展学习所有业务的根本标准，将立德树人的效果纳入办学指标，深入贯彻开展立德相关活动，真正做到以文化人、以德育人，持续不断提升学生的思想道德品质、政治意识和文化素养，将明大德、守公德、严私德铭记于心。以树人为核心，以立德为根基，需要将立德树人在高校建设和管理的所有领域、方面和节点中进行内化，推动高校办学发展。

其次，建设高素质教师队伍。教师作为人才培养的核心，其队伍的素质将影响高校的办学能力和品质。要想建设强大的社会主义现代化国家，各个行业和领域的优秀人才是我们所急需的。作为要教导出优秀人才的教师队伍，对于其教学能力和水平的要求也将随之提高。在这个信息化水平持续发展的时代，在学习知识、获取知识和教授知识的方式中，教和学都面临着创新性的改革变化。无论对教师队伍的能力水平，还是对学生对于知识的吸纳能力，都提出了新的、更高的要求。

由具有坚定的政治素养、精湛的业务能力、优秀的育人水平的优秀教师组成的团队，是一个大学保持良好持续发展态势的基础。立足党的人才培养要求，需要综合考虑影响教师发展的各项工作条件，形成师资队伍、人员构成、培训系统等方面的良性循环。要想成为好教师，继而组建优秀的教师队伍，有四个要求：第一，需要有坚定的理想信念。古人云："师者，人之模范也。"作为学生的榜样，教师的言行将会影响学生，良好的思想政治状况和理想信念将会给学生起到极强的示范作用。第二，需要有良好的道德情操。提升教师的伦理道德，巩固和推进高校的师德师风建设，是建立高素质教师队伍的关键环节。不仅要有系统的制度规定，更要在日常生活中进行教育监督。第三，需要有扎实的学识。在教师培养提升过程中，要敬重学问，不断提升自己的专业水平和学识底蕴。第四，需要有仁爱之心。要发自内心去关心、关爱学生，才能够受到学生发自内心的尊重和爱戴。同时，我们还得直面当前教师队伍中存在的问题，不回避问题，找准关键点，对所发生的问题给予重视和解决。教师应该将教书育人和自我修养的培养提高相结合，成为以德立身、立学、施教的优秀教师。

最后，形成高水平人才培养体系。《刘子·崇学》言："凿井者，起于三寸之坎，以就万仞之深。"一名合格的社会主义建设者和接班人必须德才兼备。高校学生能够学什么、学到什么、学得怎样与高校培养体系有着密切的关系。目前我国各阶段学校的硬件环境得到了有效改善，一些学校的硬件水平与世界一流大学相比并没有太大的不同，如何形成水准更高的培养系统是关键所在。对于人才培养体系的建设，可以回到最初的根本点，那就是对培养什么人、怎样培养人的问题的思考。虽然可以通过国外一流大学的惯有模式进行学习，但必须扎根中国大地办大学。人才培养体系并不能通过单一方面就能够达到高水平，它涉及学科、教学、教材、管理等多方面体系，并且思想政治工作体系在其中发挥着重要的作用，要加强党对高校的领导和建设，不断完善思想政治工作体系，把我国的特色和优点运用在人才培养体系的建设之中。立足当前，我们可以看到科学技术正在快速发展。高校应以世界科学技术的前沿为目标，强化自身的核心竞争力，不断对相关科学技术进行攻关和创新。成立强大的科学技术研究小组和学科交叉研究平台，加强学科之间的协作和创新，不断加强对自发的、系统的、主导性的行业研究的支持，培养具有国际视野和国际水平的科学技术人才，力争实现前瞻性基础研究、引领性原创成果的重大突破。

三、职业教育

习近平在全国职业教育工作会议上对职业教育的发展作出重要指示，他认为职业教育是我国教育系统和人力资源开发的重要组成部分，能够使广大青年开启成功成才之门，是助推其成长的重要途径和方法。职业教育集多种职责于一身，让人才培养更具多样性，使技术技能得以传承发展，更能不断推动就业创业，非常具有价值，必须得到高度重视、加快发展。

关于职业教育的定义，1963年联合国教科文组织通过了《关于技术与职业教育的建议》（以下简称《建议》），《建议》指出职业教育是在教育的过程中，不仅是针对普通课程的一般教育，还是对除此以外的技术及相关科学的应用研究和学习，使学生在未来面对经济和社会生活中，具备相应的职业能力和技术水平，能够对职业有一定程度的认知和理解。职业教育的基本涵义主要表现在两个方面：第一，职业教育是普通教育的有机组成部分；第二，职业教育是为适应和解决相应行业实际工作的内容而进行学习的一种方式。在我国，对于职业教育的定义也有不同之处。《教育大辞典》将职业教育定义为："中国对职前、职后的各级各类职业和技术教育以及普通教育中的职业教育的总称。"①伴随着科学技术的进步发展，社会对于技术的需求逐渐提高，对技术劳动者和职业教育的要求也越来越高。传统的职业教育由内而外进行了改变，对于职业教育和技术的重视程度持续上升。

2019年1月24日，国务院为贯彻国家职业教育改革实施计划，发布了国家职业教育改革方案和实施计划。从方案和计划实施中可以明确国家对于职业教育的重视程度。职业教育自改革开放以来，显示出其强大的生命力，为我国提供了强大的人力和智力支持，大力推动了社会经济的高速发展，并且在不断实践总结中构建了现代职业教育框架，使现代职业教育具备了基本实现现代化的各种有利条件和基础。进入新时代，随着科学技术的进步、产业的升级和经济结构的调整，各行各业技术人才的缺口日益加大，同时对于技术人才的要求也更加精准，使职业教育的发展更加重要和紧迫。但我们必须清楚地看到现行的实际情况，将我国的职业教育置于国际平台与发达国家相比，与建设现代化经济体系和建立强大教育国家的要求相比，我国的职业教育仍然缺乏系统性的建设，还需加强职业技术培训基础设施建设，还要构建更为全面客观明确的制度标准，校企办学力度还有欠缺，支持技术和技能人才成长的政策激励不足，还需要进一步改善，区域之间、学校之间的办学能力和人才培养质量仍然具有差异性，是当前职业教育面临的问题和挑战。职业教育的现代化能够推动教育现代化目标的实现，要落实建议的要求，努力在新时代办好职业教育，为社会输送合格的高质量的技能人才。

明确职业教育的要求和目标，了解现代化经济体系和现实的就业需要，实现高质量的人才对接，使技术人才就业更加高效、充分。满足科学技术和市场的需求，改善职业教育、培训系统、实践基地建设，实现对学校、对专业的优化配置，不断推进学校系统及教育机制的改革。这一改革能够有效促进就业，适应产业发展的要求和需要，能够使社会的各个领域尤其是企业看到职业教育的发展，积极支持职业教育，更好地输送优质的劳动者和技术人才。同时，要确立对人才的正确见解，培育和践行社会主义核心价值观，注重提升人才的质量，营造劳动光荣、技术可贵的时代风尚，在这个时代去创造伟大。让每个人都能够成才，创造一个大家都能发挥自己的价值和才能的良好环境，为培养高

---

① 《教育大辞典》编纂委员会编：《教育大辞典 第3卷，高等教育、职业技术教育、成人教育、军事教育》，上海教育出版社，1991年，第227页。

素质劳动者和中坚技术力量而不懈努力。在所有教育水平上创新职业教育模式，紧紧掌握学校办学方向，促进就业，深化制度机制改革，遵循产业和教育的融合规律，加强学校和企业的合作，努力构建具有中国特色的职业教育系统。对重点地区，例如农村、少数民族地区等加大对职业教育的支持，让所有青年都书写出自己人生的耀眼篇章。

习近平指出，加快现代职业教育的发展是各级党委和政府需要重点打造的人才发展战略，培养大量技能人才，对经济、就业、民生等方面作出了巨大贡献。让广大群众和青年看见和明白职业教育大有可为和大有作为，树立正确的人才观念。在大力发展职业教育、提高人才的职业技能的同时，必须重视职业精神的培养，将二者协同发展、高度融合。将人才培养方向转为大众所需、社会所需，让一大批具有一技之长的劳动者被社会所认可，牢固树立诚信敬业、精益求精等职业精神，使"中国制造"走向"中国智造"，为中国职业技能塑造新的优势，实现进一步的跨越。职业教育要充分发挥市场和政府的作用，一方面政府要加大对职业教育的支持，另一方面要让社会力量参与进来。以此，形成职业教育的多元化发展，推动校企发展、产教结合，让人才能够贴近需求，满足企业所需，让现代职业教育取得更为有效的发展，不断推动经济社会的进步。

第二节　德育优先的德育观

立德树人关乎党的事业后继有人，关乎国家前途命运。习近平总书记强调，要在品德修养上下功夫，教育引导学生培育和践行社会主义核心价值观，踏踏实实修好品德。学校办学要始终牢记为党育人的初心，坚定为国育才的立场，以树人为核心、以立德为根本，培养德智体美劳全面发展的社会主义建设者和接班人。

一、扣好人生第一粒扣子

习近平在北京大学考察时强调："青年的价值取向决定了未来整个社会的

价值取向。"①青年正处于价值观和人生观的形成和确立阶段,需要得到正确的指导以抓好此阶段价值观和人生观的养成。习近平以"扣扣子"来比喻这一时期青年价值观的培育和养成的重要性,生动形象,具有深刻的寓意和哲学意蕴。"扣好人生第一粒扣子"不仅是习近平总书记对年轻一代的谆谆告诫,还是对所有党员干部及所有社会公众的真切希望。"国无德不兴,人无德不立",扣好人生第一粒扣子对每个人都有很大的意义和价值,是一种深刻的人生智慧。日常生活中常常包含着人生的智慧,每个人的一生都有自己的工作、责任与坚持,其所从事的每一项职业和工作、参与的所有事情,"第一粒扣子"是基础、源头和开关,决定了未来的发展趋向。人生道路漫长,正确坚定的开始和方向决定"最后一粒扣子"的位置,关键节点有了第一粒扣子的基础,能够为最后的成功保驾护航。

《左传·襄公二十五年》言:"慎始而敬终,终以不困。"中华民族自古以来就非常重视第一步,强调第一粒扣子的重要性。万事开头难,正因为"难",才需要更加慎重、沉稳,使得步履坚定有力,阔步未来。广大青年正处在价值观人生观塑造阶段,一开始就必须得到正确的引导,严格要求,打响人生征途的第一枪,形成良好习惯并且不断坚持。"立志不坚,终不济事",扣好人生第一粒扣子,坚定的理想信念必不可缺。习近平总书记明确指出:"青年时代树立正确的理想、坚定的信念十分紧要,不仅要树立,而且要在心中扎根,一辈子都能坚持为之奋斗。"②高校和社会需要帮助青年筑牢思想之基础,补足精神之养料,稳握发展之方向。明白练就过硬本领的重要性,使知识成为青年成长成才的基石,让青年以学习为前提去支撑自己的理想和梦想,勤奋钻研、有毅力和恒心,夯实基础,厚积薄发,并且主动树立创新的态度,不断寻求创新智慧,坚定创新精神,不怕困难和磨炼,矢志艰苦奋斗,留下无悔青春。"士不可不弘毅,任重而道远",对于广大青年来说,国家、民族和人民的幸福安康是其必须和必将承担的重任,要在强化使命担当中扣好人生第一粒扣子。青年要在中国共产党的领导下,不断奋进,开拓新的领域和边界,勇于奉献,主动承担任务,不推诿、不退却、不回避、不放弃,为中华民族伟大复兴中国梦的舞台挥洒青春汗水,书写时代的华丽篇章。

2019年3月18日,习近平在学校思想政治理论课教师座谈会上强调办好

---

① 习近平:《青年要自觉践行社会主义核心价值观——在北京大学师生座谈会上的讲话》,人民出版社,2014年,第9页。

② 中共中央文献研究室:《习近平关于青少年和共青团工作论述》,中央文献出版社,2017年,第23页。

思政课的重大意义和内在规律。以习近平同志为核心的党中央立足于党和国家事业发展全局，明确提出学校立德树人这一根本任务以及思政课教师引导学生扣好人生第一粒扣子的重要性，对办好思政课提出了一系列要求，也为学校思政课的建设和发展提供了根本遵循。习近平指出，把思政课办好的关键点在于教师，教师发挥主观能动性、积极性、创造性是办好思政课的关键和重点。思政课教师如何引导学生扣好人生第一粒扣子，让学生感受到世间真善美，并且从小埋下真善美和梦想的种子，关键是要做到以下六点：第一，坚定的政治立场。思政课教师需要具有信念感，能够善于以政治视角看问题，无论在什么情况下能够有坚定的立场和清醒的政治觉悟。第二，厚重的情怀。思政课教师需要胸怀国家和民族，具有深刻的家国情怀，在理论与实践的结合中，关注时代和社会，不断从中吸取养分，丰富自身的精神和思想。第三，正确的思维。思政课教师需要打牢理论基础，学习和巩固辩证唯物主义和历史唯物主义，能够在课题实践中创新教学模式，使学生获取更为深刻的学习体验，从而让学生学会正确的思维方式，并且树立正确的理想信念。第四，宽广的视野。思政课教师不能仅仅局限于知识视野，需要有能够回顾历史、立足国际、展望未来的宽广视野，加强纵深对比，以生动、深刻、具象的方式，让学生明白道理、清楚情况。第五，高度的自律。课上课下、网上网下的一致性对于思政课教师教好这门课来说至关重要，教师要自觉自发去弘扬社会主义核心价值观，传递正能量。第六，端正的人格。人格魅力是吸引学生听课且听明白、听清楚、听进去的关键，以高尚、正直的人格去感染和赢得学生，以渊博的学识、至真深厚的理论去感召学生，以身作则、以身为率，得到学生的喜爱和支持。

思想政治理论课作为引导学生扣好人生第一粒扣子的关键课程，改革创新是不可缺少的。当前，思政课仍然存在一些缺点和不足之处，课程的思想性、理论性、针对性和亲和力等方面都还有提高和进步的空间。首先，针对思政课的思想性，坚定以学理分析的透彻性为原则，去教导和回应学生；以系统深刻的思想理论去解答学生的疑惑、说服学生；充分运用真理的力量，去引导学生树立正确的人生观，扣好人生第一粒扣子。其次，针对思政课的价值性，坚持在知识的教授中引导和传递价值观，面对当前社会中的种种错误思潮和观点，要进行完整准确的回应，不断传递社会主流价值观。再次，必须高度重视思政课的实践性，将科学理论和正确实践相统一，在思政的小课堂中不断讲述社会大课堂中的事件，同理论相结合，让学生有理性的认知，立志奋斗，鲲鹏扶摇。最后，针对思政课的启发性，思政课不能仅仅依靠灌输知识，必须注重启发性教育，让学生能够自己去发现、分析和思考问题，这一方面需要靠思政课教师和其他课程教师的努力；另一方面可以通过环境进行塑造，将环境中蕴含的思政资源加以凸显，努力实现全员全程全方位育人。

扣好人生的第一粒扣子，各级党委也需要高度重视。各级党委抓好思政课建设，能够有效实现青年扣好第一粒扣子的目标。需要保持持续扩展思政课的工作格局，加大思政课人才队伍的建设，不断对思政课采取全方位的支撑保障等有效措施，以此把思政课建设的突出问题纳入各级党委的工作议程，并且不断强调其重要性。要在党委的统一领导下，党政携手共建、相关部门各司其职，形成全社会协同配合思政课的良好氛围。思政课的发展需要学校党委的牵头引导，坚持把从严管理与科学治理相结合。高校党委领导要能够带头推动思政课建设，走进思政课课堂，主动与思政课教师交流，以了解实际情况。注重思政课的连续性，防止大中小思政课出现脱节，加快一体化建设进程，推动内涵式发展。扣好人生第一粒扣子仅依靠思政课一门课程是不够的，要不断完善课程体系，使思政课和其他课程能够相互配合、内在联系起来。同时，各地区部门负责的领导、教学名师可以到思政课堂亲身授课，与老师和同学交流。习近平高度重视思政课的改革创新，他指出必须增强思政课的思想性、理论性和亲和力，提出"八个统一"的针对性要求，在总结之前思政课经验的基础上，结合实际对今后思政课如何开展作出理论指引，能够有效帮助学生扣好人生第一粒扣子。

正确价值观的树立如同穿衣服扣扣子，应强调第一粒扣子正确扣好的重要性，因为第一粒扣子没扣好则其余扣子也会依次扣错。所以，加强社会主义核心价值观教育，培养引领社会道德风尚的建设者和接班人是高校育人工作的切入点。广大青年必须明白社会主义核心价值观的真谛，按照其基本要求养成自己良好的行为品德。高校的培养、引导对青年来说至关重要，要把社会主义核心价值观融入学校教学管理的各个方面，不断强化理论认知和环境熏陶，形成良好的正向氛围。采取课堂教学、舆论宣传、创新和喜闻乐见的多种形式，让社会主义核心价值观内化于心、外化于行，形成坚定的信仰。用社会主义核心价值观来引领立德树人，使立德树人取得良好成效。同时，要树立正确的价值观，揠苗助长是不可行的，须以渐进的方式，坚持日复一日地学习和实践，让广大青年学子自觉将社会主义核心价值观作为自身的信念和准则，扣好人生第一粒扣子，为中华民族伟大复兴中国梦的实现凝聚磅礴力量。

二、培养与党和人民同心同行的人

习近平指出:"实现中国梦必须走中国道路、弘扬中国精神、凝聚中国力量。"① 中国道路、精神或力量,都以人为实践主体,各个行业和领域所有为中国梦不懈奋斗的群体,都贡献出自己的全部力量以推进中国特色社会主义的建设和发展,培育与党和人民同心同行的有志人才对于中国梦的实现和中华民族的崛起至关重要。因此,必须要团结一切可以团结的力量,紧紧依靠人民群众,凝聚一代又一代人的努力,不断接力奋斗,去实现中国梦。广大青年作为实现中国梦征程中的主力军,必须积极参与、奋勇拼搏,正如党的十九大所言:"中华民族伟大复兴的中国梦终将在一代代青年的接力奋斗中变为现实。"② 习近平号召广大青年积极投身于中国特色社会主义伟大实践,将实现中华民族伟大复兴中国梦的接力棒不断接续向前,使广大青年胸怀祖国、人民和理想,为实现社会主义现代化奋斗终生。

习近平认为,中华民族的能量积蓄太久了,只有爆发出来才能够实现伟大的中国梦。这是我们这一代人的历史使命,我们每一个人都在自己的岗位上为实现这个目标而奋斗。将青年培养成与党和人民同心同向的人才,使青年树立正确的理想信念和价值取向,主动承担起自己所肩负的历史使命,不断学习深造,助力中华民族伟大复兴的实现。当代青年既是推动中国梦实现的建设者,又是将来中国梦实现的见证者。要发挥青年的这一作用和功能,需要我们肩负起培养青年的重任,使之沿着中国特色社会主义的康庄大道茁壮成长,同时也为青年更好地履行当代中国梦的主体责任和未来见证中国梦的实现奠定基础。正是怀着这样的价值理念,正是在实现中华民族伟大复兴这样深刻的国情背景下,习近平青年教育思想又有了新的生长契机和外在动力。广大青年在推进中国特色社会主义建设的过程中发挥着什么作用呢?在党刚刚开辟中国特色社会主义道路之初,就对这个问题有着清晰的认识,邓小平曾反复告诫我们:"青年——是我们的未来,我们的一切事业的继承者。"③ 对于当时的中国来说,建设有中国特色社会主义的重任,就需要青年来承担。党的十八大以来,习近平也深刻地意识到,中国特色社会主义建设是亿万人民的共同事业,需要

---

① 习近平:《在文艺工作座谈会上的讲话》,人民出版社,2015年,第22页。
② 习近平:《决胜全面建成小康社会 夺取新时代中国特色社会主义伟大胜利——在中国共产党第十九次全国代表大会上的报告》,人民出版社,2017年,第70页。
③ 邓小平:《邓小平文选》(第一卷),人民出版社,1994年,第254页。

青年全过程的参与，因而他发出了广大青年"要胸怀理想、志存高远，积极投身中国特色社会主义伟大实践"的号召。

国家建设不是一朝一夕的，需要在长久坚持中方见成效。中国赢得青年的认可和助力，是赢得未来的有效保障，是中国共产党社会主义现代化建设的重要力量。在对待青年教育的问题上，中国共产党充分发挥战略性思维。邓小平曾反复告诫，青年是我们的未来，我们一切事业的继承者。中国的未来要发展，需要团结包括广大青年在内的中国人民继续奋勇前进、献智献策。由于青年朝气蓬勃，是国家未来发展的重要战略支持和人才储备，又由于青年处于人生发展的关键期，需要与国家民族共成长同进步，因此，依靠广大青年推进国家发展，就成为一种必然，也是世界各国的基本共识。

新时代的中国正处于急速发展的机遇时期，把握新时代机遇，党和国家的事业就可以兴旺发达，取得更大更新的成绩。如何把握这个战略机遇？广大青年就是重要的力量源泉。正是因为有了这种认识，习近平把青年当成国家的希望和民族的未来，提出"祖国的未来属于下一代，做好关心下一代工作，关系中华民族伟大复兴"[①]的科学论断。青年的茁壮成长能够推动国家和民族的发展，青年始终是中国特色社会主义建设的主力军和实现中华民族伟大复兴中国梦的重要力量。习近平明确指出："实现'两个一百年'奋斗目标，你们和千千万万青年将全过程参与。"[②] 在习近平看来，广大青年能否自觉融入国家与民族发展的未来中去，既能够反映出青年是否具备积极的姿态与自我发展的决心和勇气，又反映出国家与民族的未来是否有希望。因此，他在把青年与国家民族结合起来的基础上，把中华民族的未来发展也寄托在了广大青年身上。

毛泽东明确指出人民是历史的创造者，"人民、只有人民，才是创造世界历史的动力"[③]。近代以来，中华民族历经曲折，中国共产党在历史的长河中脱颖而出，经过革命、建设和改革，取得了伟大成就。中华民族站起来、富起来、强起来，依靠的最基本的力量就是人民。人民的选择代表着社会前进的方向，正是因为对人民推动历史的作用有着深刻的认识，所以，在青年的教育问题上，中国共产党一贯倡导广大青年要顺应人民需求，服从人民意志，在与人民同生死、共患难中实现自己的发展。习近平对这一问题也有着清晰的认识，

[①] 中共中央文献研究室：《习近平关于青少年和共青团工作论述摘编》，中央文献出版社，2017年，第6页。

[②] 习近平：《青年要自觉践行社会主义核心价值观——在北京大学师生座谈会上的讲话》，人民出版社，2014年，第14页。

[③] 中共中央文献编辑委员会：《毛泽东选集》（第三卷），人民出版社，1991年，第1031页。

也正是因为如此，他才号召广大青年"同人民一道拼搏"，在为人民利益奋斗的过程中增长自己的才干，实现自己的发展。习近平鼓励青年在同人民共同拼搏和为人民、为祖国奋斗的历程中，不断奉献，使自己的生命焕发光芒和色彩。广大青年在维护人民利益的奋斗过程中，应始终把人民的利益与需要和自身紧密结合起来，把人民利益作为自身行动的根本指南，做到和人民心手相连，携手共进，将个人理想融入人民和国家的大义之中，并且从中实现个人的发展，不断彰显自己的人生价值和意义。习近平教育广大青年："要敢于做先锋，而不做过客、当看客，让创新成为青春远航的动力，让创业成为青春搏击的能量，让青春年华在为国家、为人民的奉献中焕发出绚丽光彩。"[1] 广大青年要勇于前进，勇于成为维护人民利益的践行者，而不是旁观者，更不能三心二意。只有把对自身的前进动力与发展热情融入对人民的无限热爱中，才能实现自己的人生价值，实现中华民族的伟大复兴。

　　培养与党和人民一道拼搏的有志青年，积极投身于人民的伟大奋斗之中。广大青年在奋斗过程中，需要不断锻炼自身的能力，虚心请教，开拓创新。紧紧依靠群众的力量，促使青年在与人民的接触和交往中得到教育，促进青年更好地成长。习近平是坚定的唯物史观者，在他看来，人民中蕴藏着宝贵的知识和精神财富，广大青年只有向人民学习，才能更好地成长与进步。他强调："当代中国青年要有所作为，就必须投身人民的伟大奋斗。同人民一起奋斗，青春才能亮丽；同人民一起前进，青春才能昂扬；同人民一起梦想，青春才能无悔。"[2] 广大青年同祖国一起前进，把个人理想融入国家和民族的发展之中，不断推动国家的发展、民族的进步，并且在此过程中促进自身的发展，才能在与祖国一道前进中实现更好的发展，才能最终成就一番事业，实现祖国与广大青年的同步发展，在接力实现"两个一百年"和奋力推进中国特色社会主义的实践中彰显自己的人生价值，实现自己的人生目标。

　　培养与党和人民同心同向的人，使广大青年与人民一道，与祖国一道。真正投入维护人民切身利益和推动国家发展的伟大实践中去，在奉献祖国、服务人民的自我奋斗中把握正确的发展方向，进而使得青年得到锻炼、增长才干，实现成长与进步。

---

　　[1] 习近平：《在知识分子、劳动模范、青年代表座谈会上的讲话》，人民出版社，2016年，第12页。

　　[2] 中共中央文献研究室：《习近平关于青少年和共青团工作论述摘编》，中央文献出版社，2017年，第17页。

三、学高为师，德高为范

人民教师是一个伟大而带有特殊性的职业。培养出符合社会、人民所需要的、有益的人才是教育的出发点，其教育理念是以人为本。何为师范？学高为师，德高为范，作为教育所追求的最为理想的境界，给老师提供了奋斗方向。一是对知识的探索深挖，二是对道德品格的崇高追求。

学，教师对专业知识和技能的掌握。人文自然科学都具有其严谨性，其特定的内涵是经过时间和实践的考验精练而成的概念和术语，定义之间有相应的与其他学科之间内在的联系和区别。所以教师对于知识深度和广度的掌握，往往能深刻反映其教学能力水平。一名优秀教师，扎实的知识功底不可或缺，丰富的知识储备和高超的教学水平是一名优秀教师必须具备的素质。对于高等院校的教师来说，其对知识的深度和专业性的要求更为严苛。首先，高校教师需要将自身的立足点和目标定高，不仅要能够全面、自由和深刻地掌握本学科领域的知识，紧跟本学科领域前沿，做到不断更新，使得专业知识更加深厚和系统，并且凝练出专业领域知识的精华，对学生进行深入浅出的教授，使其能够在一定的时间内理解透彻，掌握课程的核心内容；其次更要拥有宽泛的知识面，使自己的知识具有广博性，能够与其他相关领域和学科进行结合，有跨学科、跨专业的实力，能满足当今高校学子的知识需求。

德，教师的品德、职业道德。师德作为社会道德的重要组成部分，是教育工作者身处特定环境中所需要遵循的道德规范，是身为人师的基础。教师的道德品行离不开自身的素质和修养，师德在育人树人的过程中具有重要的道德和价值导向作用，能够在潜移默化中影响和引导学生，培养出学生的优良品质。身教重于言传，良好的师德是教育有序开展的一剂强心针。对学生、教育事业的热爱是师德的核心，教书育人的使命感是一种无私的奉献力量，润物无声辛劳多，在培养社会主义合格的建设者和接班人的过程中，在面对辛劳和繁琐的教育工作时，更能体现出教师的毅力、诚恳、踏实等崇高品行。在坚固学识的基础之上，以崇高品行和人格魅力去影响和教育学生，起到良好的示范作用，真正做到学高为师，身正为范。

长期以来，广大教师作为人类智慧和文明的传递者，能够促进社会的进步发展，为国家建设和民族振兴作出重大贡献。"三寸粉笔，三尺讲台系国运；一颗丹心，一生秉烛铸民魂"，秉持着初心和使命的广大人民教师，深入贯彻中国共产党的教育方针，守正创新、勤勉奉献、育人铸魂，受到学生和社会广大群体的由衷爱戴和尊敬。学为人师，行为世范，潜移默化陶冶和影响着学生，正是这种世范性使学生内心深处的道德和学识内化。特别是对年龄小、心智尚未成熟的少年儿童而言，常常因为喜欢某一位老师而喜欢某一门课，进而在某方面有一技之长；常常因为老师的一句鼓励，相信自己"一定行"，从而主动学习甚至改变人生轨迹。反之，老师的一句伤害、一次打击，或者老师在某方面的不检点，则可能给孩子带来深重而长远的负面影响。

习近平总书记强调，"评价教师队伍素质的第一标准应该是师德师风"[1]。以德为先、立德树人是当前教师的基本准则和教育的根本任务。教师不能仅仅注重学术、教学能力，忽视师德师风的培育和养成，必须铭记良好的师德是成为一名合格教师的前提保障，否则高水平的学术和教学能力将不能得到良好运用。因此，面对公开曝光的典型案例，广大教师应引以为鉴，明确行为规范，坚守行为底线，加强自我修养和道德素质的提升，以高尚的品格和崇高的道德立身、立学、施教和育德。同时这也警示有关部门，要重视师德的首要性，从教师准入门槛、职称评定、推优奖励等环节进行全方位的把关，严守师德关，执行师德"一票否决"的严格举措。

中华民族五千多年的历史长河，涌现出无数有关师德的思想和文化积淀。作为儒家思想的代表人物之一，孔子发掘并提炼出许多传承至今的师德思想，例如"不耻下问""知之者不如好知者，好之者不如乐知者""讷于言而敏于行""不能正其身，如正人何""爱之，能勿劳乎"等。孔子以身作则，行为世范，亲身践行着这些行为准则，为后人提供良好示范，可谓师德典范，也被冠以"万世师表"的尊称，备受后人敬仰，成为中华民族各个时代教师的标杆和典范。孟子作为儒家思想的另一代表人物，其"贤者以其昭昭使人昭昭"思想对于师德的深刻内涵进行了阐述和解释。另一位思想大家韩愈，其"传道、授业、解惑"思想传承至今，其中对教师师德应有的要求提出了具体看法。还有中华民族优秀传统文化中的"以身作则，为人师表""学而不厌，诲人不倦""身体力行，克己内省""严于律己，宽以待人""诲人不倦，循循善诱"等师德思想还在延续，并融合了新时代的特点，历久弥新，为新时代师德思想提供了理论基础。

"师者，人之模范也。"若要育人，先要律己。教师的职业特性，使率先垂范的道德品质成为一名合格教师的基准线。作为担负起立德树人重任的人民教师，如果对于名利有过高的追求，重金钱、重物欲，无法在善恶得失中把握自

---

[1] 习近平：《在北京大学师生座谈会上的讲话》，人民出版社，2018年，第9页。

己,将无法扛起立德树人的重任。2018年12月,随着教育部三个"十项准则"的印发,对各个阶段的教师职业行为作出了明确规定,对于违规行为的查处力度也逐渐加强,起到了警示作用,也得到了社会的支持。师德师风,事关校风学风和学生的成长成才,影响着整个社会的道德风气,关系到国家的前途和民族的希望。

习近平立足于人才强国的高度,以战略性的布局培养中国特色社会主义合格的建设者和接班人,并且强调人才培养过程中德育的重要性,以学高为师、德高为范的标准来要求教师。以培养什么人、如何培养人、为谁培养人作为教育的出发点,系统科学地阐述了党的德育内涵,为新时代加强和改进高校的德育工作提供了重要的理论遵循。由此,对教师的道德素质也提出了相应的标准:培养什么人的标准。教师要培养为社会主义现代化服务的可用之才,培养中国特色社会主义合格的建设者和接班人。对于怎样培养人,教师的思想道德和文明素质直接影响着学生的道德品格,要将立德作为一切教育工作的出发点,培养与党和人民同心同向的人,培养具有坚定的理想信念和人生方向的人。为谁培养人指的是,目标指向决定培养的人才为谁服务的根本问题,要培养具有高尚品德,过硬本领,能够为党、人民和社会服务的人才。培养什么样的人、如何培养人、为谁培养人,使人才培养具有一贯性,实现目的、标准、实践和效果之间融会贯通,使教师能够更加明确教育方向和指向,培养新时代中国特色社会主义事业的建设者和接班人。

习近平强调教育作为民族振兴和国家前进的基石,必须重视教师的培养和发展。习近平指出:"国家繁荣、民族振兴、教育发展,需要我们大力培养造就一支师德高尚、业务精湛、结构合理、充满活力的高素质专业化教师队伍,需要涌现一大批好老师。"[1] 他强调"四有"教师对学生的重要性,并且非常关心广大青年的成长成才,提出了明确的"六有",希望青年学生能够成为"有理想、有追求,有担当、有作为,有品质、有修养"的好学生。习近平在视察北京大学时指出,"希望大家努力在实现中国梦的伟大实践中创造自己的精彩人生",实现自己"有信念、有梦想、有奋斗、有奉献的人生"[2]。他希望青年能够练就过硬本领,不负青春韶华,在砥砺中不懈奋斗、在锤炼中提高品德修为,迎难而上,在为实现中华民族伟大复兴中国梦中迸发出活力和创造力。

---

[1] 习近平:《做党和人民满意的好老师——同北京师范大学师生代表座谈时的讲话》,人民出版社,2014年,第4页。

[2] 习近平:《青年要自觉践行社会主义核心价值观——在北京大学师生座谈会上的讲话》,人民出版社,2014年,第14页。

第三节　素质教育的课程观

习近平总书记多次强调，要深化教育改革，推进素质教育，创新教育方法，提高人才培养质量，努力形成有利于创新人才成长的育人环境。2016年9月9日，习近平总书记在考察北京市八一学校时指出："素质教育是教育的核心。"① 党的十九大报告要求"发展素质教育"②。

一、课程要贴近学生

课程贴近学生能够充分彰显以学生为中心的教育理念，坚持以人为本的课程理念和教育方式能够有效掌握学生的主体特征，以学生的需求为导向，进而不断改进学校的人才培养方案和教师自身的教学模式和方法，使学生在课程教学中发挥自主性、积极性和创造性。

由灌输式课程向民主式课程转变。灌输式的教育没有将学生置于主体地位，不尊重学生的个性和创新发展，从而使教育无法达到理想效果。将灌输式的教育模式逐渐向民主式的教育模式转变，实现因材施教、因人施教，建立更为合理科学的教育模式让学生得到全方位的发展。民主式的课程是什么？首先，能够使课程贴近学生，充分尊重学生。使民主意识在教学过程中贯穿始终，对学生进行正面的引导，让学生能够感受到人格和权利都得到重视、得到尊重，不断提高主观能动性，发掘认识、理解和分析问题的能力，全面提高学生的自我教育能力。其次，民主教育强调学校、教师和学生之间的平等关系。教育者和被教育者之间能够建立起彼此信任、平等沟通的桥梁，以此为基础来传递知识和理念。最后，民主式教育模式使教育者和被教育者实现教学相长。在教育者和被教育者之间出现意见相左和产生疑问之时，教育者不能以绝对权威自居，双方要充分听取对方的意见和方法，找到解决的路径，填补自身存在的知识盲区，实现共同提高。

由传授式课程向体验式课程转变。在学习过程中被教育者自身亲历的体

---

① 习近平：《全面贯彻落实党的教育方针　努力把我国基础教育越办越好》，《人民日报》2016年9月10日第1版。

② 习近平：《决胜全面建成小康社会　夺取新时代中国特色社会主义伟大胜利——在中国共产党第十九次全国代表大会上的报告》，人民出版社，2017年，第45页。

验,往往能够融入更多的情感和动力。在体验式的学习过程中,能够使被教育者价值观的塑造以及思想道德的形成和发展,以践行社会主义核心价值观。被教育者情感的内隐性是体验式教学的难点,如何将这种不能直接传承且具有主观心理的教学模式融入整个教学过程之中,需要各方面长时间的努力才能达成。在以往的课程教学中,对于思想道德方面的内容教授,教育者往往从宏观上直接进行价值传递,使该类课程在教学过程中的传播途径过于单一,具有单向灌输性,学生接受并且内化为自身所用的概率偏低。因此,在教授人文素质课等方面的课程时,理论的单向传授转向对学生行为指导的体验性教学方式至关重要,使学生能够将所学内化并且转化为所用,去解决学习生活中的实际问题,在理论联系实际的过程中提升自己的选择判断能力和道德水平。体验式教学能够使抽象的理论向具体实际转变,使得教学更加生动并且与生活密切联系。使学生主动参与实践中,积极认识和了解社会,使其意志力得到磨炼,心理承受能力得到增强,自身人格塑造更加全面和完善。纸上得来终觉浅,绝知此事要躬行,广大青年学子通过自主参与和实践,获取亲身的感悟和体验,使二维的知识理论有了三维载体,让课程不断贴近学生生活。

为了满足上述两个部分的顺利转变,一方面要关注学生的身心特点,关注青年大学生这一独特群体。要想使得教育工作顺利高效地开展,学生的成长发展规律以及他们的成长成才需求是一定需要格外关注、认真遵循的。人的个性是独立的个体在社会实践生活中形成的区别于他人的特质,新时代大学生的显著个性主要表现为精力旺盛、个性鲜明、思维观念多样且多变。这要求我们在教育过程中应当尊重大学生成长规律,把握他们的思想实际和身心特点,拒绝千篇一律,做到因人而异,因材施教,理解尊重学生的个性差异,包容看待存在特殊情况的个体,针对不同主体的不同情形对大学生进行有区别、有分类的教育工作,为大学生个性提供充分的自由发展空间,运用学生喜欢的合理方式进行教育,让他们真切感受到被尊重,进而培育健康、积极的人格。譬如,学校可以借助多种网络新途径整合线上线下的相关教育资源,运用各式各样的、契合学生思想实际的形式,以激发青年学生强烈的思想共鸣,使其自主将所学内容内化为价值观念,外化为切实行动,提升教育效果。

另一方面,需要满足学生成长的需要。教育的对象是人,自然其教育过程与人的需要之间存在着不可分割的联系。习近平总书记提出围绕学生、关照学生、服务学生的主张,就是要求我们树立在服务中开展教育,教育引导依靠服务的理念,为学生成长成才的实际需要提供全方位、高质量、高水平的服务,这也是要巩固强化思想政治教育效果所应有的客观遵循。同时根据马斯洛的需要层次理论，人的需求不是一成不变的，而是在自身的成长发展过程中不断递进的。他认为，人的需求是他行为的动力源泉，处在不同时期、地域、层次的人有着不同的需求，即便是同一个人，受不同环境与时机的影响，他的需求也是不一样的。这个理论以"需要"为着力点，为我们了解和研究人类的需要特别是了解新时代大学生的需要提供了一个较合理的方向。大学时期处于寻求知识、捕获真理的阶段，不能仅仅满足于书本知识，还要通过挖掘自身潜能和提高素质来满足社会发展的需要，才能更好地实现自己的人生价值。所以，新时代大学生的生理和心理更加成熟，主体意识逐渐增强，主体需要的层次也在逐渐提高。因此，教师要抓紧课上课下时间，尤其是氛围轻松、学生防备心较轻的课下时间，多与学生接触，了解掌握他们的个性特点，重点关注他们的成长发展需求和心理感受，并在合适的教学场合中通过各种有效的形式激活教育对象的内源动力，因势利导地增强大学生的综合能力，使学生成长成才，在满足时代发展要求和社会进步需要的同时得到良性发展。

二、课程要贴近生活

所谓贴近生活，就是指学校的校内课程、校外实践和教育宣传等一系列教育教学活动能够结合现实日常生活，使活动更加丰富多彩的同时，进一步反映客观现状事实、了解社会主流价值，发掘人民群众日常生活中的鲜活案例和生动事迹，汲取生活赋予教育的养分，增加教育课程的生动性与吸引力。课程推进生活，一方面使教育工作真正做到具体深入开展，稳步扎实推进，取得良好成效；另一方面能够让教育工作情理兼备，生活赋予教育斑斓色彩，教育沉浸在生活的日常气息中。教育教学理论从实践中来，同时到实践中去验证和检验。课程推进生活，才能保证所学理论经得起实践和人民的检验，使教育工作得到人民群众发自内心的认可和接受，勠力同心为中国特色社会主义教育事业的发展贡献磅礴力量。

"贴近生活"是尊重学生主体性的重要体现。学生也是现实社会生活中的主体，作为教育对象和年龄较小的社会成员也需要得到充分的尊重。课程贴近生活将会给现行教育带来新的启发和变化。一方面能够在教育的过程中将书本上生动性不足的理论转化为被教育者生活中的体验和经历，使两者之间相契合的道理和方法融入教学过程中、融于日常生活之中。另一方面能够与被教育者形成双向互通的心理机制，引起学生的共鸣，也能激发教育者的教学创新力，使学生的主体性蕴藏于生活的全方位之中，让原本较为死板的教学评价机制转化为积极评价，凸显教育过程中被教育者的主体性特征。在高校的教学环境中，被教育者已是具有独立思考和行为承担能力的个体。因此，更加强调在教育过程中尊重学生的主体地位，让课程能够充分贴近生活，激发学生自主思考和主动学习的活力。充分了解学生的所思、所需、所想，重视学生的切身利益，从而将教育的过程真正转化为对学生各方面需求满足的过程，使被教育者在教育过程中不仅能够收获专业知识、理论和实践技能，更能在价值观、人生观等思想上得到完善和升华。尊重被教育者的主体性，不仅是为了实现良好的教学效果，让被教育者自主内化，更是让学生在日常学习生活中反映的诉求、自身的角色定位甚至是人生价值等方面得到关注和重视。教育者从以上这些方面去理解、教育、重塑教育对象，让被教育者的主体性能够得到真正的尊重。但是，必须明白尊重被教育者的主体性，是了解和关注其需要，尊重被教育者对自身的认识，而不是单纯将被教育者地位提高，满足其所有需求。课程贴近生活对于教育具有重要意义，不仅能够为被教育者提供新的教学方式和过程体验，还让被教育者的主体性得到充分体现。学生主体性的还原就是课程贴近生活的深刻体现。

课程贴近生活是坚持以人为本的内在要求。随着教育的不断深入发展，教育的理念和目标逐渐发生了变化，由教育要面向世界、未来和现代化，到现在教育要贴近生活、学生和实际。人才培养的目标指向由社会到学生自身的这种转变，从中反映出的是以人为本的教育理念，很好地解决了学生培养目标和社会发展之间的衔接问题。在教育过程中充分贯彻以人为本的精神，使被教育者感受到学校和教育者对他们的关心、尊重，重视他们的发展和潜力的开发，让学生能够在贴近生活的教学中学习到生存发展之道，切实提高自身生活品质。另外，课程贴近生活在本质上也代表着学生的根本利益，而学生的根本利益体现在学生的生活之中，教育学生应该与学生生活的各个领域结合起来，与学生的发展密切相关的一切活动结合起来，使之成为学生生活的组成部分。教育者也可以通过此教育过程了解学生的喜好，从根本上把握学生的根本利益，能够和学生平等交流，发现他们生活和学习上的问题，并且帮助和引导学生解决问题，使其确立正确的"三观"、理想信念和确立崇高的道德信仰。

课程贴近生活不仅是一种教学新理念和方法，更是方向指引。一方面对被教育者生活的渗透性和了解程度能够通过贴近生活的课程进行加强和完善，正确引导和规范学生的生活，使学生更加明白自身的发展诉求，成为符合党和人民需要的社会主义合格的有用之才。另一方面，课程贴近生活能够以学生生活为基础，以此提高教育教学的实效性，为教育教学提供新的方向指引。贴近生活的课程能够使学生的切实生活需要更明晰，有效了解学生的成长轨迹以及在生活和学习中的心态，以便在加强学生教育的同时能够不断改进教学方法，达到教学相长的目的。课程贴近生活更体现了一种自由全面的发展理念，以学生生活为出发点，切实提高学生发展效率，深入贯彻以人为本的发展理念，探寻有效的教学载体和教学方法，利用多种教学手段，优化教育教学效果，使学生不仅能够在学习上取得显著成效，在生活上也能够得到长远发展。社会生活和学校生活都是民生的重要组成部分，课程贴近生活能够顺应时代的发展潮流，立足于国家发展战略角度，使学生得到长足深远的成长发展，也能够增强教育工作者的责任感和使命感，为实现中国梦筑起强大的教育力量。

三、课程要贴近实践

实践是人类改造客观世界的一切活动。因此，课程贴近实践对于培养被教育者认识和改造世界的能力具有非常关键的作用。课程贴近实践的育人过程和社会实践相比，既具有共同的一些基本特征，又具有一些显著的差别。前者在具有实践活动的普遍性的同时，更有育人的特殊性。

一方面，实践是人类社会的重要组成部分，课程贴近实践、做到实践育人是社会实践活动的基本构成要件和要求。因而，课程贴近实践具有社会实践活动的一些共性特征。第一，实践的客观现实性。实践的主体、对象和实践的手段都是客观的，实践活动开展的过程也是客观的，实践活动取得的成果也是客观的。社会实践的主体、客体以及实践手段和实践开展的过程、取得的成绩等都是客观的，使得课程贴近实践和社会实践都具有客观现实性。第二，实践的主观能动性。实践是具有目的意识性的围绕实践客体而开展的活动，与动物简单地为了生存目的而进行的一系列低级的、本能的活动不同。课程贴近实践主要以提升大学生的综合素质为目标，其目的性和能动性显著。第三，实践的社会历史性。社会关系是主体开展实践活动的重要组成部分，主体实践活动的开展无法脱离社会环境和成员的参与。同时，不同的历史时期、历史条件对实践活动的开展具有深远的影响，不仅受到经济社会发展条件的制约，还与不同时期的社会背景、教育发展情况、教育政策等密切相关，具有很强的历史性和现实性。

另一方面，课程贴近实践作为一种特殊的实践育人方式，特殊性是其一大特征。第一，主体的特殊性。被教育者作为实践教育的主体，他们正处在世界观、人生观、价值观还需不断完善和成长的时期，开展实践活动的目的和任务主要在于知识和技能的学习巩固以及综合素质全方位的提升，这就决定了他们与一般实践活动的实践主体有本质不同。第二，开展目的的特殊性。实践育人一般都在高校组织下开展，具有明确的导向性。实践的目的主要是学生在实践活动中学习，获得新的理论知识和实践技能，同时对先前的理论知识加以检验，使理论与实践结合后而对其更加坚定，自身知识体系和专业能力架构得到完善和丰富，进而促进自身的全面发展。第三，作用的特殊性。对于正处在"三观"塑造关键节点的被教育者而言，课程贴近实践和学校开展的实践活动对于自身的教育和锻炼意义非常重要。一方面，实践能力的提高和创新能力的培养离不开实践育人活动；另一方面，实践育人能够作为重要手段，对被教育者健全人格和个性的养成产生重要影响，是被教育者实现全面发展的重要推动力。被教育者的这些特点就决定了课程贴近实践的相关内容必须与学生这一特殊群体的基本特征相对应，在整体教学计划和安排内，针对该群体的特殊性开展具有适用性的各种实践形式。

首先，课程贴近实践作为学校开展实践育人的重要载体，有着深厚的理论渊源和迫切的现实需要。实践的观点是马克思主义哲学的基本观点。马克思主义认为实践是人类社会中有目的和有意识地改造客观世界的一切活动的总和，实践活动不仅能够改造客观世界，而且能够通过主观见之于客观的实践过程，改造实践主体的主观世界。实践是联系人类主客观世界的重要桥梁和纽带，也是人类一切认知的源泉，人们只有通过实践活动认识和改造客观世界，才能形成自己的认识，并在"实践—认识—再实践—再认识"的循环中，不断推动实践和认识深入发展。人们只有在不断深入的实践活动中，才能更好地认识和改造客观世界，才能获得自身的发展。课程贴近实践，以实践育人为观点，完全符合马克思主义关于实践的原理和要求。其次，课程贴近实践能够更好地满足教育教学的现实需要，更好地为社会主义培养合格的建设者和接班人。学校教育教学的根本目的是让学生得到全面发展，而"教育与生产劳动相结合，是实现人的全面发展的唯一途径"[1]，同时实践是将知识转化为能力、智慧、精神、品格的重要途径，也是知识转化为能力、外部教育影响转化为学习者身心素质的必由之路。培养满足社会发展需要的建设者，让学生能够全面发展和成才，仅仅依靠理论水平和知识结构的日益完善是不够的，必须向实践学习，充分参与实践环节的锻炼和教育，在实践中检验掌握的知识。同时，在实践过程中去

---

[1] 思想政治教育研究文库教育部思想政治工作司组：《高校实践育人研究》，人民出版社，2015年，第40页。

了解、融入社会，不断增强社会责任感，强化家国情怀，努力成为中国特色社会主义合格的建设者和接班人。

习近平指出："学习是成长进步的阶梯，实践是提高本领的途径。"[①] 他要求教育者充分认识到实践和教育相结合是历史和时代的必然选择，把实践作为促进人的全面发展的根本途径。当前，重理论轻实践的现象还普遍存在于我国高校的教育实践之中，社会上对应用型人才的培养还存在部分不正确的观点，使得广大青年选择受限和部分高校的人才培养倾向有问题，存在学生持续发展能力弱、综合素质不强、心理素质欠佳等问题，与促进人的全面发展总要求还有一定的差距。因此，课程贴近实践迫在眉睫，必须树立实践育人观念，把实践育人统筹于人才培养的全过程和各环节，使实践育人成为总体布局中不可或缺的节点，形成科学的课程贴近实践机制，巩固和强化实践育人平台，给予实践育人充分的经费和人才队伍保障，形成以实践教学、军事训练和社会实践为核心内容的活动体系，为大学生提升本领和增长才干搭建平台、提供机会和创造环境。

课程贴近实践是一种科学、合理、高效的教育教学模式，能够使当前教育教学活动更加全面且具有系统性。被教育者通过参与实践，使自身的内外两方面的因素和主观能动性充分调动起来，实现知、情、意、景的有机结合，实现个体素质的全面提升。我国把教育与生产劳动相结合作为当代教育方针，不断推动教育发展改革和创新，不断推动实践贯穿于教育教学的全过程。不仅为人才培养指明路径和奠定基础，更促进了人才培养目标的实现。课程贴近实践正是基于我国对实践育人基本规律的把握而做出的教学改革和创新，是人才培养深入发展的高度体现。自改革开放以来，高等教育呈现不断深入发展趋势，各高校在实践育人方面都开展了一些有益的工作，高校实践育人理念日趋完善，实践育人内容不断丰富，实践育人形式不断拓展，实践育人体制机制逐步健全，实践育人的氛围日益浓厚，实践育人规律的把握更加客观全面。梳理高校实践育人发展历程，我们认为高校实践育人符合思想政治教育规律，体现了高校实践育人的必要性，是对教育规律的深刻把握，更能够看到高校治理能力和治理水平的日益现代化，深刻体现了人才培养的科学性、先进性和系统性。当前，高等教育进入发展新阶段，内涵式发展成为全面提升人才培养质量的重要手段，课程贴近实践就是高等教育实现内涵式发展的重要力量，能够促进高校人才培养目标的实现，不断为社会主义现代化培养中坚力量。

---

① 习近平：《同各界优秀青年代表座谈时的讲话》，《人民日报》，2013年5月5日第2版。

四、课程要关注一生

课程设置的立足点不能仅仅从眼前利益出发,必须立足长远,将被教育者人生价值的实现、培养"完整的人"作为教育教学的终极目标,使被教育者通过教育活动能够有以下特征:第一,能够做到活动自发性,拥有自己的兴趣和爱好,有始有终;第二,对于未来的发展方向有自己的理智判断和科学选择;第三,具有辩证看待问题的能力,对待学习和事物具备批判性的眼光,高效获取成果和经验;第四,能够自动学习、解决相关问题,掌握方式方法;第五,面对新的环境,能够灵活适应尽快融入;第六,已有经验能够高效内化并创造性运用,面对问题妥善处理;第七,有团队精神、与他人合作的意识;第八,工作不以获得他人肯定和赞许为出发点,社会化目标的实现是其工作的目的。课程关注一生的立足点,将被教育者培养成为具有健康身体、良好心智、精神情绪稳定、知行合一的"完整的人"。

课程要关注一生,更是关注人作为世界最为主体部分的发展。人类生存和社会关系变革的基本要求是人的自由全面发展,能够推动社会向更高的层次迈进。课程要关注一生是对人的全面发展理论的贯彻和发展。习近平对人的本质以及发展方面高度重视,他指出:"人,本质上就是文化的人,而不是'物化'的人;是能动的、全面的人,而不是僵化的、'单向度'的人。"[①] 他认为个人对物质条件的追求、社会所需要达到的经济指标,对于成为全面发展的人和社会是不够的,幸福指数的提升非常关键,要关注人们"精神生态"的稳定与和谐,使精神生活得到丰富和充实,人际关系和谐向善,在发展经济的同时必须保障自然生态环境的良好发展,注重效率和公平,不断探索和追求生命的意义。党的十九大报告指出,我国社会的主要矛盾已转化为人民日益增长的美好生活需要和不平衡不充分的发展之间的矛盾,制约着社会主义现代化的实现和中华民族伟大复兴的总任务的达成。新时代更要关注人民全面发展的需要,关注其美好生活需要,更要把人民置于主体地位,以坚持人民为中心的发展思想指引新时代的建设和发展。课程要关注一生,就是要注重青年的培养,关注青年的全面发展需求,以青年的全面发展助力国家的日益兴旺和强盛。

课程关注一生,就是重视对被教育者的综合培养,强调人生意义、找寻人

[①] 习近平:《干在实处 走在前列——推进浙江新发展的思考与实践》,中共中央党校出版社,2006年,第295页。

生价值、捍卫人格尊严、激发潜在能力、塑造理想人格。课程关注一生重视被教育者的自由全面发展以及自我实现，学校除了理论知识的教授，还需要关注学生道德品质的养成和良好人格的塑造。课程关注一生的宗旨是以人为本，目标是培养"完整的人"，促进被教育者的自我实现，使其认知、情感、身心能够得到和谐统一的发展，进一步促进世界观、人生观、价值观的正确树立，成为一个具有健康人格和坚定理想信念的有用之才。课程关注一生需要具有历史性思维，立足当前和未来。通过教育使学生能够适应和了解时代变化，成为积极乐观且具有创造力的时代新人。课程关注一生更注重的是一个动态培养过程，不能只局限于静止的理论思维，而是把创新能力的培养作为教育核心之一。重视被教育者自我价值的构建，共同推进智慧、能力以及自我价值的实现，正视对事物发展的态度，养成自身独特的正确的思想价值观念。

  课程要关注一生就是将课程不能只局限于静态的知识理论体系，而是作为一个动态发展的过程，在课程内容体系中呈现社会和个人的课题，并且课程内容随着时代的发展要求和环境不断更新、充实和完善。"人性为中心"是课程要关注一生的重要观点，目的是在课程构建思想中培养学生的智慧和人格，并坚持适切性和综合性的课程内容、教学方式选择原则，使课程教学符合被教育者的接受能力和水平，能够满足他们的需求，通过课程教学了解被教育者对生活经验的掌握和社会现象的判断，以此为基础开展教学活动，不断激发其学习兴趣。课程内容不能只局限于选择具有逻辑性和系统性的课程，其选择的标准应将被教育者的倾向和需求纳入课程选择的评判标准，使课程能够满足被教育者的生活需求，并且能够通过课程所授去解决社会中的现实问题。

  课程要关注一生主张知行合一，坚持课程教学以学生为中心。以被教育者精神世界的培养为先，关注其世界观、人生观、价值观和理想信念的正确树立。然后才是知识的获得过程。同时，课程要关注一生并不是传统的单向灌输性课程，而是师生的共同参与、相互的学习进步、不断探求知识的过程。课程要关注一生强调教育者的指导和协调性，建立新型师生关系，使课堂不是以教育者为权威进行知识的教授，学生也不是被动地接受，而是双方在交流配合中共同参与。课程要关注一生是通过强调被教育者的自主知识学习态度，发掘和探索被教育者自觉自主的发现问题、解决问题并且能够进行创造创新的能力，不再仅仅局限于被动获取知识，而是重视学生的自我个体经验。课程要关注一生是鼓励多元化的价值观，尊重学生的想法和观点，鼓励思维和观点的碰撞，在此过程中探索找寻问题解决的路径和方案。

五、课程要遵循规律

2016年12月，习近平在全国高校思想政治工作会议上明确指出，"要遵循思想政治工作规律，遵循教书育人规律，遵循学生成长规律"[①]。课程要遵循规律就是要做到结合新时代的因事而化、因时而进、因势而新，能够使课程的教学更加具有针对性和亲和力，使学生的成长发展需求和期待得到充分满足。因此，教育必须要深刻了解新时代环境下大学生的思想特征、身心发展情况以及成长成才需求，认识、把握、遵循大学生成长成才过程中所表现的基本规律，这样才能更好地明确课程教育工作的方向和重点，使理论课的教学内容熔铸学生大脑，浸润学生内心。

事物的运动变化是有规律的，规律是可以为人们所发现、认识、把握和利用的，这是辩证唯物主义的基本观点。规律也是法则，它是存在于事物联系发展过程一种固有的、本质的、必然的稳定的联系。第一，在于其客观性，是一个事物与生俱来的，不以人的意志为转移的；第二，规律是一种需要用理性思维才能把握的本质联系，而非仅是感官所感知到的复杂变动的现象与联系；第三，规律揭示的是事物之间的必然联系，表明了事物的确定不移的发展趋势；第四，事物运动具有稳定性和重复性，只要同类事物特定的规律条件具备，就一定会反复起作用。规律是表示人们对整个世界各种现象的本质认识呈现出的同类概念，又或者更为准确地说，是能够表示在某种特定程度上的相似性或者相近的概念。所以规律性往往就是客观事物的内部联系。可以看到的是，世界上的一切事物都处在变化之中，看似这种发展变化杂乱无章，但是却存在着其内在的规律性。同样，人的成长发展也是有章可循的。高校教育工作者要积极发挥自身的主体能动性，分析把握当下大学生成长成才的发展规律，有的放矢地开展教育工作，使课程遵循规律。

课程教育和高校学生的成长成才都是包含许多矛盾运动的复杂系统，是一个指向德智体美劳全面发展的概念。大学生成长发展既是生命个体自然生长成熟的物理性过程，也是构建复杂的社会关系、逐步社会化的过程，但各种素质能力的培养和锻炼在这个过程中并非一蹴而就，而是动态和持续的，其中既包含学生自我发展的主体能动性因素，也包含客观社会环境影响和制约的因素。因此，内部和外部因素的共同作用是影响学生成长成才的关键所在，被教育者

[①] 习近平：《习近平谈治国理政》（第二卷），人民出版社，2017年，第378页。

成长成才是指在家庭、学校、社会环境和个体自然成熟等因素相互作用下，随时间的推移，生理、人格、社会化等各方面都朝着圆满成熟的方向整体全面发展的过程。它是一个相对复杂却有序的系统，往往显示出一定的规律性。大学生成长发展的过程是有章可循的，是具有特定的、普遍存在客观规律的。

因此，大学生成长规律是大学生成长发展各要素的矛盾运动过程中，大学生这个特定群体成长的各方面问题的本质必然的联系。它是一般性的规律结合大学生成长过程更加具体的表现和映射，是特殊与普遍、个性与共性的关系。具体体现在以下几个方面：第一，大学生成长过程呈阶段性规律，不同的年龄、年级和各个阶段所面对的不同事物、接受的不同教育使被教育者呈现出其相应的身心特点和发展规律；第二，大学生成长过程呈主体性规律，受个人先天素质和后天实践形成的思想品质、学识能力等内在因素的制约；第三，大学生成长过程呈社会性规律，除受主体性内在因素影响以外，大学生所处的自然与社会环境也影响着他们的成长发展，大到身处的这个时代和社会，小到工作单位和家庭；第四，大学生成长过程呈时代性规律，时代背景不同和社会发展阶段的不同会对被教育者的成长成才产生重要影响。随着时代的变化，经济、科技、世界局势的发展，时代内涵不断彰显其丰富性，从中也能够读取出发展中的规律性特征，赋予教育更多的可能性，促进其发展。在高校思政工作中把握并遵循大学生成长规律，不仅仅是直接回答了高校"如何培养人"的问题，也是高校教育科学化水平提升的应有之义和内在要求。

课程要遵循规律。首先，要以尊重学生主体性为前提。主体性是人自为存在的标志，主体性满足包括摄取性满足和被动性满足，主体性残缺会导致人格残缺。以学生为中心、关照学生和服务学生必须以尊重学生主体性为前提，尊重学生主体人格和主体价值。其次，课程要遵循规律需要了解和满足被教育者的合理需求。"需要是人类心理结构中最根本的东西，是人类个体和整个人类发展的原动力"[①]。需要是人的本性，没有需要就没有发展，人的需要的满足促进了人的发展。遵循人的价值需求逻辑，满足被教育者的合理需要，使学生的合理利益得到有效实现并且使其最大化，就是遵循学生的成长规律。对学生的不合理需要或暂不能满足学生之所需应及时告知并有效疏导，切忌采取打压、封堵、忽视和漠视态度。教育工作正是建立在"需要—满足—再需要—再满足"这样良性"供需链条"之上，在满足学生的差异性需要中促进学生的层次性发展，随着学生的需要由低级到高级，由物质到精神，由个人到集体、社

---

① 汪勇：《利益多元化对马克思主义大众化的影响及对策研究》，人民出版社，1917年，第9页。

会、国家的跃迁，教育工作的社会价值的含量也就越突出。最后，课程遵循学生成长规律要以科学的试错教育为补充，科学的试错教育蕴含着两个前提：第一，国家、社会、学校应理性看待试错问题，理性看待失败和挫折并允许失败，使失败得到最大程度的宽容和包含；第二，试错是学生勇于面对的重要路径。在教育的过程中犯错就是坏事这样的观念需要得到改变，引导和教育学生能够勇于尝试错误，直面错误，使其能够主动承担错误，并且在这样的过程中找到解决路径，善于利用错误。试错教育的真正价值在于唤醒学生对错误、失败的理性认识和营造允许失败的宽容环境，每一次对失败的理性反思都预示着进一步走向成功，面对学生的失败，直接的打击和否认是不可取的。因此，要能够让学生勇敢试错。科学的试错法包括试错方法的科学和试错价值的科学。正如卡尔·波普尔所说，提出足够数量（和独创）的理论，所提理论应足够多样化，并应进行足够严格的检验。试错价值的科学也即对试错持理性的态度：如果我们有幸，就可以排除不适合的理论而保证最适者生存。

总之，课程遵循学生成长规律是高校教育的逻辑起点和价值基点，只有在满足学生需要的过程中，不断提升学生主体性并施之以科学的试错教育，才能使教育工作的开展更加具有科学性、系统性和有效性。

第四节 学生为主体的教学观

学校作为社会的重要组成部分，其根本就是要坚持以学生为中心，需要牢固树立以学生为中心的办学理念，努力使课程教学围绕学生、关照学生、服务学生，并将学生成长成为社会主义合格的建设者和接班人作为学校追求的终极目标，使学生成为具有远大理想、品德高尚、能力强的优秀人才。

一、教师要做引路人

习近平希望教师能够"做学生锤炼品格的引路人，做学生学习知识的引路人，做学生创新思维的引路人，做学生奉献祖国的引路人"[①]。教师成为学生的引路人，为新时代教师的发展定位和作用做出了方向指引。教师要做引路人，其实质内涵是贯彻学生为本、为主体的概念和观点。面对新时代，教师所

---

① 教育部课题组：《深入学习习近平关于教育的重要论述》，人民出版社，2019年，第79页。

面临的授课任务和方式更加具有多样性。因此，教师作为课程的设计者，教育的指导者、帮助者，承担着艰巨的任务，这些都是新时代对于教师的挑战。教师要做引路人，成为与学生共同成长和学习的伙伴，但是必须明确引路人的具体定位，不是引导学生往同质的、具体的路径成长，而是为学生指引发展方向，在做引路人的过程中，充分发挥学生的主体作用，使学生自主选择自身的发展路径。

进入新时代，教育也随之迎来一个转变的时期。面临着由传统的教育教学方式向现代化的教育教学方式转变的重要时刻，是我国由教育大国转向教育强国的关键时期。新时代教育环境、教育方式、师生关系、家校关系不断变化，尤其是随着互联网科技的进步，线上教育的异军突起拓宽了人们学习的渠道，促进了学习环境的变化，使学习方式更加多样化，也改变了师生、家校的关系。教师不再是知识的唯一传递者和载体，更不是知识承载和传递中的权威者。因此，教师必须坚定贯彻指路人的角色，发挥指路人的作用，在教育教学的过程中不断去锤炼学生的品格，启发学生的创新性思维，使学生努力积累知识，树立正确的理想信念，成为合格的社会主义建设者和接班人。

韩愈《师说》言："师者，所以传道授业解惑也。"中华民族自古以来就有对教师的要求，言传身教、传授知识技能、答疑解惑都是一名优秀教师的标准。在新时代，教师不再仅是知识的权威和唯一载体，教师的职能发生了变化。面对互联网时代、信息社会时代，学生获取知识和信息的渠道更加丰富，媒体和教育机构平台更加规范化，使学生除了在课堂进行知识学习以外，也接受着非正式学习，互联网时代使学习不限地点、时间。所以新时代教师不能只做知识的传授者，而是需要成为学生成长成才的引路人。将传统教育中的以教师为中心、学生为被动接受者的教学体系，转变为现代教育中学生为中心、教师为学生的引路人的教学体系。

教师要做引路人，充分发挥学生的主体性地位，助力学生的健康成长，挖掘学生的潜能，让学生相信自己的能力，能够去发现问题、解决问题、创新方法。以学生为主体，如何发挥教师的主导作用？强调以学生为主体，就是将教育的结果表现在学生本身，使学生不再接受灌输性的教育成为被动的"录音机""留声机"，只是刻板地记录教师的授课内容，而是具有主观能动性地汲取老师传递的理论和思想，在积极互动中主动获取知识，并且能够自觉将知识内化为己用，成为自己的智慧和涵养。因此，教师的主导作用转化为对学生进行启发性的教育，启发学生自主学习，充分发挥学习的主动性和积极性。正如孔子言："不愤不启，不悱不发。"只有学生拥有学习的自主性才能最大限度获得知识，作为教师的职责就是了解学生需求，指引学生学习方向，将其引入知识海洋。

互联网时代、信息化时代，慕课、超星等线上课程的教学是否代表线下的学校日后将会消失，线下的教师需求也会逐渐降低呢？答案当然是否定的。教育形式和学习方式的多样化将会使线上线下教育共同发力，使学生学习更加有效率，这也要求线下教师必须做好自身的定位，做学生的引路人。值得注意的是，线下学校仍占据教育的主体地位，具有重要意义。学校的教育是学生迈向社会化的第一步，是成为社会人的起点。学习不仅仅只是学习知识，更为重要的是学习做人和生存，形成社会经验，在此过程中仅靠个人是不行的，需要同其他人共同学习和相处。对于认识不一致的事物能够进行相互的讨论和辩论来进行学习，这一过程离不开教师的引导，教师应成为向导去引导被教育者朝着正确的方向前进，拓宽其知识边界，教会其成为社会人，在相互交流学习中实现共同的发展和进步。

教师要做锤炼学生品格的引路人。教师要引导学生树立正确的理想信念，能够做到心中有祖国和人民，为了中国共产党的事业和中华民族的发展不懈奋斗。习近平强调广大教师要引导学生"意识到肩负的责任，牢固树立为祖国服务，为人民服务的意识，立志成为党和人民所需要的人才"[1]。因此，教师要做引路人的第一步就是确立理想信念，对于党的教育事业要有忠诚精神，把立德树人作为教学活动开展的根本任务。在教育教学活动中坚定执行中国共产党的教育方针和政策，在教育的全过程中阐释和植入社会主义核心价值观，形成良好的育人环境，使广大青年学生在正向环境中形成自己的品格，培养为祖国、为人民服务的意识，牢固树立理想信念，为社会主义的建设和发展贡献自己的力量。

教师要做学生学习知识的引路人。青年兴则国家兴，青年强则国家强，广大青年学子就是国家的希望和未来。作为肩负重任的学生，必须努力好学，勤于实践，不断提高自身的综合素质，立志成为祖国的栋梁之材。因此，充分调动学生的学习自主性和学习积极性是教师的重要职责，使学生能够从小发现自己的兴趣爱好，找到和总结适合自己的学习方法，逐步明晰和树立自己的专业和人生志向，为了实现目标而不懈奋斗，一往无前地发奋学习。新时代是知识更迭迅速、科技瞬息万变的时代，教师所能做的不仅是传授固有的知识，而是

---

[1]《全面贯彻落实党的教育方针　努力把我国基础教育越办越好》，《人民日报》，2016年9月10日第1版。

教会学生学习知识的能力，能够引导学生主动探索新的知识，并且能够加以运用，适应当下的新世界，引导学生有面向未知世界的勇气和动力，能够敢于去开拓未来，去创造属于自己的美好未来。

教师要做学生创新思维的引路人。创新是社会进步不可或缺的重要条件，以前大多数学校人才培养的固有评价制度必须得到改革，重视结果的评价模式已经无法适应现行的学生特点和教育特征，尤其是以前只重视成绩而忽视教学过程重要性的教学状态。重视成绩和结果、忽视过程，并不是字面上所说的那么简单，忽视的不仅仅是过程，更是知识、技能、价值观等的意义，忽视的是社会进步的创新动能。当前科技实力是国际话语权的重要组成部分，能够直接影响经济社会进步和大局稳定。新时代大量缺乏的是具有创新精神和创新思维的人才，因此教师要做引路人，需要拓宽被教育者的思维方式、格局和眼界。教师要做引路人，在教学过程中要鼓励学生主动参与，能够使教学具有探究精神，引导学生发现、提出和解决问题，具有对未来和未知事物的探索意识。培养创新人才、创新思维、想象能力，需要教师引导学生主动去探索去发展，并且能够加以思考举一反三，才能赋予未来的学习和工作创新力、创造力，灵活应对当前瞬息万变的发展局势。

教师要做学生奉献祖国的引路人。国家归属感是中华儿女为民族繁荣、祖国昌盛贡献力量的动力和源泉。教师要做学生的引路人，就是在教育教学过程中进行爱国主义教育，增强学生的国家信念感、荣誉感和归属感，使学生获得为祖国发展不懈努力的动力。教师要做引路人，引导学生奉献社会和祖国，必须从自身做起，树立为中国特色社会主义教育事业奋斗终生的决心，将提升学生的学习能力和教育的长远发展作为前进目标，明确学生在实现中华民族伟大复兴中国梦中的重要作用，为社会主义事业源源不断地输送有能力、懂奉献的生力军，使各行各业得到良好持续发展，提升各方面的国际竞争力和话语权。

教师要成为学生的引路人，将"引路"的作用发挥到最大限度。教师要不断提高教育专业水准，紧跟教学理论的前沿和专业学科的最新成果，立足当前，努力学习丰富自身，不断提升自身的综合素养。当前，世界格局多变，教师在潜心教学的同时必须关心国家大事，能够立足我国，放眼世界和未来，具有大局观念，拥有正确的立场和形势判断，成为新时代的"四有"好教师，影响学生的终身发展。

二、以学生为中心

19世纪末到20世纪初，以学生为中心的教育思想开始萌芽。杜威首先在《学校与社会》一书中提及儿童中心的概念，随后海沃德提出以学生为中心的概念，并且得到杜威的支持和充分论证，提出"教育即生长"[①]。杜威在以学生为中心的教育理念下创办了芝加哥大学实验学校，使以学生为中心的教育理念得到贯彻和执行。他认为教师必须尊重学生的生长经验，旧的经验是学生自身的价值和财富的体现，不能一味地给予否定，应配合学生的学习基础和学习进度，依据学生自身的经验而进行，要维持学生学习的内在动力而不是一味地进行外部灌输，同时学校教材应该与学生生活相联系，教师的教法也应符合学生身心发展的客观规律。杜威为后来的以学生为中心的理念的发展奠定了基础。麦库姆斯在其研究中对于以学生为中心的理念赋予了深刻内涵，他认为课程教学要注重对学生能力、兴趣和需求的满足，为学生成长发展提供良好的教学环境和成长平台，以激发学生的学习兴趣，寻找学习动机，稳步提高学习质量。以学生为中心就是保证在教学过程中学生的主体地位，重视学生在过程中的收获，关注学生的学习能力、态度和方法，注重互动的教学过程，同时在教学设计和实施等各个环节展现以学生为中心的教育思想，使学生能够得到良好的成长发展机会。

关注学生成长是以学生为中心的核心要旨。教师要真正实现能够设身处地为学生着想，理解、了解并且融入学生中去，找到与学生成为朋友的契合点，成为学生集体中的一员，使学生通过教师的引导不断向上成长。教育以学生为中心强调学生学习的主动性，在教学过程中教师和学生实现相互间的交流和尊重，并且能够从中发现问题，进行反思和不断改进。以此，使课程的结构具有灵活性、学习具有自主性、课程内容具有现实性甚至是超前性，教师能够充分认识和了解学生，根据学生的现实需求持续进行教与学的改进。教育以学生为中心，能够发现现实的丰富性，每一个学生个体成长学习中的问题都能够成为中心点，从中领会到以学生为中心的精髓和要义，了解到以学生为中心对于当前教学的重要意义。教师的引导方式不再是固有的模式和设计好的情境，而是从学生的生活中来，从学生的现实需求中来。通过以学生为中心的教学模式，使学生能够成长成为符合现实需求和能开辟未来新道路的栋梁之材。

[①] 约翰·杜威著，王承绪译：《民主主义与教育》，人民教育出版社，2001年，第49页。

以学生为中心的教学方式需要改变原有教学上权威性的意识和观念。教师在教学过程中心态和语态上的双重转变是必然的。心态方面必须认识到学生主体地位的重要性，同时在语态上也要注意沟通方式的转变，能够实现和学生的平等对话。以学生为中心要求教师和学生在对于知识的追求和人生的成长上，能够做到相向而行、共同进步，使教师不仅在学习上能够和学生相互交流，也能够融入学生的生活中，对于学生生活方面的疑问给予指导。将以学生为中心的教学方式贯穿于学校教学活动的各个环节，体现在细微之处，使教师和学生都能够在观念和行为上进行转变，以新时代的新思想、新观念推动教学方式方法的变革，以实际行动为新时代教学质量和优秀人才的培养做出努力和贡献。

新时代学校转向以学生为中心，要转变教学、管理和服务理念。以学生的学习和发展为中心，把教学的任务和目的由教转向学，转为让学生自己去发现、解决和创造知识。以学生为中心就是强调三个着力：首先，着力于学生的发展。以学生为中心就是致力于解决教育的根本，也就是人的发展问题，通过教师对学生学习和成长的引导，促进学生的发展和成才。人的发展有其特定的规律性，生理规律和心理规律的连续和阶段性使学生时期理想信念的树立、思想道德的发展和人生观的确立至关重要，必须着眼于学生的发展。其次，着力于学生的学习。学习是学生得到成长发展的根本因素，推动学生的发展成才需要通过学习来实现，使学生在不断努力学习中得到发展和提高。学习作为人类的生存方式之一，是人类活动和内在需求的统一。着力于学生的学习，一方面需要满足学生对知识和理论的学习需求；另一方面需要引导学生适应社会，满足社会发展的需要。最后，着力于学生的学习成效。在教育的过程中，需要遵循学生的学习和发展规律，需要了解学生，开展针对性的教育。并且，立足于教学评价手段，了解学生的学习效果，根据评价结果使教师及时发现教学中自己和学生存在的问题，进行合理的调整，提高学生的学习成效。

因此，"以学生为中心"即在教学活动中所有的参与者将秉承一个最基本的教育理念，这一理念要求：第一，高校教学目标以培养学生的综合素质为最终价值目标，一切为了学生的成长发展。第二，强调学生的教学主体地位。学生为了获得知识和技能来到学校，教师及其他教学辅助工具都是学生获得知识的途径。第三，在教学过程中，教师作为引导者，不能进行千篇一律的培养。需要根据学生的个体差异，开展具有针对性的教育，根据教学评价和学生课堂反应改进教学质量。第四，学生有权利和义务从自己的情感角度和学习效果出发，对教师教学质量提出合理化评价和建议。

三、知行合一，学用结合

党的十八大以来，习近平多次强调知行合一的重要性，要求广大青年把握"知"和"行"之间深刻的哲学内涵，努力做到知行合一、以知促行、以行求知。知行合一在学校的充分运用就表现在学用结合，正如习近平在知识分子、劳动模范、青年代表座谈会上指出："要坚持知行合一，注重在实践中学真知、悟真谛，加强磨炼、增长本领。"①

在源远流长的中华历史中，长期把道德作为立身之本，在众多著作中都记载着以道德来考量一个人是否合格，因此以道德为评价标准一致被大众所推崇。中国古代的王夫之、王阳明，近现代的孙中山、毛泽东以及外国的哲学家们都在实践证明和理论上验证得出：道德不仅仅是一种美德，更是将德育的"知"转化为"行"的重要样本。所以，把我国历史上以及今天的道德标准做一个全新的整理，有目的地将其融入大学生的课堂教学以及课本中，通过教学过程，生动具体地表现出来，使学生在学习生活的方方面面体会到自己付出关怀定会收到相应的回报。这样一来对于人类社会和全世界的发展都起着正面的促进作用。此时，集体生活里面，务必要有相应的行为准则来对这个集体进行约束，维持集体的前进方向，创造更多的价值，走出一条相互促进的道路。我们可以看出，在教育的具体教学过程中，德育教育是一门必须设置的课程，这一设置将促进大学教育中出来的人才，在未来走入社会之前就了解到各项社会事业是怎样运作的，这对于社会的整体向前发展极具促进作用。显而易见的是，这一系列操作过程都是实际看得见的行动安排，不只是书本上的刻板知识，因此，在学校德育教育中做到知行合一，是社会主义现代化建设中的重要环节。

高校德育教育就是要让受教育者在认知和行为上做到统一。这一个进程里面，教育者必须精通并且遵守这一规律，将其运用到日常的教学过程中去，这样高校的德育教育才更有可能取得更突出的成绩。在具体的教学过程里面，一部分教育者主张，只要是受教育者能够接受并接纳充足的思想道德教育的内容便可成为思想道德崇高的人；另一部分教育者主张只要受教育者对某一道德行为进行了多次重复训练便可以养成优良的思想品德，但在实际中并不是这样单

---

① 习近平：《在知识分子、劳动模范、青年代表座谈会上的讲话》，人民出版社，2016年，第12页。

一的练习就可以的。人的品德是认知、行为、情感、意志等多方面的因素有机组成的一个集合体，任意一种抛去了其他因素的教育教学方式都是行不通的，是会阻碍最理想的德育效果形成的。高校的德育教育中，受教育者思想品德的养成是一个认知和行为相结合的过程。这里面，认知、体验、选择、行为这四种能力是受教育者必须拥有的四个基本能力。认知能力是受教育者对于发生在社会上的道德事件的感知性和分析判断力，教育对象应当努力学习思想道德知识，夯实优良道德品质的基础。体验能力是教育对象对他人道德遭遇有一定的感知，从中受到正向的启示，进而修正自身的行为的能力。教育对象应当努力增强自身的体验能力，将外界认知内化为自身理念。选择能力是受教育者通过自主选择，把外界的道德观念转化成自身行为的能力。教育对象经过一系列的思想斗争后选择道德行为，在中间会排除掉大量的不良动机。行为能力是认知能力、体验能力和选择能力的实践环节，教育对象应当持续进行道德知识、行为技能的学习，做到优良品德不断向前发展。所以，教育者和教育对象都应该做好思想品德形成发展中的每一个阶段，掌握其发展规律并运用这个规律，做到这些才能在社会化进程中稳步前进，不被社会淘汰。

在党的十八大召开后，习近平多次在国内外的重要场合中对"知行合一"这个传统的哲学观点进行了解读和讲解，着重要求各级党员干部、各族青年以及国际交往人士均要做好以"知"促"行"、以"行"促"知"，最终实现知行合一。这些论述是以习近平总书记为代表的新时代共产党人运用马克思主义对中国传统哲学观点进行继承和发展的典型事例，是每一位教育者和受教育者应该进行深入学习并运用到日常的工作中去的。习近平关于"知行合一"的相关阐述是以我国现阶段的发展实际和发展需求为基础提出的，是马克思主义认识论和科学实践观中国化的最新成果之一。习近平的阐述丰富了传统意义上知行合一理论的本质和内涵，重点说明了思想和行动相统一的重要性，强调将优秀合理的思想转变成实际的行动。实践中，习近平将知行合一观点进行了外延性总结，运用到其治国理政的方方面面，重点研讨了青年学子的认识与践行，对于青年学子这个主体是非常具有针对性的。要做好深入学习和践行习近平对知行合一观点的重要论述，我们就必须加强习近平新时代中国特色社会主义思想的学习，领会其中心思想与创新点，学懂弄通，将所学所思所闻运用到自己具体的工作中去，学践融合、知行合一。我国青年学子必须把知行合一的思想带到社会主义核心价值观的践行中去，在学习和生活中做到理论联系实际，戒骄戒躁，修炼好自身品德行为、丰富自我学识、锤炼技能才能，为中华民族伟大复兴中国梦的早日实现贡献力量。

第五节　健康第一的体育观

作为"德智体美劳"五字教育方针中的重要一环，体育在整个教育体系中发挥着不可替代的作用，是社会发展以及人类社会进步的重要标志。体育发展从表面上看不仅与个人健康有关，同时也关系到国家的体育水平。在高科技高度发达、各类电子产品日新月异的今天，人们在获得巨大便利的同时也被各种电子产品裹挟和异化。部分青少年沉迷于电子产品的现象尤为严重，其后果是不少青少年身体素质的下降——肥胖、近视、肩颈等问题不断出现。伴随科技的发展、物质产品和精神文化的丰富，要逐步解决大众体育缺失、大众体能逐渐退化、公共体育设施以及学校体育弱化等失调问题。2015年发布的《中国青少年体育发展报告》里集中介绍了近年来中国青少年体育领域的基本概况和主要进展，从报告中发现经过多项身体素质检测，不少大学生的身体素质甚至不如中学生。虽然从改革开放以来，我国在学校体育教育上有所发展，但是国民体质随着现代社会的发展提高的程度不够，甚至还有下降的趋势，究其原因是一些学校对体育教育的重视不够、执行不到位。基于应试教育大背景下，学校和学生对学习成绩的关注度较高，从而忽视了身心健康。从学生层面看，一些学生的体育活动是为了应付体育测试，缺乏主动性；从学校层面看，学校体育设施不完善，学校体育活动也大多局限于田径运动，缺乏实现学生全面发展的课程，总体上来说，学校对体育的实施力度不够，以致不能充分发挥体育的预期作用。

大中小学生是国家未来的建设者和接班人，也是未来社会进步的主要生产力，将直接影响中国梦的实现。体育关乎国家和民族的未来，1952年，毛泽东提出发展体育运动，增强人民体质；邓小平提出要面向群众推广体育运动；江泽民强调了体育在群众生活中的地位，把增强人民体质作为体育的根本任务；胡锦涛总书记认为体育是综合国力的重要组成部分，希望能推动我国从体育大国到体育强国迈进；习近平总书记自身也对体育运动非常喜爱，长期关注中国体育，也身体力行去推行我国体育事业。习近平总书记近年来参加和出席各种体育活动和赛事中发表的一系列讲话都提到了他对体育的热爱和关注，他站在治国理政角度，既强调发展体育事业的重要性，也重视体育教学的基础性，尤其是从"中国梦""体育强国""健康中国"的战略高度重视发挥体育精神。习近平在党的十九大提出我们要打造体育强国，把从"发展体育运动、增强人民体质"上升到"体育强则中国强"。改革开放以来，我国体育事业取得了较大发展，在"女排精神""乒乓精神"等的激励下，中国体育事业迎来了大发展。习近平总书记曾指出发展体育是体育工作的根本方针和任务，要通过发展体育来提高人民群众的身体素质。因此，学校发展体育尤为重要，通过重视体育事业来使青少年重视自身健康问题并积极参与体育锻炼。习近平总书记高度重视体育事业的发展，2018年9月，在全国教育大会上明确指出要树立健康第一的教育理念，除了要树立健康和体育的理念，同时也需要"野蛮其体魄，文明其精神"，我们也应重视体育精神的弘扬。

一、树立健康第一、体育第一的观念

促进人的全面发展离不开健康，健康是促进经济社会发展的重要基础条件，是民族昌盛和国家富强的重要标志，也是全体人民的共同追求。2016年全国卫生与健康大会提出了大健康观念，大健康观念包括经济健康、社会健康、环境健康和人的健康。对于人的健康也提出了全健康的观念，全健康包含躯体健康、心理健康、道德健康、社会适应良好。健康第一的教育理念瞄准的是人的健康，针对的是学生健康的短板。[①]

在2018年9月的全国教育大会上习近平总书记提出我们要树立健康第一的体育理念，这是继"没有全民健康，就没有全面小康"之后，从教育的战略高度提出要加强体育观念。青少年是祖国的未来，他们正处于长身体的重要时期，正是打好身体基础的"黄金时代"。从人体自身的发展来看，这一时期具有特别重要的意义。在这个时期里得到相应的锻炼效果会比成年以后时过境迁再锻炼好很多，早期的锻炼可以打下坚实的基础，成年以后才开始的锻炼往往收效甚微。学校承担着教书育人的工作，因此加强体育锻炼对学生的健康成长和实现学生的全面发展起着至关重要的作用，要培养"有理想、有道德、有文化、有纪律"的四有新人和"德智体美劳"全面发展的社会主义建设者和接班人，就必须把每个人的健康放在首位，还要切实加强学校体育教育和管理工作。学校的体育教育不能目光短浅，要立足长远考虑，切实加强学生的体育锻炼，保障学生能够有充沛的精力投入学习，也为他们将来从事祖国的社会主义建设事业做准备。总的来说就是要树立健康第一、体育第一的观念，使学生掌

---

① 钟秉枢：《树立健康第一的教育理念，建立促进学生身心健康全面发展的长效机制》，《中国学校体育》，2019年第1期，第10页。

握基本的运动技能，养成坚持锻炼身体的良好习惯。每个学生只有拥有强健的体魄后才能顺利完成其他方面的教育，这对于以后走向社会、承担社会责任具有重要意义。体育是众多教育的首位，长期的锻炼使其拥有健康的身体对于促进学生身心健康发展起着重要影响，青少年是祖国的未来，只有青少年健康才能肩负民族大任。然而我国现行的体育教育存在不少问题，主要表现为：一是农村基层学校体育意识淡薄落后，与国家标准有差距；二是体育教学观念仍然落后，忽视了学生能力的培养；三是忽略学生心理健康因素；四是缺乏体育创新意识，忽略终身体育锻炼观。

习近平总书记高度重视体育事业发展。他在参加中国（晋江）国际鞋业博览会时，提出品牌要创新，质量要过硬，因此安踏体育用品有限公司的领导抓住机遇对产品进行了创新，并邀请了体育健将进行代言，从而产生了品牌效应。2012 年，习近平在洛杉矶观看 NBA 比赛，还与国外体育明星合影，这彰显了习近平总书记对体育的热爱。在 2013 年 3 月 9 日，习近平总书记在"金砖"国家媒体联合采访时表明自己是一个体育爱好者，很喜爱游泳、爬山等运动，年轻时还很喜欢足球和排球。同年 8 月 31 日，习近平总书记在会见全国体育先进单位和先进个人代表时指出，体育是社会发展和人类进步的重要标志，同时也体现了综合国力和社会文明程度。全民健身有利于增强体魄，是健康生活的基础和保障。人民的身体健康关乎全面建设社会主义现代化国家。经过 40 多年的改革开放，我们生活水平显著提高，人民群众对身体健康问题越来越重视，习近平总书记更是将人民身体健康纳入全面建设社会主义现代化国家当中。人民的身体健康直接关系到民族昌盛、国家富强。习近平曾提到我们每个人的梦想、体育强国梦都与中国梦紧相连，因此呼吁全国人民参与其中，树立坚持运动的观念，从根本上提升人民体质。2013 年 11 月 19 日，习近平总书记在会见国际奥委会主席巴赫时明确指出："努力提高人民健康水平，同步发展群众体育和竞技体育，由体育大国向体育强国迈进。"[①] 在 2014 年 2 月 6 日，他在俄罗斯索契会见巴赫时再次强调了我们要向体育强国迈进的目标；2 月 7 日在接受俄罗斯电视台采访时谈到他喜欢游泳、爬山等运动，他在四五岁就学会了游泳，还谈到他喜欢足球、排球、篮球、网球、武术等运动，在冰雪项目中，他喜欢看冰球、速滑和雪地技巧，同时重申我们的目标是建设体育强国。2015 年 2 月 27 日，以习近平为领导的全面深化改革小组第十次会议

---

① 《习近平会见国际奥委会主席巴赫并接受奥林匹克金质勋章》，《人民日报》，2013 年 11 月 20 日第 1 版。

上，通过了《中国足球改革发展总体方案》，为足球改革提供了强大动力。实践证明，全面深化改革是习近平新时代体育发展理念最鲜明的特色。2017年他在出访国际奥林匹克总部时指出："我们将以北京冬季奥运会为契机，把竞技体育搞得更好、更快、更高、更强。"[1] 同时，大力发展群众体育，通过全民健身实现国民健康。2017年8月27日，习近平在天津会见全国群众先进单位、先进个人代表时强调，要落实全民健身国家战略，不断提高人民健康水平。党的十九大报告指出我们要建设体育强国，要举办好北京冬奥会和冬残奥会。从"发展体育运动、增强人民体质"到"体育强则中国强"的体育思想，反映了习近平对体育的高度重视。这一思想是对历代领导人体育思想的继承和发展。青少年是国家的未来，习近平强调："少年强、青年强则中国强。少年强、青年强是多方面的，既包括思想品德、学习成绩、创新能力、动手能力，也包括身体健康、体魄强壮、体育精神。"[2] 因此"要分类指导，从娃娃抓起，扎扎实实提高竞技体育水平，持之以恒开展群众体育，不断由体育大国向体育强国迈进"[3]。体育强则中国强，体育兴则国运兴。

体育强国这个概念早在1983年的《关于进一步开创体育新局面的请示》里就有所体现，2008年胡锦涛指出我们要从体育大国向体育强国迈进。体育强国的建设包括群众体育、竞技体育和体育文化等体育综合实力的提升。学校体育工作是全面锻炼学生身体，增强体质，传授体育知识、技术和技能，培养学生道德、意志品质和有目的、有计划、有组织的教育过程。因此学校的体育教育是提升体育综合实力的重要场所，是体育文化的重要内容，是传播体育文化的基本途径之一。学校具备比较完善的体育设施和师资力量，可为学生提供专业的指导。学校担负着培养人才的重任，因此可以说学校体育教育是实现体育强国梦的重要因素，也是实现中国梦的重要前提。因此学校教育在体育强国建设中发挥着重要作用。在体育强国思想指导下，学校体育要不断改革、创新，以学生健康为第一发展目标，充分调动学生参与体育的积极性，培养学生的体育精神，培养学生树立健康第一的体育观，也就是要培养学生的"自我体育意识"，正如现在所广泛提倡的"终身学习"意识，要树立好健康第一的体育观，还要使其养成终身体育的思维和理念，激发学生的爱国情怀。学校体育

---

[1] 《习近平会见国际奥委会主席巴赫》，《人民日报》，2017年1月19日第1版。

[2] 本报讯：《习近平看望南京青奥会中国体育代表团 代表党中央国务院全国各族人民慰问运动健儿 勉励他们赛出成绩赛出风格赛出当代中国青少年风采》，《人民日报》，2014年8月16日第1版。

[3] 本报讯：《习近平同国际奥委会主席巴赫交谈时强调：中国朝着体育强国的目标迈进》，2014年2月8日第1版。

的发展昭示着体育建设已经成为社会发展不可分割的一部分，只有积极认识到体育建设的作用，认真践行体育强国思想，才能跻身于世界强国之列。目前中国的体育发展已经进入了改革关键时期，习近平强调：第一，竞技体育要着力发展人民群众喜欢的项目；第二，社会主义市场经济下体育发展机制的调整；第三，新时期社会主要矛盾的变化下体育供给侧的改革和调整；第四，优化体育产业结构升级，改善发展结构不平衡；第五，以开放促发展，运用体育外交培育中国文化软实力。2019年9月2日，国务院办公厅印发《体育强国建设纲要》，再次强调要发挥体育在建设社会主义现代化强国中的重要作用。因此只有通过花大力气进行改革，才能改变制约我国体育健康发展的现状。

伴随体育事业在世界范围的大力发展，各个国家对体育人才的竞争也愈发激烈。在奥运会上取得丰硕战果不仅代表一个国家的形象和体育实力，同时也展现了一个国家国民的身体素质。实际上，在和平时期体育本身就是具有礼仪的"战争"，在体育赛事上能见证一个国家和民族的精神。青年时期的毛泽东曾有感于旧中国的积贫积弱，饱受屈辱，他不满于列强称我们为"东亚病夫"，毅然发出"自信人生二百年，会当水击三千里"的一呼，力倡"文明其精神，野蛮其体魄"。毛泽东着眼于全民通过强身健体来培养民族精神和提高综合国力，立足于通过体育锻炼来培养支撑江山社稷的脊梁。改革开放40多年来，如今的中国正以体育强国的雄姿屹立于世界体坛，而这正是民族素质、国家实力、体育教育等能力的一种折射和展示。

总之，体育教育是文化教育中必不可少的内容，同时也是我们每个人生活里不可忽视的内容，个人的健康关系到全面小康社会的建成，身体健康则体育强，体育强则国家强。因此纵观习近平总书记关于体育的多次论述，我们应让体育教学和体育锻炼与健康知识相结合，在体育教学中树立起"健康第一，体育第一"的教育理念。

二、文明其精神，野蛮其体魄

长久以来在体育界，一直有一句名言耳熟能详，即"文明其精神，野蛮其体魄"。这句名言高度浓缩了体育精神，一直激励着一代又一代中国人投入到体育锻炼当中。时至今日，我们仍然能够在各种场合看到或听到这句话。"文明其精神，野蛮其体魄"的观念出自1917年毛泽东《体育之研究》第四体育之效"近人有言曰：文明其精神，野蛮其体魄。此言是也。欲文明其精神，先自野蛮其体魄；苟野蛮其体魄矣，则文明之精神随之"[①]。意思是如果要使人们的精神变得愈发文明，就要先使他们的身体变得强健，健康强壮的身体是改造世界和创造文明的前提条件。毛泽东认为要使国家免于侵略并逐渐强大起来，就必须通过加强体育锻炼增强民族体质。体育不仅仅是为了简单地强身健体，而且是为了提高广大民众共同抵抗外国侵略、改变国家命运的能力，把体育当作为国强种，也为中国的革命事业作贡献的手段。这样的认识即使在今天看来，也是非常深刻的。在学校教育中，注重精神文明的培养和教育固然重要，但是精神文明良好发展的前提条件就是拥有健康"野蛮"的体魄。拥有强壮健康的体魄才能使学生的文化素质和精神文明得以发展。根据2014年全国学生体质调研结果显示，中小学生身体素质呈稳中向好趋势，学生身体发育水平、营养水平有所改善。总体而言学生体质健康状况有所改善，但也存在着大学生的身体素质呈现逐渐下降的趋势，视力不良、继续低龄化肥胖现象等突出问题亟待解决，学生体质健康水平连续30年下降的状况并未得到真正改善。青少年学生是国家的希望和民族的未来，因此要增强体魄，发扬体育精神。

　　社会的发展，带来了丰富的物质和文化生活。我们在享受物质文明和精神文明的同时，健康问题成为越来越多的人高度关注的问题。在现代生活中，健康不仅仅指身体健康，同时还有心理健康。学校必须从学生全面成才、全面发展的角度高度重视体育环境和体育人文环境，让学生在洋溢着体育精神和人文精神的教学中实现身体和心理的健康发展。教育兴，民族盛，教育强，国家强。现如今，因实行素质教育，学校体育发展得到重视，学生体质有所提高，但许多学校还是没有消除太重视文化课成绩的传统观念，导致学校体育发展受阻。学校高度重视体育发展对于建设体育强国起着至关重要的作用，体育教育能直接影响我国体育事业的发展，因此做好学校体育工作才能为我国体育事业的良好发展奠定坚实的基础。自党的十八大以来，党中央一直高度重视体育事业发展，强调体育强国梦事关中国梦，而其中健康中国建设作为中国梦的重要支撑，将体育事业融入"两个一百年"奋斗目标大格局中去谋划，因此要将全民健身上升到国家发展战略。紧接着党的十九大要求全面贯彻好党的教育方针，落实好立德树人的根本任务，强调要发展素质教育，着眼于教育公平，从而培养德智体美劳全面发展的社会主义建设者和接班人。要从实现"两个一百年"奋斗目标和中华民族伟大复兴中国梦的高度，充分认识学校体育工作的战

[①] 中共中央文献研究室：《毛泽东早期文稿》（1912.6—1920.11），湖南人民出版社，2008年，第70~71页。

略定位。少年强则国家强，习近平总书记对青年给予了美好期盼。他认为青年一代的理想信念、精神状态和综合素质都能体现出一个国家发展的重要活力，也成了一个国家核心竞争力的重要因素。当下青少年身心健康存在着不少显性问题和隐性问题，学生身体素质不达标，心理和生理问题易发、高发。学校在这方面应该充分发挥其教育功能，通过发展体育来增强其体质、塑造健全人格，最终实现人的全面发展。竞技体育不仅是赛场上野蛮体魄的角逐，也是文明精神的交流与互鉴。习近平总书记在关于体育的诸多讲话中表明自身对竞技体育未来的发展、奥林匹克精神以及中国体育精神的弘扬，体现了他的远见卓识。在新时代下，中国体育发展的目标定位是向体育强国迈进，重点是要"强"。习近平强调："长期以来，我国体育取得了长足发展，在一些项目上长期保持优势，增光添彩，在冰雪等一些项目上取得了突破，可喜可贺。同时，我们也要看到，在一些人民群众十分关注的项目上，同国际先进水平相比，我们还有不小差距。""体育强国就是我们新时代奋斗的目标，并且三大球要搞上去，这是一个体育强国的标志。"[①] 从国际大型赛事中的"三大球"的金牌数量则可以反映出一个国家民族人民的身体素质和健康水平，习近平总书记分别对排球、足球、篮球进行了指示，总的看来习近平总书记选择三大球的原因在于希望开展广泛的群众性体育活动。除了重视奥运健儿在赛场上的奖牌外，习近平总书记也更加重视体育精神，他重视对奥林匹克精神的弘扬、对中华民族体育精神的发扬。他强调：竞技赛场，竞技成绩不仅仅在于能否拿到或拿到多少块奖牌，更在于体现自强不息、战胜自我、超越自我奥林匹克精神的挥洒。他告诫奥运健儿最重要的不是胜利而是重在参与，重在这种奋力拼搏的精神。回顾2016年的里约奥运会，中国运动健儿奋力拼搏、尖峰对决勇者胜的信心，正好诠释了自强不息的体育精神。习近平曾引用鲁迅先生的"优胜者固然可敬，这是竞赛本质的最佳荣誉，但那虽然落后而仍非跑至终点不放弃的竞技者及见了这样不止的竞技者而肃然不笑的看客，乃正是中华民族真正的脊梁和气节"[②] 来表示对永不放弃的体育精神的高度赞颂。

  体育的发展和健康中国战略密不可分。健康中国理念的提出不是临时起意，早在2013年第十二届全运会时，习近平总书记就明确了体育是实现人民身体健康的重要基础和保障。2014年12月习近平总书记考察江苏镇江市世业镇卫生院时提出：没有全民健康，就没有全面小康。2016年7月26日习近平

[①] 习近平：《个人梦体育强国梦中国梦紧相连》，《解放日报》，2014年2月8日。
[②] 阿袁：《鲁迅先生的心里话》，人民出版社，2011年，第171页。

总书记在会见世界卫生组织总干事陈冯富珍时又指出："我们作出了推进健康中国建设的决策部署，正在抓紧制定健康发展中长期规划。"① 紧接着，在2016年8月19日的全国卫生与健康大会上习近平总书记又一次强调指出："没有全民健康，就没有全面小康。"再一次释义了"健康中国"的意义在于"全民"。同年8月20日，习近平出席全国卫生与健康大会时指出："要把人民健康放在优先发展的战略地位，以普及健康生活、优化健康服务、完善健康保障、建设健康环境、发展健康产业为重点，加快推进健康中国建设，努力全方位、全周期保障人民健康。"② 这一论述被写进《"健康中国2030"规划纲要》。2017年党的十九大报告里，习近平总书记进一步重申要完善对健康中国战略的实施和国民健康政策，其主要目的在于为人民群众提供全方位全周期的健康服务。习近平总书记提出体育强国，其核心是发展以人民为中心的体育事业，而建设健康中国战略离不开体育事业的发展。习近平总书记对体育事业给予了高度的关心，逐步形成了习近平新时代中国特色社会主义健康中国的体育思想。体育除了强身健体和参与比赛外，还应体现一种自强不息的精神，我们正处在实现"中国梦"的过程中，各行各业都应充分发挥体育精神，共筑体育强国梦。这种体育精神应充分应用到其他行业中发挥其无穷的力量，正如习近平在专题听取北京冬奥会筹办工作情况汇报时指出的那样："在北京举办一场全球瞩目的冬奥盛会，必将极大振奋民族精神。"③

健康中国建设是我们全面建设社会主义现代化国家以及实现中国梦的重要保障。学校应把握体育工作的更高要求。体育不仅是综合国力的体现，同时也是健康中国战略的需要。教育关系到体育的质量，习近平总书记非常注重对体育精神的传承和发扬，他的多次讲话中都提到了"精神"。中国的体育精神植根于中国土壤，但同时也汲取了世界各国的优秀体育文化，习近平曾指出，中华体育精神的主要内容是"为国争光、无私奉献、科学求实、遵纪守法、团结协作、顽强拼搏"④，是十分宝贵的精神财富，要在继承中创新发展、发扬光大。而健康中国的体育思想不仅树立了"大体育观"和"大健康观"的理念，同时还体现了以人民为中心的民生思想，中华体育精神将成为实现体育强国梦

---

① 《习近平会见世界卫生组织总干事陈冯富珍》，《人民日报》，2016年7月26日第1版。
② 习近平：《习近平谈治国理政》（第二卷），人民出版社，2017年，第370页。
③ 新华社：《习近平听取北京冬奥会冬残奥会筹办工作情况汇报——习近平：筹办好北京冬奥会、冬残奥会，意义重大，责任重大》，《中国残疾人》，2016年第4期，第14页。
④ 习近平：《发展体育运动增强人民体质　促进群众体育和竞技体育全面发展》，《人民日报》，2013年9月1日第1版。

以及健康中国战略的行动指南。

习近平就中华体育精神作出了重要论述，并提倡大力发扬，推动社会主义精神文明建设。就怎样传承和发展体育精神，首先，习近平总书记强调要通过社会主义核心价值观的发展来弘扬体育精神，社会主义核心价值观是其有效的途径。2016年8月，习近平总书记在会见第31届奥运会中国体育代表团全体成员时强调我国运动员在赛场上发扬了中华体育精神，是中国精神的重要体现。习近平总书记指出："希望同志们充分认识体育对提高人民健康水平的积极意义，落实全民健身国家战略，普及全民健身运动，促进健康中国建设。"[①] 其次，习近平总书记高度重视奥林匹克精神。奥林匹克精神影响广泛而深刻，习近平总书记积极弘扬奥林匹克精神，他多次强调弘扬奥林匹克精神可以增加国家之间人民的友谊和促进世界和平，北京奥运会的成功举办正好证明了这一点，在北京奥运会成功举办后，我国又积极申请北京冬奥会，这体现了我国对体育事业的高度重视，体现了我国促进世界和平的决心。2014年2月，习近平在同巴赫交谈时表示，2008年北京奥运会的成功举办和2022年冬奥会的申办必将有利于弘扬奥林匹克精神。在对待奥运金牌上，2014年2月，习近平在看望索契冬奥会中国体育代表团时强调，成绩不仅在于奖牌的数量，更在于传承与发扬奥运精神，奋力拼搏，超越自我。习近平在多处场合谈到积极弘扬奥林匹克精神，有利于促进世界和平的发展，有利于运动员树立正确的价值追求，为奥林匹克精神的发展做出贡献。他指出，奥林匹克精神超越了国界。2016年8月，习近平在会见第31届奥运会中国体育代表团全体成员时强调，我国运动员在赛场上的精彩表现发扬了中华体育精神，增强了中华民族的凝聚力，是中国精神的一个重要体现。奥林匹克精神是人类社会文明发展的标志，体现了人类的理想精神和美好的人生追求。"团结、友谊、和平和公平竞争"的奥林匹克精神以国际大型体育赛事为载体，有着广泛且深远的影响力。今天的中国比任何一个国家更加珍惜和平，而作为大国的我们更希望世界和平，共同发展。弘扬奥林匹克精神是促进世界和平的重要举措。习近平曾在担任北京奥运会领导小组组长时，提倡人们参与奥运，体会奥林匹克精神。他曾强调，北京奥运会的火炬传递，将在13亿中国人民中传播奥林匹克理想，弘扬奥林匹克精神。习近平将中华体育精神与奥林匹克精神作为重要的精神财富，大力弘扬，为社会主义现代化建设和中国梦的实现提供精神支撑。

体育精神是我们全人类共同拥有的精神财富，在促进体育发展的同时必须

---

① 《习近平会见第31届奥运会体育代表团》，新华社，2016年8月25日。

牢记习近平总书记的体育精神，大力发展教育，通过教育来弘扬体育精神，尤其是注重奥林匹克精神和中华民族的体育精神，在"野蛮"体魄的同时培养文明精神。学校是实现体育强国梦的重要因素。在体育强国思想的指导下，学校应改革体育教育，不断创新，努力提升学生健康水平，只有在教育上充分认识到体育发展的重要性，认真践行体育强国思想，才能从体育大国迈向体育强国。习近平总书记关于体育工作的重要论述既是世界观同时也是方法论，是习近平新时代中国特色社会主义思想的重要组成部分，也是新时期指导体育发展的行动指南。我们应加强体育理论的研究，大力培养人才，提升全民对体育的重视度，大力改革，为中国体育事业注入新的活力和动力，不断推动新时代中国体育事业的新发展。

习近平总书记站在健康中国的高度，在各种场合表达了对体育和健康的重视，这些体育价值观念对体育教育事业和发展格局，以及重塑体育教育具有重大的战略意义。习近平总书记的体育观是实现"健康中国""中国梦"的内核动力，是新时期中国体育事业发展的重要指导思想。

第六节　文化自信的教育文化观

进入 20 世纪后期，知识经济、人工智能、互联网的兴起以及新能源的发现等使得文化软实力逐渐成为当代国际竞争的热点。19 世纪军事影响世界，20 世纪则依靠经济实力来改变世界，21 世纪文化软实力占领着制高点。文化软实力凝聚了一个国家的生命力，拥有强大的文化软实力才能在激烈的国际竞争中赢得主动。从古至今，任何一个大国的发展既离不开经济、军事等硬实力的提升，也离不开文化软实力的提升。国家文化软实力的提高关系我国在世界文化格局当中的地位，也关系我国的国际地位和影响力，提高文化软实力关系到"两个一百年"奋斗目标和中国梦的实现。伴随着全面改革的不断深化，中国特色社会主义已经进入了新时代，习近平总书记坚持把马克思主义思想作为引领，坚持将马克思主义的观点和中国的具体实际相结合，在总结中国优秀传统文化、革命文化以及社会主义先进文化的基础上，提出了"文化自信"思想。

党的十八大以来，以习近平同志为核心的党中央鲜明提出的文化自信的重大命题将文化自觉上升到文化自信，为习近平新时代中国特色社会主义思想提供了深厚的文化滋养和力量根基。文化自信是一个民族在文化问题上所具有的一种积极精神状态。它体现为观察、思考和推动文化发展进程中对于优秀传统的礼敬、直面世界的从容、开创未来的坚毅。高度的文化自信，是一个民族能够在文化上有新创造的精神底气，是一个民族能够走向并始终走在时代前列的必备条件。[1] 因此，习近平总书记指出，"没有高度的文化自信，没有文化的繁荣兴盛，就没有中华民族伟大复兴"[2]。文化自信是中华民族对自我文化理想、活力、价值及前景的确信，文化自信包含了中华优秀传统文化、中国革命文化以及社会主义先进文化。党的十八大以来，围绕着"文化自信"，习近平总书记多次作出论述，从一系列论述中能感受到坚定中国特色社会主义道路自信、理论自信、制度自信，说到底是要坚定文化自信；文化自信，是更基础、更广泛、更深厚的自信。这就指明文化自信是其他三个自信的根基，"更基础、更广泛、更深厚"从独特性和力量两层意思，表明了文化自信的独特作用。文化自信为其他三个自信打牢思想根基，提供精神、智慧和道路的支撑。道路、理论、制度的内涵界定都包含着文化的基础要素。道路的确立、理论的架构、制度的建立，都必然由中国独特的文化传统、独特的历史命运、独特的基本国情决定。因此，文化自信是"更基础"的自信。

教育事业事关一个国家和民族的未来和发展，教育在人从自然人到社会人的转变中具有关键性作用，对于促进人的个性化和社会化都具有重要意义。除了对个人的作用以外，教育还具有促进社会发展的功能。教育最基础的功能是能够影响社会的人才体系与促进社会经济发展。可见，教育事业的发展至关重要，教育事业所秉持和宣扬的观点特别是文化方面的观点会影响一个国家、一个民族的文化观的形成和发展。因此，文化自信的建立、传承和发展，其中至关重要的一环就是要在教育领域树立起文化自信的文化教育观，用文化教育观去影响和塑造青年一代的人生观、价值观和世界观。让他们从意识的最深处自发地认可、接受和热爱中国的传统文化，对民族文化的价值和生命力具有坚定的信念。

教育的质量一定程度上决定了青年一代的素质和质量。青年兴则国兴，青年强则国强，为实现国家兴旺，在人才培养上以教育为首，通过实现教育自信来建立道路自信、理论自信、制度自信和文化自信，实现教育自信才能助力人才体系培养。在文化自信的教育文化观上，一是要对民族文化价值和生命力有

---

[1] 沈壮海：《论文化自信》，湖北人民出版社，2019年，第3页。
[2] 习近平：《决胜全面建成小康社会 夺取新时代中国特色社会主义伟大胜利——在中国共产党第十九次全国代表大会上的报告》，人民出版社，2017年，第41页。

坚定的信念，二是要有能力整合和包容外来的优秀文化。

一、对民族文化价值和生命力有坚定的信念

中华优秀传统文化博大精深，凝聚着中华民族自强不息的精神。党的十八大以来，以习近平同志为核心的党中央高度重视对中华优秀传统文化的传承和创新，鲜明地提出了文化自信的重大命题。文化自信体现的是一个民族在文化问题上所表露的积极的精神状态，高度的文化自信是一个民族能够始终不断走在时代前列的必备条件。习近平的文化自信观是对时代发展的深刻洞悉上的阐述，文化兴则国运兴，这一思想使得中华文化走出国门，助力提升我国文化软实力。

中华民族历经五千多年，在这绵延不断的文明中创造了博大精深的中国传统文化。习近平总书记曾在孔子诞辰2565周年国际学术研讨会上指出："优秀传统文化是一个国家、一个民族传承和发展的根本，如果丢掉了，就割断了精神命脉。"[1] 五千年的悠久历史积淀着中华民族崇高的精神追求，也是中华文明的重要标志，是中华民族自强不息的精神力量，为中华民族提供了丰厚滋养。

习近平总书记以高度的自觉意识对时代问题的阐述是基于我们中华民族五千多年的文明，中华民族五千多年的优秀传统文化在我党领导人民进行革命、建设和改革中发挥着重要作用。习近平总书记高度重视对中华民族优秀传统文化的继承和发展，在多种场合引经据典。中华五千年的文明孕育了独特的传统教育观，如仁爱思想。中国尊崇儒家仁爱思想，追求"修身、齐家、治国、平天下"全面的道德修养。民本思想。党的十八大以来，以习近平同志为核心的党中央一直贯彻以人为本的执政理念，习近平强调："我们的人民热爱生活，期盼有更好的教育……期盼孩子能成长得更好，工作得更好，生活得更好。人民对美好生活的向往，就是我们奋斗的目标。"[2] 习近平提出的十个期盼中，教育是首位。而民本思想是中国古代政治思想的基本理念，孟子言："民为贵，社稷次之，君为轻。"中华传统文化中早已体现了民本思想。习近平从古代传统教育观中汲取了精华，非常重视民生建设，尤其是教育民生，提出要大力促

---

[1] 习近平：《在纪念孔子诞辰2565周年国际学术研讨会暨国际儒学联合会第五届会员大会开幕会上的讲话》，人民出版社，2014年，第11页。

[2] 习近平：《习近平谈治国理政》（第一卷），人民出版社，2018年，第4页。

进教育公平，同时也非常重视人才建设，这主要体现在他的聚天下英才而用之的人才观与人才强国战略。以"德育"思想为核心的价值教育观。中国传统德育教育强调"仁、义、礼、智、信、恕、忠、孝、悌、义"，中国古代教育从一定角度来看是以人伦为核心的道德教育，人格教育也是以礼、乐、诗书、经史典籍为主要内容的人文教育。这种教育对我国古代社会产生了深远影响，使温文尔雅、知书达理成为当时社会有文化、有教养之人的基本人格特征。尊师重教思想。自古以来，中华民族就有尊师重教的优良传统，"国将兴，必贵师而重傅，贵师而重傅则法度存"[1]。习近平总书记号召全国教师要做"四有"好老师，要坚持做到"三个牢固树立"和"四个统一"的教师职业操守。这些思想都源于习近平总书记对优秀传统文化的继承和创新。

回望历史，我们会发现唐诗宋词、戏曲、书法、古建筑等中华优秀传统文化绽放着光芒。习近平总书记在各种场合的讲话多次引用了《论语》《孟子》《老子》等古籍，我们不难发现他的讲话中蕴含着"天人合一"等哲学观点以及自强不息的人文精神。总之，中华民族五千年的历史所蕴含的物质和精神文明构成了中华民族灿烂的文化。新时代，习近平总书记对优秀传统文化的继承和创新彰显着中国人民的底气，这在一定程度上也必将激发全国各族人民建设社会主义文化的积极性、主动性和创造性。正是由于中华优秀传统文化涵养了中华民族的文化自信，中国历史上才会涌现一大批经典著作，习近平总书记引经据典正是彰显了这种文化自信。

革命文化是在中国革命时期形成，包含着革命旧址、遗址等物质文化，也包含着中国共产党在积贫积弱、内忧外患的境遇下，带领广大人民群众参与革命过程中逐步形成的精神文化，如红船精神、井冈山精神、长征精神、延安精神、西柏坡精神等。革命文化给中国共产党人带来了力量，推动了新民主主义革命，也为习近平文化自信思想提供了依托。另外，社会主义先进文化也是习近平文化自信的思想来源之一，习近平指出："没有先进文化的积极引领，没有人民精神世界的极大丰富，没有民族精神力量的不断增强，一个国家、一个民族不可能屹立于世界民族之林。"[2] 社会主义先进文化是以爱国主义为核心的民族精神和以改革创新为核心的时代精神，牢牢熔铸在了社会主义核心价值观中。

在新时代下，中华民族伟大复兴梦是实现"中国梦"，"中国梦"的实现与

---

[1] 邵文辉：《求大同》，人民出版社，2016 年，第 115 页。
[2] 习近平：《在文艺工作座谈会上的讲话》，人民出版社，2015 年，第 5 页。

每个人息息相关,习近平总书记在联合国教科文组织总部的演讲中指明中国梦的实现与我们弘扬中华优秀传统文化密不可分,实现中国梦不仅离不开物质文明,更离不开精神文明,这就意味着需要文化、教育来提升中华文化的认同感和凝聚力。文化作为一种精神、一种信念、一种力量,是我们民族的血脉,是人民的精神家园。中华优秀传统文化是我们中华民族的"根"和"魂"。2016年5月17日习近平总书记在哲学社会科学工作座谈会上强调:"站立在960万平方公里的广袤土地上,吸吮着中华民族漫长奋斗积累的文化养分,拥有13亿中国人民聚合的磅礴之力,我们走自己的路,具有无比广阔的舞台,具有无比深厚的历史底蕴,具有无比强大的前进定力,中国人民应该有这个信心,每一个中国人都应该有这个信心。我们说要坚定中国特色社会主义道路自信、理论自信、制度自信,说到底是要坚定文化自信。"[1] 中华文明是延续国家和民族的精神血脉,对待中华传统文化,要薪火相传、代代守护,但也要做到与时俱进、推陈出新。通过对中华优秀传统文化的深入挖掘,将其与当代文化结合,与当代社会相协调,高度弘扬跨越时空、超出国界、极具价值的文化精神。文化是一个国家、一个民族的灵魂。历史和现实都表明,一个抛弃了或者背叛了自己历史文化的民族,不仅不可能发展起来,而且很可能上演一幕幕历史悲剧。关于中华优秀传统文化的一系列重要论述是习近平总书记关于教育的重要论述的重要组成部分。一个国家和民族的强盛总是以文化作为支撑的,如果丢掉就相当于割断了精神命脉。习近平强调要大力推动文化事业的发展,通过文化交流,沟通心灵,开阔眼界,增进共识,让人们持续以文化提升素养,让文化为人类的进步助力。[2] 在坚定文化自信上首先要对本民族文化价值和生命力有坚定的信念。2019年7月15日到16日,习近平总书记在内蒙古考察并指导"不忘初心、牢记使命"主题教育时指出,应引导人们树立正确的历史观、国家观、文化观,培养人民对伟大祖国的认同、对中华民族的认同、对中国特色社会主义道路的认同,其中强调了要对自身文化的认同。

  青少年是中华优秀传统文化的继承者和传播者,是我们实现"两个一百年"奋斗目标的主力军,青年群体是否具有坚定的文化自信关系到国家的前途和命运。在信息化、开放化的社会环境中,文化呈现多样化和多元化的发展趋势是客观现实和时代潮流。但是人类发展的历史进程表明,无论什么时期,每

---

[1] 习近平:《在哲学社会科学工作座谈会上的讲话》,人民出版社,2016年,第16~17页。
[2] 本报讯:《习近平在联合国教科文组织总部发表演讲》,《人民日报》,2014年3月28日第1版。

个国家都会维护和倡导本民族的主流文化与核心价值，增进凝聚力，维护民族团结和国家统一，因此我们呼吁要对民族文化价值和生命力有坚定的信念。这就指明了我们首先要继承和发展本民族优秀传统文化，坚持立足本土发展教育。核心价值观是文化软实力的重要组成部分，就怎样践行社会主义核心价值观，习近平总书记提出了三点要求：发挥党员干部的先锋模范作用、利用学校教育的宣传作用、强化人民群众的认同感。由此可见教育在文化自信中的重要地位。习近平总书记的文化自信思想要求新时代的广大青年要自觉增强自身文化自信，为青年指引了奋斗的目标，提供了前进的动力。

二、要有能力整合和包容外来的优秀文化

随着信息技术革命的不断发展，世界各国在经济、思想文化等方面的交流日趋频繁。伴随着中国经济实力的飞速发展，少数西方国家对中国文化的发展抱着敌对态度，甚至提出"中国威胁论""中国傲慢论""文明冲突"等荒谬论点。造成这种局面最根本的原因是苏联解体、冷战结束后少数霸权国家把中国当成新时期西方文明的最大挑战者。[①] 西方急欲凭借一些刊物、图书等在意识形态领域和中国进行斗争。面对长期以来西方报纸、媒体的话语权与中国国际话语权"西强我弱"的格局，积极推动中国思想文化走出去有重大意义，因此在这样的背景下开放成了国家繁荣发展的必由之路，这也是激发文化生命力的要求。

党的十八大报告中提到我们要坚持社会主义先进文化的前进方向，树立高度的文化自觉和文化自信。文化自信就是一个国家、民族、政党在文化自觉的过程里树立对自己文化的自豪感和自信心，能够肯定自己的文化。文化自信主要有三个层面的涵义：一是对本民族优秀传统文化的继承和发展，这是文化自信的根源；二是以正确的态度对待外来文化，吸收外来文化的精髓，取其精华去其糟粕；三是对自己民族的文化能够发展创新，推动本民族文化以及全人类文化的发展。文化自信并不意味着故步自封和盲目自信，真正的文化自信是要有能力整合和包容外来的优秀文化。自卑与自负都不是真正的自信，一个民族或国家在文化上自卑时，看到的全部是自身文化的缺点和不足，在和外来文明交往时，往往就会因为这种自卑和不自信而产生崇洋媚外的情结；反之，当一个民族或国家在文化上自负时，就会看不到其他民族的优点和长处，进而夜郎

[①] 沈壮海：《论文化自信》，湖北人民出版社，2019 年，第 60 页。

自大或闭关锁国等。"坚定中国特色社会主义文化自信并不是历史上文化强势心理或文化弱势心理的复归，不是要倡导文化的唯我独尊、万方来朝，也不是草木皆兵、紧张过度，而是要在坚持民族文化主体性的基础上借鉴与吸收外来文化。"① 在对待外来文化时，真正的文化自信是以批判的眼光，正确地审视和包容整合外来文化，取其精华，去其糟粕，学习其优秀的部分，摒弃其不足和糟粕的部分。中华文化能够源远流长几千年，也必然是与外来文明不断交融整合的过程，"坚定中国特色社会主义文化自信要顺应近代以来文化会通的发展趋势。回顾中华文化发展历程可以发现，中华文化是在中国大地上产生的，并在同其他文化不断的交流互鉴中持续发展。中华文化兼收并蓄，能够主动吸收借鉴其他先进文化，因而能历经数千年仍然具有生命力。"②

要使整个国家整合和包容外来优秀文化的能力得到进一步的提高，需要做到吸收各国优秀文明成果，提高国家文化软实力。随着人类社会的不断发展，不同的国家和地域所形成的文化各不相同，历史长河里，每个国家的文化都独具特色，不同国家和民族文化千姿百态，弘扬和挖掘本民族文化固然正确，但也不能拒绝学习其他民族、国家的优秀文化，文化应当相互包容和借鉴，取长补短。正如著名人类学家、社会学家费孝通先生所说："各美其美，美人之美，美美与共，天下大同。"③

教育服务中华民族的伟大复兴，教育的重要使命是在国际坐标里发展。进入21世纪，我国取得了举世瞩目的成就，一跃成为世界第二大经济体，但我们必须清醒认识自己、认识现实，在人类命运共同体下，中华民族的伟大复兴离不开世界的和平发展，我们反对民族虚无主义，我们倡导人类命运共同体，在教育上亦是如此。2014年3月27日，习近平在联合国教科文组织总部的演讲中指出："文明交流互鉴，是推动人类文明进步和世界和平发展的重要动力。"④ 习近平在多次讲话中都强调了要"文明互鉴"，而这种文明互鉴的深刻寓意在于以相互尊重、开放包容、合作共赢的文化态度，充分利用不同文明的互补性，实现文化兴盛繁荣的价值目标。一般而言，文化互学互鉴的过程包含两个不可或缺的环节，既要以自我文化镜像为自省，又要以他者文化镜像为参

---

① 肖贵清、张安：《关于坚定中国特色社会主义文化自信的几个问题》，《当代世界与社会主义》，2018年第1期，第29页。
② 肖贵清、张安：《关于坚定中国特色社会主义文化自信的几个问题》，《当代世界与社会主义》，2018年第1期，第29页。
③ 费孝通：《人的研究在中国——个人的经历》，新华出版社，2014年，第15页。
④ 习近平：《习近平谈治国理政》（第一卷），外文出版社，2018年，第258页。

照。前者对中国文化是什么、不是什么有一个清晰的定义，明确自身的特质特色，树立起文化自信，不简单复制他国文化模式；后者则是通过不同文化交流对话，观摩人类文明整体发展的图谱与变化，确定自身发展定位对世界文化的使命与贡献，促成文化自信的新增长。① 在纪念孔子诞辰 2565 周年国际学术研讨会上，习近平总书记指出，"强调承认和尊重本国本民族的文明成果，不是要搞自我封闭，更不是要搞唯我独尊"，"只此一家，别无分店"。② "各国各民族都应该虚心学习、积极借鉴别国别民族思想文化的长处和精华，这是增强本国本民族思想文化自尊、自信、自立的重要条件。"③ 在哲学社会科学工作座谈会上，习近平总书记还指出，构建中国特色哲学社会科学，要坚持立足中国、借鉴国外，挖掘历史、把握当代，关怀人类、面向未来的思路，要善于融通古今中外各种资源。这些论述都强调我们必须先坚守中国文化的主体性，但同时也注重对世界优秀文化成果的吸纳和借鉴。习近平在对待外来文化上强调："对我国传统文化，对国外的东西，要坚持古为今用、洋为中用，去粗取精、去伪存真，经过科学的扬弃后使之为我所用。"④ 面对西方外来思想，我们的态度是：要坚持古为今用、以古为鉴，坚持有鉴别地对待、有扬弃地继承，总的来说以我为主、为我所用，取长补短、择善而从，既不是简单拿来，也不盲目排外。在文化领域，我们既要"引进来"，也要"走出去"。在文化"引进来"上，习近平总书记的话表明，文化自信必须在中华优秀传统文化成果的基础上有效融合世界的先进文化，批判继承、融合创新。中国特色社会主义优秀文化的精髓是古为今用，在吸收适合我国发展的先进文明的同时，也要抵制西方消极文化的渗透。

除了文化的"引进来"，习近平总书记也重视文化的"走出去"。文化的走出去并不意味着简单将文化传播出去，而是一种精耕细作的传播，我们要有胸怀广阔的气度，坚持在对外文化的交流中以政府为主导。在"引进来"上面，我们要积极吸纳世界优秀文明成果。习近平总书记认为在对待不同文明上，需要比天空还要广阔的胸怀。习近平总书记有着海纳百川的胸怀，在与他国交流时还引用他国的名人名言阐述外交理念，这体现了习近平总书记对世界各国文

---

① 莫文希、郑唯：《习近平文化自信思想探析》，《广西大学学报（哲学社会科学版）》，2019 年第 2 期，第 25 页。
② 习近平：《在纪念孔子诞辰 2565 周年国际学术研讨会暨国际儒学联合会第五届会员大会开幕会上的讲话》，人民出版社，2014 年，第 9 页。
③ 习近平：《在纪念孔子诞辰 2565 周年国际学术研讨会暨国际儒学联合会第五届会员大会开幕会上的讲话》，人民出版社，2014 年，第 9 页。
④ 习近平：《习近平谈治国理政》（第一卷），外文出版社，2018 年，第 156 页。

明的尊重。党的十八大以来，在全面开放的新时期，我党更加重视中华文化"走出去"。习近平总书记从"努力传播当代中国价值观念""努力展示中华文化独特魅力""注重塑造我国的国家形象""努力提高国际话语权"等角度阐释了中华文化"走出去"的战略意义。党的十八大以来，习近平总书记反复强调我们要特别关注当代中国文化的传播、价值观念的认同、国家形象的塑造、对外传播能力的建设。习近平总书记的文化"走出去"战略对于讲好中国故事、展示中国魅力具有重要意义。习近平总书记的话语深刻指出，文化软实力的核心和灵魂就是核心价值观，取决于核心价值观的生命力、凝聚力和感召力。中华文化"走出去"必须紧扣社会主义核心价值观这条主线，推动各国在彼此尊重的基础上互相交流和借鉴。

综上所述，文化自信首先具有民族性，文化自信思想立足中国大地，坚持以我为主、从内而外、吐故纳新、包容共生。五千多年的中国历史孕育了具有本民族特色的文化，中国的文化自信牢牢植根于中国传统文化中并创新发展，中国革命、建设、改革的伟大实践为习近平强调坚定文化自信提供了现实依据。同时也体现了人民性。文化是由人创造的，习近平总书记高度重视教育民生建设，指出繁荣文化的目的就是满足人们的精神文化需求，因此高度概括了文化自信的关键在于以人民为根本。其次极具时代性。文化自信思想不是凭空而来，而是契合时代发展、适应中国国情发展的自信。坚持文化自信思想的教育文化观具有重大意义。这些重大意义可从多个维度去作分析。从国际发展的趋势看，文化自信是国家文化软实力激烈竞争的必然要求。提高文化软实力、增强文化自信关系到文化强国建设，关系到"两个一百年"奋斗目标和中华民族伟大复兴中国梦的实现。文化自信是实现"两个一百年"奋斗目标的巨大精神动力，没有文化自信就容易迷失方向。

第七节　家校协作的家庭教育观

"我们的人民热爱生活，期盼有更好的教育，更稳定的工作、更满意的收入……更优美的环境，期盼着孩子们能够成长得更好、工作得更好、生活得更好。人民对美好生活的向往，就是我们的奋斗目标。"[1] 习近平总书记对于美好生活的向往和描绘中，将教育放在首位。几千年的中国文化沉淀了许多优良

---

[1] 习近平：《习近平谈治国理政》（第一卷），人民出版社，2018年，第4页。

的家规家训，其中所形成的家风最本质特征就是做人，做好家风建设才是家庭教育的核心所在。

无论历经多少时代变迁，变的是时代，不变的是每个时代都很重视家庭、家教和家风建设。只有家庭好，才能实现整个国家发展、整个民族进步和整个社会和谐。党的十八大以来，以习近平同志为核心的中央领导集体不仅在治国理政方面取得了重要成就，同时在思想文化领域也获得了不俗的成就，在不同的场合，习近平总书记对家庭、家教和家风进行了多次论述。2015年2月17日召开的春节团拜会中，习近平总书记指出："不论时代发生多大变化，不论生活格局发生多大变化，我们都要重视家庭建设，注重家庭、注重家教、注重家风，紧密结合培育和弘扬社会主义核心价值观，发扬光大中华民族传统家庭美德，促进家庭和睦，促进亲人相亲相爱，促进下一代健康成长，促进老年人老有所养，使千千万万个家庭成为国家发展、民族进步、社会和谐的重要基点。"[1] 习近平指出："家庭是人生的第一个课堂，父母是孩子的第一任老师。孩子们从牙牙学语起就开始接受家教，有什么样的家教，就有什么样的人。家庭教育涉及很多方面，但最重要的是品德教育，是如何做人的教育。"[2] 习近平总书记曾引用古人的"爱子，教之以义方""爱之不以道，适所以害之也"来说明中国在古代就很重视家庭教育的方法和意义，前者谈到了要用正确的方式保护孩子，后者则告诫人们如果爱孩子的方式不对则会害了孩子。因此，家风代表着家庭的品质和风格，是较长时期形成的能稳定体现家庭精神风貌和道德品质的文化形态。

习近平家风思想不是空穴来风，而是源于时代的召唤，源于对中华优秀传统文化的继承和发展，源于对马克思恩格斯家庭观的继承和弘扬，源于对历届领导人家庭建设思想的发展和创新，源于对我国当前家风建设存在的不良问题的进一步思考。苏霍姆林斯基认为学校和家庭都是"教育者"，他认为学校和家庭不仅要拥有一致的行动，要向儿童提出同样的要求，而且要志同道合，抱着一致的信念。家庭教育、学校教育与社会教育三位一体，共同塑造着我们的人生。2015年10月颁布的《教育部关于加强家庭教育工作的指导意见》提到要充分发挥学校在家庭教育中的重要作用，强化学校对家庭教育工作的指导，推动形成政府主导、部门协作、家长参与、学校组织、社会支持的家庭教育工作格局。

---

[1] 习近平：《在2015年春节团拜会上的讲话》，《人民日报》，2015年2月18日第2版。
[2] 习近平：《在会见第一届全国文明家庭代表时的讲话》，人民出版社，2016年，第4页。

习近平家风思想是关于家庭、家教、家风建设思想的内涵，应当将这一思想作为新时期家庭、家教、家风建设的行动指南。

一、家校协作

教育是一个内涵丰富的有机整体，实施教育的主体不仅包含学校，也包括家庭、社会等，只有当多个实施教育的主体密切配合，教育才会事半功倍，达到较好的教育效果。我国家校合作研究的专家马忠虎认为："家校合作是指对学生最具影响的两个社会机构——家庭和学校之间形成合力对学生进行教育，使学校在教育学生时能得到更多地来自家庭方面的支持，而家长在教育子女时也能得到更多的来自学校方面的指导。"[1] 长久以来，我国的教育主要承担主体是学校，家庭教育相对来说较为疏离，其主要原因如下：第一，家长工作压力原因。在市场经济高度发展的今天，大部分家长的工作压力巨大，绝大部分时间都忙于工作而少有闲暇关照孩子的学习和教育。第二，家长自身文化素质原因。由于我国经济发展不均衡，在过去国民平均受教育程度相对较低，家长的文化水平也参差不齐，绝大部分家长只能保证对孩子进行道德品质、生活习惯等方面的养成和教育。由于自身素质相对较低，在孩子进入初中、高中以后，多数家长对文化课的监管和教育有心无力。不少家长有唯分数至上的观念，造成对孩子的教育有失偏颇。第三，家长民主参与学校教育的意识淡薄。"我国社会主义民主政治的建设还有相当长的路要走，目前，民众的民主意识与发达国家相比还不强，广大家长缺乏主动参与学校管理的民主意识，还没有充分认识到自己参与学校管理的合法权益。"[2] 另外，我国尊师重教的传统由来已久，教师的社会地位高，家长对待教师更多的是"言听计从"式的尊敬与顺从，很少能客观、带批判眼光地审视和主动参与学校教育。

对孩子的教育影响主要来自家庭、学校和社会，在现如今的教育背景下，学校教育发展更多受到了社会的制约，社会舆论以及家长的看法对学校教育发展都产生了深刻的影响。习近平总书记对教育事业高度重视，在2018年的全国教育大会上提出家庭、学校、政府以及社会对于办好教育事业都有责任。虽然在教育中，学校是最专业的机构，家庭和社会是非专业的，但是这三者并不

---

[1] 马忠虎：《基础教育新概念——家校合作》，教育科学出版社，1999年，第152页。

[2] 刘翠兰：《影响家校合作的因素分析与对策研究》，《当代教育科学》，2006年第20期，第13页。

是孤立的，而是相互联系的。学校和家庭的结合才能让孩子健康成长。因此家庭教育和学校教育都重要，学校、家庭和孩子都不是孤立的，学校为孩子的成长提供平台，父母也因此参与到子女的学校教育，这种参与的过程也是父母肩负责任和行使权利的过程，有助于父母更加了解孩子的情况。家校协作的模式一方面使教育工作者更加全面了解学生的情况，学校和家长的沟通互动也能减轻教育工作者的压力，推动创新教育方式。

家庭教育和学校教育对于学生都同样重要，两者密不可分，接受家庭教育在先，学校教育紧跟其后，总体来说人的一生都在接受家庭教育。家校合作是一个常说的重要话题，被苏霍林姆斯基称赞为"最完美的教育"。家庭是组成社会的基本单元，有了家庭就会产生相应的家庭教育，家庭教育伴随着家庭而产生、发展，这种家庭教育是生活中最为普遍、最常发生的活动，包含了家庭社会属性和自然属性的相互渗透和相互作用，因此呈现出的家庭教育有两层最基本的含义：一是"在家庭的教育"，二是"教育在家庭中"。前者是有形的、具体的，与学校教育在逻辑上是相通的；后者是平凡的、平常的，具有"随风潜入夜，润物细无声"之效。家庭是人生的第一所学校，家长是孩子的第一任老师。习近平指出家庭要给孩子讲好人生第一课，帮助孩子扣好人生第一粒扣子。学校和家庭教育密不可分，学校接力家庭教育，而家庭教育应配合学校教育，二者相辅相成，这样学校教育才能更有成效。家庭不仅是生活的起点同时也是生活的终点，它如黑夜中的北斗星，指引人前行；又如沙漠里的绿洲，给人带来希望；既是避风的港湾，也是栖息的场所。每个人出生后便与教育有了脱不开的关系，每个人都悄无声息地接受着家庭教育，又终身在践行着家庭教育。学校教育是在社会发展到一定阶段的产物，先有了家庭教育才有学校教育。就如同苏霍姆林斯基说："学校教育如果没有家庭的配合，无论学校付出多大的努力，教育效果都会大打折扣。"[1]

家庭教育和学校教育不能独善其身，没有离开家庭教育的纯粹学校教育，也没有离开学校教育单独存在的家庭教育，教育是一个具有完整功能、体系顺畅又具有效率的有机整体。又如苏霍姆林斯基曾提及家庭教育和学校教育都不能单独存在，两者离开了彼此都不利于完成人才培养，而最完美的教育就是将家庭教育和学校教育结合起来。他将儿童比作大理石，而家庭、学校、儿童所在的集体、儿童本人、书籍、偶然出现的因素则是雕刻这个大理石的六位雕塑家。正如习近平总书记所指出的那样："不论时代发生多大变化，不论生活格

---

[1] 苏霍姆林斯基：《给教师的建议》（下），杜殿坤译，教育科学出版社，1981年，第264页。

局发生多大变化,我们都要重视家庭建设,注重家庭、注重家教、注重家风。"① 但仅有家庭教育是不够的。学校教育不同于家庭教育,其职能的专门性、组织的严密性、作用的全面性、内容的系统性、手段的有效性、形式的稳定性与家庭教育构成了有机互补,从而保证了学校教育的高度有效。家校合作是一项崇高的事业,要努力营造家庭、学校和社会三位一体的教育网络体系。我国的家校合作也还有很长的道路要走,要遵循规律,立足实际,持之以恒。为实现家校合作,家庭、学校以及整个社会都应当积极参与其中。

二、家长示范

父母是孩子的第一任老师。苏联著名教育家苏霍姆林斯基认为人的全面发展取决于母亲和父亲在儿童面前是怎样的人,取决于儿童从父母的榜样中怎样认识人与人之间的关系和社会环境。我国自古以来就非常重视修身。《四书·大学》中曾说:"古欲明明德于天下者,先治其国;欲治其国者,先齐其家;欲齐其家者,先修其身。"可见"先修其身"的重要性和基础性。父母的一言一行都在潜移默化地影响孩子,若父母不以身作则,也很难教育出具有良好品德的子女,因此父母作为孩子的第一任老师,对孩子的影响是极为深刻的。我们所见到的优秀孩子实际上是优良家风熏陶下产生的,而大多数问题孩子都是问题家庭的产物,孩子出现品行上的问题并不都是孩子自身产生的,从背后能反映出家庭的问题,反映出家风的传承上的问题。父母既是影响孩子产生众多问题的源头同时也是纠正其不良行为的最大障碍者,因此在学生的成长过程中,家长的示范作用很关键。特别是当学生处于学龄前的阶段,尚未开始进入学校进行系统学习,老师和同辈群体还未开始发挥影响作用的时候,家长的教育和示范是学生唯一能够接触到的直接影响。正面积极的家长示范对于学生的整个成长过程特别是学生幼年时期显得尤为重要。幼年时期对于一个人一生的成长和"三观"的形成有重要影响,我国俗语"三岁看大七岁看老"所讲的也是这个道理。我国社会也特别重视言传身教,以身作则。孩子的可塑性和模仿性较强,家长的一言一行都会在潜移默化中影响到孩子道德品质、行为习惯等的养成。在家庭教育中,家长如果能够有意识地积极参与和以身作则、身体力行,对于孩子早期的教育和整个人生的正面作用都非常大。

---

① 中共中央文献研究室:《习近平关于社会主义文化建设论述摘编》,中央文献出版社,2017年,第126页。

习近平指出"子不教，父之过"。家庭是孩子接受德育教育的第一课堂。人无德不立，家长要纠正其重知识轻道德的倾向，给孩子营造良好温馨的家庭氛围很重要，使孩子在健康向上、温馨和睦的家庭环境中成长成才。2014年"六一"国际儿童节前夕，习近平在北京市海淀区民族小学与师生代表座谈时指出："家庭是孩子的第一个课堂，父母是孩子的第一任老师"[1]，着重强调了家长要时时刻刻给孩子做榜样，用正确的思想方法教育孩子。在2015年春节团拜会上习近平又指出，"家庭是社会的基本细胞，是人生的第一所学校"[2]，再一次强调了家庭家教和家风建设。从习近平总书记的系列论述中可见家庭对人一生的影响很大，为了充分发挥家庭教育在儿童少年成长过程中的重要作用，2015年10月，教育部出台了《教育部关于加强家庭教育工作的指导意见》（以下简称《指导意见》），《指导意见》通过指导各地积极发挥家庭教育在少年儿童成长过程中的重要作用，高度重视家庭教育，希望为每一个孩子打造适合健康成长和全面发展的家庭环境，构建学校教育、家庭教育和社会教育有机融合的现代教育体系。《指导意见》要求，加强家庭教育工作首先要明确家长在家庭教育中的主体责任。广大家长要依法履行家庭教育职责，严格遵循孩子成长规律，不断提升家庭教育水平。在怎样做好榜样方面，习近平指出："家长要时时处处给孩子做榜样，用正确行动、正确思想、正确方法教育引导孩子。要善于从点滴小事中教会孩子欣赏真善美、远离假丑恶。要注意观察孩子的思想动态和行为变化，随时做好教育引导工作。"[3]

习近平总书记在2018年的全国教育大会上提出"四个第一"，即家庭是人生第一所学校，而家长就是孩子的第一任老师，家长要讲好"人生第一课"，帮助孩子扣好人生第一粒扣子。办好教育事业需要家庭、学校、政府和社会的共同努力，家庭是最关键的责任主体，家庭要坚持立德树人是教育的根本任务，而家庭是实现德育教育的基础和起点，是孩子最先接受教育的地方，立德树人要先牢牢扎在家庭才能使青少年健康成长。"四个第一"直接指明了当下家风建设的方向，家长应如同教师一样，要以身作则，言行一致。大量的家庭数据显示，问题孩子来自问题家庭，立德树人工作的好坏从父母身上就能看到影子，家长示范作用好，孩子的德育就更好，家风所表现的问题的关键在父

---

[1] 习近平：《习近平谈治国理政》，外文出版社，2014年，第184页。
[2] 中共中央文献研究室：《习近平关于社会主义文化建设论述摘编》，中央文献出版社，2017年，第126页。
[3] 中共中央文献研究室：《习近平关于青少年和共青团工作论述摘编》，中央文献出版社，2017年，第33页。

母，因此习近平重视家长示范作用，通过家长示范来培养良好的家风。

三、注重家风

中国梦，说到底就是人民的梦想，就是要实现国家富强、民族振兴以及人民幸福，要依靠千万家庭来实现。家庭是国家富强重要的支撑点，习近平总书记曾提到要使千千万万个家庭成为国家发展、民族进步、社会和谐的重要基点。家是最小国，国是千万家。家风就是一个家族世世代代传下来的家族风尚，是由父母或者祖辈所提倡并且亲自践行的风尚，家风能够规范约束家庭成员，是历经时代变迁沉淀下来的精华，能集中体现出家庭的文化和道德氛围，从形成开始就不断地随时代继承和发展着，一个人的道德水平能集中反映出一个家庭的家风，优良家风作为一种精神力量，既能够约束人的思想道德也能使家庭的成员在良好的、健康向上的氛围中发展。家庭是组成社会的基本单位。一个家庭好的家风就是其家族好的基因，良好家风对每个家庭成员都产生着积极向上的影响，当每个家庭都有良好的家风传承的时候，整个社会也会形成和谐良好的社会风气。因此对于家庭教育而言，良好的家风的形成和传承都尤为重要。当那些优秀的家族品德和家规家训通过家族祖辈代代相传下来，形成固定家风的时候，其家庭成员都在相互形成正面影响，且这种植根于一个家族的血脉而不断传承当中的家风，会对每个家庭成员都产生深刻的影响。特别是在上一代对下一代的教育上，当家风形成的时候，有些品质和习惯会潜移默化、自然而然地养成，如严于律己、勤俭节约、吃苦耐劳等。当上一辈受到这样良好家风的影响并且自我约束和践行的时候，下一辈也自然会受到好的影响。从小处说，家风影响了一个家庭的和谐和发展；往大处说，家风也具有影响整个民族兴旺发达的重要意义。注重家风，注重言传身教，对于家庭教育都是十分重要的。

习近平总书记多次对家风的重要作用进行过论述和强调，他指出"广大家庭都要弘扬优良家风，以千千万万家庭的好家风支撑起全社会的好风气。特别是各级领导干部要带头抓好家风"[①]。在 2013 年 10 月 31 日，习近平总书记同全国妇联领导成员进行谈话时指出了无数个家庭的家风好，不仅有利于子女的教育，而且是整个社会风气向善向好的基础。

任何理论的诞生都基于一定的理论基础，习近平总书记对家风如此高度重

---

① 习近平：《习近平谈治国理政》（第二卷），外文出版社，2017 年，第 355~356 页。

视,其来源:一是受自身家庭影响和工作经历影响。习近平的父亲习仲勋是为新中国建设付出心血的老革命家,而母亲齐心也是一位共产党员,她与丈夫对革命事业始终保持高度热忱,并积极投身于革命事业。习近平从小受到父母的影响,这种优良的家庭家教家风深刻感染着习近平。当习近平在延安当知青的时候,他加入了中国共产党,他对马克思恩格斯著作的研读也让他对家庭家教家风有了新的认识。再到他一步步成为党和国家最高领导人,这期间他对国内外形势进行深刻分析,感受到实现中国梦的过程中,注重家庭家教家风建设具有很强的时代意义。二是深受中华民族优秀家庭家教家风思想的影响。中华民族自古以来就重视家庭,重视家教和家风,自古以来就有守家训、正家风的文化传统,就有"修身、齐家、治国、平天下"的道德传承实践。每一个家族特别是对于道德礼仪要求较高的"书香世家",对于家风传承要求就更加严格。在中华民族优秀的传统家风中,其核心要义就是"重德修身",要求每一个家庭成员要重视自身德行的修养,具体包括了爱国、忠义、孝老、慈幼、诚信、勤俭、立志、自律、仁爱、进取等丰富的内涵。这些优秀的家风家教是中华民族独特的精神标志,也是中华民族优秀传统美德生生不息的源泉。一个懂得仁爱礼义的人,对待父母长辈能够做到敬老爱亲,那么推己及人,对待他人也能做到诚信有礼,一个国家、一个民族,如果人人都能在良好的家风教化下成长,那么这个国家也必定会形成良好的国风。习近平曾在 2015 年春节团拜会上指出中国的传统文化所蕴含的家和万事兴、尊老爱幼、贤妻良母、勤俭持家等传统美德都对当今我们强调的注重家庭、家教、家风建设有着深刻影响。中国自古以来就有优良的家庭家风传统,并留下了诸多经典著作,如《朱子家训》等。习近平强调从中华优秀传统文化中摘取精华来滋养人们的内心,这其中就包括流传下来的有关家风家训的经典著作。习近平指出:"不忘历史才能开辟未来,善于继承才能善于创新。"① 三是中国共产党历届领导人对家风的重视是习近平家风思想的直接来源。中国共产党在近一个世纪的风雨征程中形成了独具特色的红色家风,影响着当代人的道德评判、价值观念和行为方式。毛泽东和邓小平等老一辈革命领导人树立的公正无私、立德树人、勤俭持家等优秀家风都成为习近平家风建设思想的重要理论资源。习近平明确指出:"各级领导干部特别是高级干部要继承和弘扬中华优秀传统文化,继承和弘扬革命前辈的红色家风,向焦裕禄、谷文昌、杨善洲等同志学习,做家风建设的表

---

① 习近平:《习近平谈治国理政》(第二卷),外文出版社,2017 年,第 313 页。

率，把修身、齐家落到实处。"①

习近平总书记从家庭建设、党员干部家风建设、涵养社会主义核心价值观以及在家庭中要发挥女性的重要作用角度对家风建设进行了阐述。

(一) 注重家庭建设是根本

家庭作为家风的载体，是社会的细胞，是构成社会的基本组成单位。习近平认为注重家庭建设就是做好家风建设的根本途径，他曾指出："天下之本在国，国之本在家。"② 这句话强调了小家对大家的影响。社会的安定需要家庭的和睦，家庭幸福，社会才会祥和，社会文明也依靠家庭文明。一个社会是否正常运转离不开每个家庭的有序运作。习近平在多次讲话中强调了，我国正建设社会主义现代化国家，家庭的文明和谐将有利于国家的稳定和谐发展。因此要高度重视家庭这一基本组织的重要作用。

在注重家教方面，最重要的是注重教育。父母是什么样的，孩子就会跟着学成什么样。父母的言谈举止、为人处世之道都在塑造着孩子的行为、思维、言谈举止甚至价值观。古人云："养不教，父之过。"古往今来，无数仁人志士都赞美着自己的母亲和父亲，母爱与父爱对于孩子来说都同样重要，虽然母亲在孩子的成长过程中扮演着重要的角色，但家庭教育中父母缺一不可，都具有养育孩子的共同权利和责任。在家庭中父母扮演了最重要的角色，父母应尽责教育孩子。"人无德不立。"家庭作为人生的第一课堂对孩子影响很大，习近平认为这种影响往往是一生的。习近平强调了在家庭教育中最关键的是父母，父母是孩子第一任老师，能够教会孩子如何做人，树立起良好的品德。从中国优秀传统文化中我们能找到孟母三迁、岳母刺字、孔融让梨等家教严格的例子，这些例子表明品德教育的重要性，也说明了父母承担起家庭教育的责任是至关重要的。在品德教育的具体要求上，习近平强调要从小培养子女向善的思想，注重独立自强人格的培育，正确认识个体和国家的关系，培养起对社会和国家的使命感与责任感，使他们成为有利于祖国建设的人。在品德培养过程中，孩子的道德修养不是一蹴而就的，父亲要慢慢把自己的良好品德传递给孩子。家庭是品德教育效果最显著的地方，如何做人也是从如何做一个好孩子开始的。

---

① 习近平：《在会见第一届全国文明家庭代表时的讲话》，人民出版社，2016年，第6页。
② 中共中央宣传部、中央广播电视总台：《平"语"近人——习近平总书记用典》，人民出版社，2019年，第70页。

（二）党员领导干部家风建设是关键

广大党员干部群体是习近平重点关注的对象，习近平的家风思想蕴含着领导干部家风建设与党风政风之间的关系。在全面从严治党背景下，仍然有"受贿夫妻档""贪腐父子兵"等事例，领导干部借着公权生财、做违法乱纪的事不仅影响家族，还损害社会和政府的形象。这也表明他们的家庭没有正确发挥塑造人的重要功能，反而成了腐败思想的来源。家风的腐败会让家庭成员腐败。这些落马高官的案例都是家庭价值观念出了问题。党政干部的家风建设是家风建设的重要内容，中国共产党非常重视党员干部的自身修养。习近平曾指出："真理力量集中体现为我们党的正确理论，人格力量集中体现为我们党的优良作风。"① 2015年2月27日，习近平总书记在相关会议上将家风建设的视角从家庭层面转移到政治领域，要求党员干部也要重视自身家风建设，提出领导干部的家风和他的工作作风是密切相关的，并且要受到足够的重视和接受党组织的定期检查。2016年10月27日颁布的《关于新形势下党内政治生活的若干准则》中要求"领导干部特别是高级干部必须注重家庭、家教、家风，教育管理好亲属和身边工作人员"，"禁止利用职权或影响力为家属亲友谋求特殊照顾"，"廉以修身、廉以持家，培育良好家风"，这些问题是习近平总书记密切关注的问题，廉政建设关键要加强党政干部的家风建设，如若家风不正就容易滋生腐败思想。家风与作风紧密相连，千千万万的家庭好风气是好作风的前提，领导干部的家风关乎着党风政风，是党内政治生活的体现，家风与党风政风相互影响、相互渗透。家风好，就能筑牢拒腐防变的思想道德防线；家风不正，往往会走向贪污腐败的道路。"每一位领导干部都要把家风建设摆在重要位置，廉洁修身、廉洁齐家，在管好自己的同时，严格要求配偶、子女和身边工作人员。"②

（三）涵养社会主义核心价值观是重点

习近平家风建设重要论述蕴含着家风与社会主义核心价值观之间关系的内容，涵养社会主义核心价值观是习近平家风建设重要论述的重点内容。对于一个国家、一个民族来说，最为持久、最为深层的力量就是全社会共同认可的核

---

① 中共中央宣传部：《习近平新时代中国特色社会主义思想学习纲要》，学习出版社、人民出版社，2019年，第233页。

② 习近平：《习近平谈治国理政》（第二卷），外文出版社，2017年，第165页。

心价值观。培育优良家风才能培育和弘扬社会主义核心价值观。习近平在会见第一届全国文明家庭代表时重点阐述了培育和践行社会主义核心价值观必须从家庭开始，在家庭中首先引导家庭成员热爱党、热爱祖国和热爱人民以及热爱中华民族，正如习近平强调："使社会主义核心价值观的影响像空气一样无所不在、无时不有。"① 青年的价值取向能够决定整个社会未来的价值取向，正在形成价值观时期的青少年，就如同习近平总书记所说的，像穿衣服扣扣子一样，倘若人生的第一粒扣子扣错了，其余的扣子都会扣错。在北京市海淀区民族小学主持召开座谈会时他曾强调："任何一个思想观念，要在全社会树立起来并长期发挥作用，就要从少年儿童抓起。"② 在 2019 年的纪念五四运动 100 周年大会上的讲话中习近平总书记再次指出："新时代中国青年要自觉树立和践行社会主义核心价值观……追求更有高度、更有境界、更有品位的人生，让清风正气、蓬勃朝气遍布全社会！"③

　　家风有着深厚的文化基础和精神根基，不仅仅体现着一个家庭或家族的基本价值理念，更是一个国家和民族精神文化的缩影。中国有着悠久的家风历史，并将优秀家风传承至今。当前，家风建设彰显着时代性和进步性，强调优良家风成为社会主义核心价值观在家庭中的具体体现。家风建设成为推进社会主义核心价值观建设的重要内容。涵养社会主义核心价值观主要从以家风弘扬社会主义核心价值观和以弘扬社会主义核心价值观醇化民风两大方面入手，为我国社会生产力的快速发展营造一个和谐稳定的社会环境，具有重要的现实意义。然而，我们必须看到，当代中国社会主义核心价值观体系的建设仍然任重道远，一方面要看到问题，另一方面也要树立信心。

　　（四）发挥妇女在家风建设中的独特作用

　　2013 年 10 月 31 日，习近平总书记在全国妇联新一届领导班子集体讲话时强调妇女在弘扬中华民族家庭美德和树立家风上发挥着重要作用。妇女在家庭里能够实现家庭和睦，关系到社会和谐，也关系到下一代的健康成长。因此广大妇女要自觉肩负起尊老爱幼、教育子女的责任，在家庭美德建设中发挥作用，帮助孩子形成美好心灵，促使他们健康成长，长大后成为对国家和人民有用的人。广大妇女要发扬中华民族吃苦耐劳、自强不息的优良传统，追求积极

---

① 习近平：《习近平谈治国理政》，外文出版社，2014 年，第 165 页。
② 习近平：《习近平谈治国理政》（第二卷），外文出版社，2018 年，第 181 页。
③ 习近平：《在纪念五四运动 100 周年大会上的讲话》，人民出版社，2019 年，第 11~12 页。

向上、文明高尚的生活，促进形成良好社会风尚。2015年9月27日，习近平在全球妇女峰会上指出妇女是物质和精神文明的创造者，也是推动社会发展和进步的重要力量。因此要发挥妇女在弘扬中华民族传统美德以及树立良好家风方面的独特作用。社会在不断进步，妇女在家庭中越来越扮演着重要角色。在古代中国，妇女在弘扬优良家风上就有"孟母三迁""岳母刺字"等著名的典故。这为当代中国推进家风建设树立了良好的榜样，因此要尊重妇女，尊重妇女独立的人格，尊重她们在政治、法律等方面的地位。

总而言之，习近平家风思想具有坚定的继承性，继承了中华优秀传统文化中的家风文化。从古至今，家风一直存在于中华文明之中，中国历来重视家教家训，重视品德修养，习近平家风观继承了古代"修身、齐家、治国"的思想，从个人层面的修身养性、理想信念的塑造，到社会层面的重视家庭、重视家教，再到国家层面的家国情怀、心怀天下。习近平家风观不断丰富和发展着家风文化，让家风文化保持着时代性，保持着独特的魅力。同时也继承了马克思恩格斯的家庭伦理思想，还继承了无产阶级革命家的红色家风，习近平总书记延续了老一辈革命家在生活、工作中的艰苦朴素、清正廉洁、甘于奉献的优良传统，同时丰富着家风观的当代意义，不断倡导为人民服务的理念，以优良家风带动政风，在全面建设社会主义现代化国家的征程上谱写新篇章。习近平家风观还具有独创性。习近平家风思想并不是一成不变的，而是结合了中国当代发展的实际。习近平将其家风思想融入治国理政当中，并在教育中反复强调加强家风建设。

习近平家风思想发掘和弘扬了中华优秀传统文化，深刻践行了社会主义核心价值观，推动了社会主义文化事业发展。习近平家风思想为我们树立了正确的价值观，如婚恋观、家庭观等，充分发挥了家庭的示范引领作用。习近平家风思想进一步强化了党风建设，家风清才能政风清。

第八节　教育信息化的新思考

自从进入21世纪以来，随着互联网高速发展，尤其是大数据、云计算等广泛应用，深刻改变着人们的生活、工作，促使人们的思想观念产生了变化，人们的工作效率也随着信息化的应用大大提高，实现了"足不出户可知天下事""人不离家照样能办事"。信息时代的网络技术、多媒体技术在教学上的应用，更使得人们的学习内容更丰富、学习方式更灵活，原有的知识体系、教学模式产生了深刻的变革。信息化催生了各种信息技术在教育领域的广泛应用，信息化的价值对教育模式、方法等产生了革命性的推动作用。

在教育方面，随着信息技术的发展，许多教学资源可以共享，传统的课堂教学逐渐被弱化，为适应时代需求，如何利用信息化手段扩大优质教育资源的覆盖面是摆在当前许多教育者面前的一个课题。2015年5月23日习近平总书记在致信祝贺国际教育信息化大会开幕式上指出，在当今世界，互联网、云计算和大数据等在科技发展日新月异的今天能够对人们的思想、生产等多方面产生深刻影响，同时也为世界发展提供了指引。习近平指出人才决定未来，教育成就梦想。中国应坚持不懈推进教育信息化，首先是以信息化为手段扩大优质教育资源覆盖面，其次是积极推动信息技术与教育融合创新发展。习近平在网络安全和信息化工作座谈会上的讲话中指出："党的十八大以来，我国互联网事业快速发展，网络安全和信息化工作扎实推进，取得显著进步和成绩。"[1]

我国教育面临的关键问题是促进教育公平，教育公平的关键是提升教育质量，而在提升质量的同时，单靠传统的教育方式很难实现，因此以信息化为手段扩大优质资源的覆盖面是一条有效途径。习近平总书记对教育高度关注，他也很重视信息化在教育领域的应用。习近平总书记在全国网络安全和信息化工作会议、在中国科学院第十九次院士大会和中国工程院第十四次院士大会的讲话中、在致第四次世界互联网大会的贺信中、在党的十九大报告中，多次对信息技术进行了论述，他提出建设"网络强国、数字中国、智慧社会"等战略目标和措施。习近平总书记对于信息化技术的描述能够指引新时代我国教育信息化发展方向，对于推进教育信息化政策的制定起到了里程碑式的作用，有效构建起中国教育信息化发展的"四梁八柱"，推动了中国教育信息化的新发展。

根据习近平总书记的讲话精神，党的十八大以来，国家先后出台《教育信息化十年发展规划（2011—2020年）》《教育信息化"十三五"规划》，做出了教育信息化发展整体部署。党的十九大以来，教育信息化发展进入高位布局、高点起步、高速发展的新时代。2018年4月，教育部连续出台了《高等学校人工智能创新行动计划》《教育信息化2.0行动计划》《网络学习空间建设与应用指南》《中小学数字校园建设规范（试行）》等一系列重大文件，提出了发展人工智能，到2022年实现"三全两高一大"的教育信息化建设目标、构建全民学习的网络空间环境等一系列重大部署。此前，教育部专门为提升校长教育信息化领导力制定了专业标准，首次提出《中小学校长信息化领导力标准（试

---

[1] 习近平：《在网络安全和信息化工作座谈会上的讲话》，人民出版社，2016年，第1页。

行)》，实施了覆盖全体中小学教师的教育信息化能力提升培训工作。

教育每一次大变革都离不开技术的发展，习近平有关教育信息化的论述也正是在信息技术大发展的时代背景下提出的思想，这些重要论述都是新时代中国教育改革理论以及科技创新思想中的重要组成部分，中国教育信息化将在其思想的引领下实现更美好的愿景。

一、以信息化为手段扩大优质教育资源覆盖面

我国经济发展不平衡，各地教育投入也因此受到影响，东西部地域差异、城乡差异甚至校际差异都非常显著，这种长期以来的地区不平衡现象使得东西部地区、城乡之间的教育资源差距很大，教育资源分配的合理性与否关乎教育的引导方向。教育资源的不平衡更多表现在优质资源的覆盖面。习近平指出，"教育公平是社会公平的重要基础，要不断促进教育发展成果更多更公平惠及全体人民，以教育公平促进社会公平正义"[①]。为实现教育公平就需实现教育资源的均衡配置，这是其有效途径。习近平总书记在考察北京市八一学校的时候明确指出："要优化教育资源配置，逐步缩小区域、城乡、校际差距，特别是要加大对革命老区、民族地区、边远地区、贫困地区基础教育的投入力度。"[②]科技高速发展使得高科技在融入各行各业、便利我们的生活和工作的时候，教育行业也应当紧跟科技发展的步伐，将信息化融入教育行业，使得稀缺且分配不均衡的优质教育资源能够通过现代信息化的手段提高覆盖率，使得优质教育资源得到更加广泛和充分的利用。习近平总书记在致首届国际教育信息化大会的贺信中提出："中国坚持不懈推进教育信息化，努力以信息化为手段扩大优质教育资源覆盖面。我们将通过教育信息化，逐步缩小区域、城乡数字差距，大力促进教育公平，让亿万孩子同在蓝天下共享优质教育、通过知识改变命运。"[③]"积极推动信息技术与教育融合创新发展，共同探索教育可持续发展之路。"[④]"科教兴国"和"人才强国"一直是我国的国家战略，大力推动教育信息化也必然是实现科教兴国和人才强国的题中之义。放眼世界，当今国

[①] 习近平：《全面贯彻落实党的教育方针 努力把我国基础教育越办越好》，《人民日报》，2016年9月10日第1版。
[②] 习近平：《全面贯彻落实党的教育方针 努力把我国基础教育越办越好》，《人民日报》，2016年9月10日第1版。
[③] 中共中央文献研究室：《习近平关于社会主义社会建设论述摘编》，中央文献出版社，2017年，第53页。
[④] 习近平：《习近平致国际教育信息化大会的贺信》，《人民日报》，2015年5月24日第2版。

家间的竞争归根结底是经济实力的竞争与人才的竞争，大力推动教育信息化，以信息化为手段扩大优质教育资源覆盖面，对我国的人才培养具有重要意义。就一个国家而言，大力推动教育信息化，使得更多地区受到优质教育资源的覆盖，让更多的人享受到更加优质的教育，对于国民素质的提高和教育水平的提升也都是大有裨益的。

教育的贫困不仅影响个人，同时也阻碍社会发展。"脱贫攻坚"是我国"十三五"以来重点推进的工作，在脱贫攻坚的基础之上更加重视精准扶贫，这是我国全面建设社会主义现代化国家、实现全面脱贫的关键点。习近平就扶贫工作多次强调："扶贫必先扶智，让贫困地区的孩子们接受良好的教育，是扶贫开发的重要任务，也是阻断贫困代际传递的重要途径。"[1] 2016 年 4 月 19 日，习近平在网络安全和信息化工作座谈会上指出："可以发挥互联网在助推脱贫攻坚中的作用，推进精准扶贫、精准脱贫，让更多困难群众用上互联网，让农产品通过互联网走出乡村，让山沟里的孩子也能接受优质教育。"[2] 教育资源的共享使得不同地区的教师能够和学生同享教育资源，在一定程度上避免教育差距越来越大。

在以信息化为手段扩大优质资源的覆盖面上，根据习近平重要讲话精神，2018 年推出了《关于全面加强乡村小规模学校和乡镇寄宿制学校建设的指导意见》（以下简称《指导意见》），《指导意见》要求加快实现两类学校宽带网络全覆盖，促进两类学校师生与优质学校师生共同在线上课、教研和交流。

习近平在浙江乌镇召开的第二届互联网大会上强调，只有通过加强信息基础设施建设，让信息建设道路更加顺畅，才能不断缩小不同国家、地区和人群之间的信息鸿沟，信息资源才会源源不断。而目前中国正在实施"宽带中国"战略，到 2020 年，中国宽带网络将基本覆盖所有农村，打通网络基础设施"最后一公里"，让更多人用上互联网。中国会和世界共建，加大资源的投入和技术支持，共同推动全球网络基础设施建设，让更多发展中国家和人民共享互联网带来的发展机遇。因此可以借助网络信息化打造网上文化交流共享平台，促进与世界文化的交流互鉴。中国愿意通过互联网搭建起国际交流的桥梁，推动各国人民情感交流、心灵沟通，网络信息化可以促使各国人民了解中华优秀文化，共同推动网络文化繁荣。

---

[1] 中共中央文献研究室：《十八大以来重要文献选编》（中），中央文献出版社，2016 年，第 720~721 页。

[2] 中共中央文献研究室：《习近平关于社会主义经济建设论述摘编》，中央文献出版社，2017 年，第 200 页。

尽管这些年来，中国一直在致力于推进教育信息化，中国是实践者、受益者和推动者，中国所取得的一些成就和发达国家比起来，教育资源的配置仍然不均衡，在优质资源的分配上不仅仅是物质的给予，还应依靠网络来扩大覆盖面，教育信息化任务还很艰巨，要把教育信息化作为国家信息化的战略重点和优先领域加快实施，调动全社会力量积极参与，借鉴学习国外先进经验和技术，才能初步建成具有中国特色的教育信息化体系，才能实现"三基本两显著"，即基本建成人人能享有的优质资源的信息化学习环境，基本形成学习型社会的信息化支撑服务体系，基本实现所有地区和各级各类学校宽带网络的全面覆盖，使我国教育信息化整体上接近国际先进水平，对教育改革和发展的支撑与引领作用充分显现。

以信息化为手段扩大优质教育资源覆盖面不仅能够打破传统教学方法的局限，也能够实现教育资源的优质共享，同时也为精准扶贫提供了媒介。教育信息化是实现教育精准扶贫、促进教育公平的有效方式。

二、积极推动信息技术与教育融合创新发展

信息化是当下社会发展的一个重要特征，目前我们已经处于信息化时代，在这一时代我们必须掌握好信息技术技能，因为在信息技术快速发展的同时，教育教学方式也产生了深刻的变革。传统的教学方式主要还是教师和学生面对面课堂讲授，而当信息技术引入教育领域并与之融合创新发展的时候，传统的教学方式已经不能很好地满足现代社会发展的需求，同时，与新的教学方式相匹配的现代化教育形态和教育系统也逐步从数字化教育转向智慧教育，智慧教育将是信息化时代教育的必然趋势。教育形态经历了多媒体教育阶段，主要是通过多媒体系统、设备来辅助教学工作的开展；数字教育阶段，即开展基于各种数字技术的在线教育教学，实现网络化、泛在化学习；智慧教育阶段，是教育信息化发展的高级阶段，利用新兴技术，构建网络化、智能化、个性化的学习环境与教育模式，运用智慧教学法，促进学习者进行高度个性化学习与区域教育生态的可持续发展。《教育信息化2.0行动计划》提出，实施智慧教育创新发展行动，以人工智能、大数据、物联网等新兴技术为基础，依托各类智能设备及网络，积极开展智慧教育创新研究和示范。①

推动信息技术与教育的融合具有深远意义，以"融合、创新、智慧"为核

---

① 徐宪平：《新基建：数字时代的新结构性力量》，人民出版社，2020年，第274页。

心特征的区域智慧教育逐渐成为教育改革的主旋律。多条政策的出台也表明了国家在着力推动教育方面的改革和发展。2011年3月教育部发布的《教育信息化十年发展规划（2011—2020年）》提到要将信息技术与教育融合发展，并且到2020年要全面完成《教育规划纲要》中所提出的教育信息化目标任务，使教育信息化整体上要接近国际先进水平。党的十八大以来，我国教育信息化事业得到了前所未有的发展，我们实现了"三通两平台"（即宽带网络校校通、优质资源班班通、网络学习空间人人通，建设教育资源公共服务平台、教育管理公共服务平台），有效促进了信息化对教育改革事业的推动，同时也提升了国际影响力，但这还并不意味着教育信息化已经发展得很成熟了。为深入贯彻和落实党的十九大精神，为了把"互联网＋教育"发展得更好，2018年4月13日，教育部印发了《教育信息化2.0行动计划》，明确提出了要实施智慧教育创新发展行动，通过人工智能、大数据、物联网等新兴技术，依托各类的智能设备实现智慧教育的大规模覆盖。

在意义价值上，积极推动信息技术与教育融合创新发展可以促进教育行业不断发展。在衡量和考察一个国家和地区教育水平发展的时候，教育信息化是一个很重要的考察标准。信息技术与教育的融合极大地提高了教育的效率和教育资源的使用率，使得整个教育行业得到了极大的提高和发展。如今，信息技术水平日新月异，教育行业与信息技术的融合也需要及时创新发展。创新是一个民族进步的灵魂，也是一个国家兴旺发达的不竭动力。只有不断地创新，不断地把最新的信息技术运用到教育行业中来并且不断更新融合模式，教育信息化水平才能不断提高。积极推动信息技术与教育融合创新发展还有很长的路需要走。

在信息技术教育应用的实际案例中，无论国内国外，已有的经验表明："改变传统课堂教学结构和构建新型课堂教学结构"这个中心问题，是信息技术与教育教学相融合过程中必须始终紧紧围绕的关键，否则是不会有成效的，且是要付出代价的。同时，信息技术与教育教学相融合，也必须要树立正确的革新思维，要从根本上和源头上去改革和创新。也就是说最根本的是要改变传统的以教师为主体的单一的课堂教学结构，建立教师为主导、学生为主体的新型课堂，而不只是浮于表面地去运用信息技术改善教学的环境和方式。经过10余年的实践与总结，中国政府提出"信息技术与教育教学深度融合"这一推进教育信息化的核心理念。其含义包括：首先，教育信息化的根本目的是促进教育的改革和发展，因为当今信息技术的飞速发展对教育的影响不仅表现在新的技术和手段的运用上，而且为教育的发展带来更新的理念和动力，使教育内容、方法和模式发生深刻变革。因此，教育信息化的关键在于要将信息技术融入教育教学的全过程，以改变原有的教学方式，这一变革的过程就是信息技术与教育教学融合的过程，只有融合才能体现出信息技术对教育改革与发展的作用，这才是教育信息化的本质。其次，这种"融合"不是一般的技术应用，而是信息技术与教育教学的相互促进。一方面，信息技术要进入教育教学过程，改变教育教学模式，形成新的教学方法和模式，发挥信息技术对教育教学改革的推动作用；另一方面，要实践新的教育教学理念和模式，必须有与之相适应的信息技术提供支撑，同时也为信息技术的发展提供了新的方向。这正是《教育信息化十年发展规划》之所以提出并倡导"信息技术要与教育深度融合"这一全新观念与做法的基本出发点，也是"信息技术与教育深度融合"的本质与确切内涵所在。

要促进教育信息化，需要将信息技术和课堂教学进行深度融合。以教育信息化带动教育现代化，破解制约我国教育发展的难题，促进教育的变革与创新，是实现我国教育现代化宏伟目标不可或缺的动力与支撑。这种动力与支撑体现在三个方面：第一，可实现优质教育资源广泛共享，从而促进教育公平；第二，能有效提高教育质量和建设学习型社会；第三，能在创新教育模式和培养具有国际竞争力的创新人才方面发挥重要作用。信息技术和教育教学的发展是相辅相成的，信息技术的发展会给教育教学提供更加便捷有效的教育方式，甚至给教育领域带来革命性的发展，比如通过网络进行线上授课的形式，就是对传统固定空间的教师面对面当场授课形式的革命性的发展和进步，使得教育教学方式更加灵活便捷，符合现代社会快节奏生活的需要。同时，教育教学的发展和进步也会产生新的更高级的需求，这就使得教育教学在现实的应用中，对信息技术提出了更高的需求，也促进了信息技术的不断发展和进步。应当大力促进信息技术走进课堂，充分应用到实际的教育教学当中，为学生提供更多的便捷化和个性化的服务，促进教学结果质量的提升。教育是一个生生不息的永恒的话题，每一个自然人成长为社会人都是离不开教育的，这也就意味着教育信息化在未来具有广阔的发展空间和无限的发展潜力，无论是对于教育本身还是对于信息化本身，都具有十分重要的意义。

第四章　新时代中国教育改革理论的理论价值、实践价值与现实意义

习近平总书记在治国理政过程中，高度重视教育在社会主义现代化建设中的地位和作用。党的十八大以来，习近平在各种会议上和考察学校时，对教育工作发表了一系列重要讲话，深刻论述了新时代我国教育改革和发展的重大理论问题和实践问题，形成了新时代中国教育改革理论体系。深入学习和研究习近平总书记关于教育的重要论述，对建设中国特色的现代教育理论体系、指导我国教育事业的改革发展，具有重要的理论意义和实践意义。

第一节　新时代中国教育改革理论的理论价值

新时代中国教育改革理论是在新的历史条件以及我国教育建设的具体实践中而产生的，具有重要的理论价值。习近平总书记关于教育的重要论述，在继承马克思主义经典作家的教育理论基础上有所发展，进一步丰富和深化了中国共产党的教育理论，开辟和形成了新时代中国特色社会主义教育理论。

一、继承和发展了马克思主义经典作家的教育理论

基于马克思主义视角，教育在本质上是人的本质力量的对象化。其一，人不仅依赖于对象而存在，而且其对象的主体只能是人。"对于没有音乐感的耳朵来说，最美的音乐也毫无意义"[1]，在此基础上，习近平深刻把握教育的本质。其二，人通过本质力量的对象化，其结果是人在实现自身价值的同时，形成人的精神教育世界。习近平继承了马克思恩格斯关于教育本质的思想，充分

---

[1] 马克思：《1844年经济学哲学手稿》，人民出版社，2018年，第236页。

认识到教育对人的自由全面发展的作用，从而重视教育建设和推动教育发展。新时代推进教育建设，牢固坚持马克思主义的指导地位，运用马克思主义理论来指导教育建设，在把握教育建设的基本原则和方针基础上进一步发展。

马克思、恩格斯基于历史唯物主义的视角，批判了资本主义社会教育的狭隘性和虚假性，进一步阐述了教育的意识形态性思想。列宁在社会主义教育建设实践中，进一步重视无产阶级的教育领导权，并采取了诸多措施。第一，坚持党对出版物和文学的领导和监督，批判资产阶级创作的"绝对自由"，提倡无产阶级的文学创作。列宁曾指出："那些关于绝对自由的言论不过是一种伪善而已。"① 第二，进一步巩固无产阶级的教育阵地。列宁指出了教育与政治的关系，不仅注重教育机构在教育领导权上的重要作用，而且重视无产阶级教育工作者的培养和任务。第三，在宣传唯物主义和马克思主义思想过程中，进一步反对唯心主义以及迷信。习近平继承了马克思、恩格斯和列宁关于教育的意识形态性思想，结合当代中国教育建设的具体实践，阐明了教育与意识形态的关系，并高度重视意识形态工作，通过注重宣传思想工作、哲学社会科学的发展、新闻舆论工作和网络教育建设等方面，不断巩固主流意识形态，从而掌握意识形态工作的领导权。

习近平不仅注重传承和保护本民族的教育遗产，而且重视借鉴学习其他民族的文明成果。近年来，在"一带一路"倡议实践中，不同文明交流互鉴，有力地推进了世界不同文明的共同发展。习近平所提倡的平等开放、合作共赢、包容互惠和共建共享等符合人类发展趋势的教育价值理念，为一些发展中国家的发展探寻出区别于西方发展的道路，从而为构建人类命运共同体提供了思想基础。而构建人类命运共同体既体现了不同国家和民族命运的紧密联系，也反映了世界教育发展的多样化趋势以及人类未来社会发展的方向。关于教育建设的主要内容以及重要举措，习近平在注重社会主义文艺繁荣发展的同时，结合新的时代条件的变化，在进一步重视教育事业和科技创新等方面，提出不断推动教育的新发展。

二、丰富和深化了中国共产党的教育理论

新时代中国教育改革理论在继承和发展马克思主义经典作家的教育理论基

---

① 中共中央马克思恩格斯列宁斯大林著作编译局：《列宁全集》（第十二卷），人民出版社，1987年，第96页。

础上，进一步丰富和深化中国共产党的教育理论。习近平在意识形态、传统教育、革命教育、教育繁荣以及教育建设的方针政策等方面，继承了毛泽东教育观的主要内容，并结合时代的要求来进一步发展。习近平在继承毛泽东意识形态思想的基础上，将意识形态工作提升到"极端重要"的高度，来应对马克思主义在意识形态指导地位中面临"意识形态终结论"和"意识形态淡化论"等错误论调的挑战。习近平在毛泽东关于教育的本质和属性等教育发展的哲学思想基础上，科学对待和评价传统教育，肯定优秀传统教育的当代价值以及揭示运用唯物史观来对其批判性改造的实现途径，并继承红色基因和总结提炼相关革命精神，不断弘扬革命教育，进而增强坚定教育自信的底气。习近平在继承毛泽东关于教育的重要论述基础上，结合教育发展的时代要求，揭示了教育对中华民族伟大复兴和塑造中国精神的重要作用，丰富和深化了教育与市场的关系以及教育在人民性方面的时代内涵。

关于邓小平教育观中精神文明建设、教育建设以及发展科学和教育事业等方面，习近平的教育观在继承的基础上有所丰富和深化发展。习近平在邓小平社会主义精神文明建设的思想基础上，以平衡的观点来认识精神文明与物质文明的关系，注重党员干部的理想信念建设，弘扬新时代爱国主义精神，不断提升全民族的道德教育素质。关于邓小平教育方面的思想，习近平在继承的基础上结合时代要求，并坚持将社会效益放在首位、社会效益和经济效益相统一的原则，防止教育成为市场的奴隶，倡导有"批评精神"的教育评论。在科学技术和教育事业方面，习近平在继承邓小平的相关教育思想基础上，以改革来激发科技创新，优先发展教育事业，在不断推进科技强国和教育强国的进程中，为实现教育强国提供重要支撑。

江泽民教育观中关于先进文化建设、依法治国与以德治国相结合思想以及教育事业等方面的思想，为习近平推进教育发展的实践进路奠定了重要理论基础。在发展中国特色社会主义教育方面，习近平强调要坚持社会主义先进文化的前进方向，推进社会主义先进文化的发展，抵制和反对腐朽落后教育的侵蚀。关于依法治国与以德治国相结合思想方面，习近平进一步推进全面依法治国，注重社会主义法治教育建设，不断加强思想道德建设。同时，在全面从严治党进程中，坚持依规治党和以德治党相统一，发展积极健康的党内政治教育。习近平在继承江泽民的相关教育思想的基础上，不断提升公共教育服务水平来推动教育事业的发展。

胡锦涛注重社会主义核心价值体系以及坚持走中国特色社会主义教育发展道路，进而推动教育遗产保护和发展，不断提升网络教育建设的水平以及增强对外教育交流的能力。习近平在继承这些教育建设理论的同时，结合新时代教育发展面临的挑战和问题，以高度的教育自信来回应挑战和解决相关问题，逐步推动建设教育强国。在建设社会主义核心价值体系方面，习近平重视弘扬中国精神和凝聚中国力量，推动社会主义核心价值观融入社会发展各方面，构筑中国特色社会主义共同理想，有力反对教育保守主义和教育虚无主义等错误思潮和观点，进而树立高度的教育自信。在推进教育繁荣发展过程中，习近平坚持走中国特色社会主义教育发展道路，开拓教育发展的新理念，注重文物保护和教育遗产保护传承，建设积极健康的网络教育，进一步增强不同文明之间的交流互鉴，从而不断提升我国的国际话语权。

三、开辟和形成了新时代中国特色社会主义教育理论

进入新时代，我国教育建设面临新的挑战和问题，并在进一步解决教育发展进程中的问题时，承担新的教育使命。习近平在辩证唯物主义和历史唯物主义的基础上，结合新时代教育建设的主要任务和具体实践，逐步开辟了新时代中国特色社会主义教育理论。习近平主要以什么是中国特色社会主义教育、如何发展中国特色社会主义教育为主题，不论是关于教育建设的战略地位和作用、教育建设的基本原则和方针以及新格局，还是教育建设的主要内容以及重要措施等方面，都结合新时代的发展变化和要求进行了深入探索，从而形成了新时代中国特色社会主义教育理论。

习近平通过教育事业的发展、科技创新与教育建设相融合以及教育人才队伍建设方面的措施，来推动新时代教育的发展。一方面，习近平通过加强和改善党对教育工作的领导，牢牢把握教育建设的发展方向，不断提升教育建设的领导能力。同时，他还进一步发展积极健康的党内政治教育，结合社会主义法治教育建设，来不断改善党对教育工作的领导。另一方面，他注重发挥人民在教育建设中的主体作用，不断满足人民对美好生活的教育需要。新时代在发展中国特色社会主义教育进程中，坚守中国教育的主体性和推进教育创新创造，并以教育建设实践与发展中的问题为导向，以坚持教育强国为目标，来推进实现历史进步和文化进步，进而发展当代中国的马克思主义教育理论。在具体的教育建设实践中，注重发挥人民群众的主体作用，提升教育建设的自觉性和积极性，正确处理好马克思主义与传统教育的关系、本民族教育与外来教育之间的关系以及转化创新中关于教育的内容和形式关系，从而为民族复兴提供强大精神力量。

第二节 新时代中国教育改革理论的实践价值

习近平总书记关于教育的重要论述,是我们在新形势下做好教育工作的重要指南。深入学习习近平总书记关于教育的重要论述,深刻领会其重要意义和精神实质,对于我们办好让人民满意的教育、让每个人都有人生出彩的机会、实现中华民族伟大复兴中国梦,具有重要的实践意义。

一、为教育现代化提供了行动指南

在政治方向方面,中国共产党始终是思想政治教育的领导核心,引领思想政治教育工作的发展方向,掌握着对教育的绝对领导权。习近平思想政治教育重要论述同党的主张是既相一致又不断发展的,他强调,"思想教育要突出重点,加强党性和道德教育"[①]。习近平始终强调要着力提升党的建设的科学性,他指出推动党的建设科学化发展,关键在于把握党的建设的基本规律。一是遵循思想政治工作规律:要深化马克思主义理论教育和党性教育,引导人民从党的艰苦奋斗史中深刻认识历史和人民选择马克思主义和中国共产党的必然性。同时持续发挥党委的政治核心作用,广泛开展党员与广大群众的互动交流活动,用党的优良传统和文化影响人、教育人、感染人,增强群众对中国共产党的归属感和认同感,不断巩固党在思想政治教育中的领导地位。二是遵循人民成长规律:要创新意识形态教育机制,积极探索思想培养新模式。学校和学院各级党组织负责人应组成宣讲队伍。坚持党政齐抓共管,共同做好意识形态管理和思想教育工作,引领党员服务集体,奉献自我,更好地发挥传帮带的作用,不断提高党组织和党员的影响力。突出强化意识形态的引领作用。党委要进一步健全意识形态工作责任制,坚持意识形态与教育工作同部署、同落实、同检查、同考核。深入贯彻"党建带团建"的原则,注重理论研究与实践探索的结合,依托新媒体,在实践中创新社会化动员机制,努力做好党的路线方针的宣传者。习近平思想政治教育重要论述为教育现代化提供了行动指南,对于推动党的建设科学化发展具有重要意义。

---

① 中共中央纪律检查委员会、中共中央文献研究室:《习近平关于党风廉政建设和反腐败斗争论述摘编》,中国方正出版社、中央文献出版社,2015年,第147页。

二、为思想政治工作提供了组织保障

基层组织是党和人民联系的纽带，是我党落实工作任务的根本保证，为新时代思想政治工作提供了组织保障。习近平对于党的基层组织建设给予了高度重视，他指出："高校基层党组织建设和党员队伍建设是高校党的建设的基础工程，团结、组织广大师生的凝聚力工程。"① 各级党委和党组织要加大力度，坚持不懈地做好抓基层、打基础的工作，充分发挥地方党组织的战斗堡垒作用和基层党员的先锋模范作用。习近平不仅对地方党建提出了新要求，同时也为地方全面加强基层党组织建设指明了方向、提供了遵循。他强调："要加强高校党的基层组织建设，创新体制机制，改进工作方式，提高党的基层组织做思想政治工作能力。"② 要抓好基层党组织干部队伍建设，高度重视党员干部的选拔与培养，加强党员干部的思想建设，充分激发和调动党员干部工作的责任心和事业心。地方党委应创新党建活动方式，整合特色资源，充分发挥党员同志在基层组织文化建设等工作中的模范带头作用。基层党组织应立足地方特色，发挥区域优势，开展特色支部活动，在这个过程中，提升群众学习热情，增强支部组织认同。同时，创新支部学习方式，开展社会志愿活动，不断提升服务群众的能力，在提升党员教育吸引力的同时提高基层满意度。

第三节　新时代中国教育改革理论的现实意义

一、为全面深化教育体制改革提供了理论指导

习近平思想政治教育重要论述牢牢把握住了时代发展的主题和要求，与当代广大人民群众思想发展的实际紧密契合。在系统地对思想政治教育工作经验进行总结的基础上，习近平依据我国社会发展需要，提出了回归教育使命的立德树人观和与时代共前行的"三因理念"，推动了教育现代化工作的理论创新，为开创我国思想政治教育的新局面提供了科学指南。

---

① 教育部课题组：《深入学习习近平关于教育的重要论述》，人民出版社，2019年，第42页。
② 习近平：《把思想政治工作贯穿教育教学全过程　开创我国高等教育事业发展新局面》，《人民日报》，2016年12月9日第1版。

(一) 回归教育使命的立德树人观

习近平在全国思想政治工作会议上曾明确指出:"高校要坚持把立德树人作为中心环节,把思想政治工作贯穿教育教学全过程,实现全程育人、全方位育人。"[①]立德树人思想由来已久,是中国传统文化中阐释教育理念的理论精髓。可以说,立德树人思想以传统价值观为精神滋养,是贯穿于中国传统教育思想的一条主线。回归教育使命,围绕"立德树人"来开展教育教学,培养具有正确价值、观念宏大的国际视野的高素质人才是新时代开展教育工作的重中之重。

思想政治教育工作作为办好中国特色社会主义大学的重要保障,是其他一切工作的前提条件。"立德"与"树人"二者紧密结合,密不可分。前者是后者的前提条件,抛开道德素质,人的发展轨道就会出现偏离。而后者是前者的根本目标,没有人才培育这一命题,道德培育不过是一纸空谈。由此可见,立德树人所强调的不仅仅在于培养大学生思想道德素质,同样也对人才培养的全面性做出了新的要求。只有方向正确,高等教育的发展道路才能畅通无阻。落实习近平立德树人理论,要以习近平思想政治教育重要论述为落脚点,充分地"尊重思想政治教育规律,遵循教书育人规律",力求践行"以文化人""以德育人"的育人路径。"以文化人"是通过文化的潜藏性和融会性,潜移默化地对人民进行思想熏陶和现实教育。要注重以中华文化品格为土壤,提升优秀传统文化的精神感召力,以此增强文化凝聚力,提升人民的文化认同。"以德育人"所强调的不仅仅是道德素质,还有理想信念、法律素养等。新时代,以德育人,必须首先尊重"德"的科学性,不仅要注重师德,也要塑造学德。教师要做到以德立身,以德立学。

习近平站在时代发展的战略制高点,对高等教育发展做出了科学论断。习近平关于"坚持把立德树人作为中心环节"的重要观点是新时代拓宽思想政治教育发展道路的必然选择,也是中国共产党领导下的中国特色社会主义的立身之本。新形势下,习近平"立德树人"理念有利于深入履行立德树人职责,强化思想政治教育工作的实效性。它的提出是对习近平新时代中国特色社会主义思想内涵的深化,对思想政治工作的展开起到了良好的价值引领作用。

---

① 《全面贯彻落实党的教育方针 努力把我国基础教育越办越好》,《人民日报》,2016年9月10日第1版。

（二）与时代共前进的"三因理念"

习近平总书记在全国思想政治工作会议上指出："做好高校思想政治工作，要因事而化、因时而进、因势而新。"[1] 这段论述意蕴深刻，及时地为解决当下思想政治教育工作难题开出了一剂良方。

"因事而化"这一方法论有助于准确把握青年一代的真正需求，引领青年一代成长成才。思想政治工作绝不能只是照本宣科、强制灌输，而是要结合具体情况与人民沟通、交流，共同寻找解决问题的方法。在具体事务的处理上要尊重人民、真诚地对人民进行服务，引导人民正视问题。可以说"因事而化"能够有效地拆除人民隔阂的心墙，提升人民接受思想政治教育的获得感。

"因时而进"这一方法论指导思想政治教育工作者克服因循守旧的观念，谋求创新发展。从人民主体的角度讲，"因时而进"指的是抓住时机，在人民面临困惑或遭遇困难时，思想政治教育工作者要及时地抓住良机，发现问题，给予帮助。从社会层面来看，"因时而进"指的是顺应时代背景，把握在全新的时代背景下，广大人民群众所共同具备的时代特质。"因时而进"能够有效地提升思想政治教育工作的吸引力、亲和力和针对性。

"因势而新"这一方法论赋予了思想政治教育以全新的生命力，它提醒思想政治教育工作者绝不能故步自封、抱残守缺，必须立足新形势调整工作方法，创新工作内容。"因势而新"的"新"绝不是指为了追求创新而脱离实际，而是根据思想政治教育工作环境、对象的变化改变调整工作平台，创新工作载体和方式。例如当下，要根据"互联网＋"、新媒体、大数据等形势变迁构建同时代发展相契合的思想政治教育工作体系，与人民获得思想上的共鸣。

"事、时、势"概括了当前思想政治教育工作的实际，而"化、进、新"则是对当前思想政治教育工作者提出的要求。"事、时、势"与"化、进、新"相辅相成，只有深刻领会，精准落实，才能推动新时代思想政治工作的创新发展。习近平关于"因事而化、因时而进、因势而新"的重要观点高瞻远瞩地对思想政治教育工作规律进行了概括和凝练，体现了科学的内在规律，具有极其重大的方法论意义。

---

[1] 习近平：《习近平谈治国理政》（第二卷），外文出版社，2017年，第378页。

二、完善了思想政治教育的目标

习近平统筹推进育人方式所做出的重要阐释符合教育规律和人民成长规律，有效地扩大了改革受益面，切实提升了人民的获得感。习近平思想政治教育重要论述大力推动精准育人，促进青年一代全面健康发展，增强了青年一代的责任使命感，进一步完善了思想政治教育的目标。

（一）为当代青年成长成才引领航向

习近平思想政治教育重要论述蕴含诸多内容，对于当下办好高等教育具有重要的实践价值。其中关于青年一代成长成才的思想更是揭示了新时代社会对于人才的巨大需求以及党和国家对于青年人才需求的重大变革，为指引当代青年成长成才提供了全新的视角和方法。习近平思想政治教育重要论述从多个维度出发对当代青年一代的发展提出了德才兼备、全面发展的具体要求。从青年一代的理想信念、道德意志、逻辑思维、实践创新等多方面进行了深刻而系统的阐释，不仅促进了人民的健康成长，也为高等教育事业的改革发展指明了方向。

深入学习贯彻习近平总书记思想政治教育重要论述，特别是其中关于青年成长成才的思想，是教育系统的重大政治任务，为全面提高人才培养能力，形成青年一代人人都能成才、人人皆可出彩的生动局面奠定了基础。高等教育综合改革是破除各种体制机制障碍的根本动力，也是提高人才培养质量的根本动力。因此，要切实增强"四个意识"，培育优良且极具特色的校风学风，推进校园文明建设的展开，为青年一代的成长进步营造良好的成长氛围，创造良好的教育生态。同时，要更加重视实践育人，加快构建"实践育人共同体"，加大对实践育人创新创业示范基地的建设，广泛开展各类社会实践，为青年一代实现学以致用、用以促学、学用相长提供广阔的舞台。习近平思想政治教育重要论述为将学习贯彻习近平总书记关于青年一代成长成才重要思想与全面深化高等教育改革结合起来提供了有效路径。

（二）增强了当代青年的责任使命感

在北京大学师生座谈会上，习近平总书记强调："当代青年是同新时代共同前进的一代。我们面临的新时代，既是近代以来中华民族发展的最好时代，也是实现中华民族伟大复兴的最关键时代。广大青年既拥有广阔发展空间，也承载着伟大时代使命。青年是国家的希望、民族的未来。我衷心希望每一个青年都成为社会主义建设者和接班人,不辱时代使命,不负人民期望。对广大青年来说,这是最大的人生际遇,也是最大的人生考验。"[1] 强调了青年一代的重要历史使命,为增强青年一代责任使命感提供了方向和路径。

习近平将青年一代比作朝气蓬勃、好学上进、视野宽广、开放自信,可爱、可信、可为的一代。在同各界优秀青年代表座谈时的讲话中,习近平对当代人民寄予厚望,通过引用"芳林新叶催陈叶,流水前波让后波"表达了对青年一代未来的期冀。习近平总书记科学阐释了当代青年所处的历史方位、所承担的历史使命、所肩负的时代责任,并从实现"两个一百年"奋斗目标的历史维度,深刻阐述了青年一代成长成才必须肩负的使命担当。重视教育就是重视未来,重视青年才能赢得未来。习近平指出,人民思想政治工作的切入点,是"四个正确认识"。引导青年增强责任使命感,让人民意识到他们身上所肩负的建设祖国、振兴中华的伟大历史使命。青年一代要不忘使命,坚定不移地走中国特色社会主义道路,将个人的理想融入伟大复兴的中国梦之中。习近平围绕思想政治工作所发表的一系列重要论述,立意高远,内涵丰富,对于增强当代青年的责任使命感具有重要的引导作用。

三、创新了人才培养的路径

习近平关于思想政治教育工作的一系列重要讲话,在深入推进思想政治工作方式改革创新的基础上,创新了人才培养的辩证法,对以一流的思想政治工作体系引领一流的人才建设具有重要的现实意义。

(一)"三全育人"与"师德师风"相促进

习近平在深入推进思想政治工作方式改革创新的基础上,提出把"全过程育人、全员育人、全方位育人"的育人理念融入人才培养的工作格局之中。"三全育人"理念是加强思想政治工作实效性的一次有益尝试。对于整合教育资源、发挥教育合力有着积极的作用。当前,人民存在着思想不稳定、价值取向多元、生活方式复杂化的特点,群众在生活方式和价值取向上的差异性日益凸显。在这种情况下,传统的辅导员负责学生生活、任课教师只管授课的模式逐渐"难以招架"。这反映出的是思想政治工作实效性难以提升、人才培养理

---

[1] 习近平:《在北京大学师生座谈会上的讲话》,人民出版社,2018年,第11页。

论与实践脱节的问题。

习近平总书记的"全过程育人、全员育人、全方位育人"理念创新了人才培养模式。"三全育人"的重心在于"全",从这个角度出发"三全育人"理念可以被这样解读:始终将立德树人贯穿思想政治教育全过程,此为全过程育人;全体教职员工都要参与到育人的过程中,此为全员育人;人才培育机制实现全覆盖,此为全方位育人。人才培育则是"三全育人"理念思想的核心。习近平总书记指出:"人才培养一定是育人和育才相统一的过程,而育人是本。"① 从"教"走向"育"的过程,也是构建育人新模式、营造育人新生态的过程。在这个过程中,要加强师德师风建设,并将其融入"三全育人"全过程。教师要始终坚定以人民为中心的思想,承担起引领人民健康成长的职责,成为"以德立身、以德立学、以德施教"的典范。习近平总书记有关人才培养的观点为推进思想政治工作提供了新视角,使思想政治工作更好地满足人民成长诉求、适应时代发展要求。

(二)"主导价值"与"服务育人"相结合

"国势之强由于人,人材之成出于学。"② 围绕"如何培养人,怎样培养人"的核心问题,习近平从高水平人才培养体系建设的角度出发,做出了详细的阐述。习近平总书记十分重视工作体系的建设和理念方法的科学运用,他始终强调思想政治教育者在面对工作过程中所出现的新问题时,要坚持将主导价值与服务育人的理念相结合,用科学的理论和方法来解决。习近平总书记在讲话中指出:"人才培养体系涉及学科体系、教学体系、教材体系、管理体系等,而贯通其中的是思想政治工作体系。"③ 这一阐述明确了思想政治教育在人才培养中的重要作用。知识体系教育固然重要,而思想政治教育也是我国的主要特色和办学优势之一。

在全国思想政治教育工作会议上,习近平提出我国高等教育必须坚持"为人民服务、为中国共产党治国理政服务、为巩固和发展中国特色社会主义制度服务、为改革开放和社会主义现代化建设服务"④ 的重大论断。思想政治教育工作者要牢牢抓住思想政治教育的"主导价值"和"服务育人"作用,将思想政治工作与学科知识教育工作结合,绝对不能彼此孤立。要坚持辩证统一,遵

---

① 习近平:《在北京大学师生座谈会上的讲话》,人民出版社,2018年,第7页。
② 习近平:《在北京大学师生座谈会上的讲话》,人民出版社,2018年,第5页。
③ 习近平:《在北京大学师生座谈会上的讲话》,人民出版社,2018年,第10页。
④ 习近平:《思政课是落实立德树人根本任务的关键课程》,人民出版社,2020年,第10页。

循教书育人规律，把握思想政治教育工作规律，了解人民个体成长规律，并将三者紧密结合。思想政治教育的力量至柔至刚，以此融会于教师的课堂之上，贯穿于人民的成长之中，以一流的思想政治教育工作体系引领一流的人才培养体系建设。

四、开创了教育事业和教育产业发展的新局面

新时代中国教育改革理论在教育建设的实践中产生，进一步深化了新时代教育事业与教育产业的理论及实践，为教育事业和教育产业的发展指明了方向。一方面，教育事业的发展成就显著，公共教育服务体系不断完善，初步建立了覆盖全社会的公共教育服务网络，进一步推进了公共教育服务的标准化和均等化建设，教育事业惠及民生的效果也越来越明显，人民的精神教育获得感和幸福感不断增强。另一方面，教育产业发展迅速，基本形成了现代教育产业体系，并不断健全现代教育市场体系，逐步形成了教育交流、教育贸易和教育投资相融合的"教育走出去"新格局。新时代随着我国主要矛盾的变化，教育事业和教育产业的发展也有其明确的方向，进而开创了教育事业和教育产业发展的新局面。

（一）完善教育事业建设，提升教育覆盖范围

在教育事业的建设方面，取得的发展成就主要体现在以下几个方面：第一，公共教育服务设施的建设逐步完善，群众教育机构以及图书馆和博物馆等相关设施的数量逐渐增多。同时，广播电视网络的覆盖面进一步扩大，新闻出版业也得以蓬勃发展。第二，教育事业的财政投入逐步增加，为教育事业的发展提供了一定的物质保障。在重视基层教育事业的资金投入时，贫困地区还重视对综合教育服务中心建设和流动教育车等方面的财政投入。第三，不断推进文化惠民工程，不同地区在推进公共教育服务建设时具有不同的特点和模式，比如河南焦作"百姓教育超市"、浙江农村教育礼堂以及山东教育大院等。第四，通过图书馆和博物馆等机构的理事会制度，有效增强了公共教育服务的活力，在一定程度上激发了社会主体参与的积极性和主动性。第五，在非物质教育遗产保护方面，不仅开展了非遗记录工程，而且提高了国家级非遗项目代表性传承人的传习补助以及加大非遗传承人群的培训力度，从而不断提升保护传承能力。

（二）促进教育产业发展，推动教育产业集群建成

教育产业的发展方面也取得了显著成效。第一，教育产业有力地推动了经济的发展，并通过不断深化教育领域方面的改革，进一步提升了教育产业的整体竞争力。比如，教育服务业以及教育批发和零售业所创造的实际价值正逐步提高。第二，在国有或国有控股的教育企业发展壮大时，民营教育企业的实力和竞争力也有所增强，中小微教育企业在相关政策支持下不断发展。第三，教育产业不断与互联网、金融、旅游和体育等行业相融合，出现了动漫游戏和视频直播等新型业态。这些新型业态也呈现出良好的发展势头，教育创意和设计服务业所创造的实际价值逐步提升。第四，教育产业的规模进一步扩大，教育产业的产业布局和空间布局不断优化，促进了不同区域教育产业的发展，提高了教育产业的集约化水平。在加强教育产业园区和相关基地建设时，还通过多种措施推进了教育产业集群的发展。

教育事业和教育产业的共同发展为新时代坚定教育自信奠定了坚实的基础，有助于推动社会主义教育的繁荣兴盛。在习近平关于教育事业和教育产业发展的相关论述指导下，须有全局视野和创新思维，正确认识和分析教育事业及文化产业发展存在的问题，在具体实践建设中不断加以解决。在推进教育强国进程中，注重发展教育事业和教育产业，并与全民健身结合起来，进一步建设体育强国。随着我国经济教育的不断发展，中华教育在国际话语体系中的位置越来越重要，国际传播能力建设明显增强，教育事业和教育产业的发展也呈现出高质量及跨越式发展的崭新局面。

五、促进教育和科技的新发展

在新的历史发展阶段，习近平提出优先发展教育事业和加强科技创新，并不断深化相关领域改革，从而促进教育和科技的新发展。在建设教育强国的进程中，注重推进教育强国和科技强国的建设，从而为我国实现强国梦提供有力支撑。

（一）促进教育公平，落实立德树人根本任务

进入新时代，农村教育和中西部地区教育不断加强，进一步促进了教育公平，推动了教育发展成果惠及全体人民，大大增强了人民群众在教育方面的获得感。新时代中国教育理论促进了教育体制机制改革、城乡义务教育一体化改

革、新时代教师队伍建设改革,推动了学前教育规范发展和乡村教师振兴计划等一系列政策出台,促进了教育公平而又有质量的发展。在教育质量方面,坚定办好中国特色世界一流大学,推进世界一流学科建设,加强教师队伍建设,推动与不同国家间及国际组织的教育合作交流,促进教育对我国经济和教育等方面发展作出更大贡献,从而增强我国教育的国际影响力和竞争力。同时,重视高等教育本科的质量,思政课教学质量有所提高,从而在一定程度上提升了人才培养质量。

在落实立德树人的根本任务方面,以校园教育来培育品格,弘扬校训精神,不断传承优秀传统教育和革命教育,积极践行社会主义核心价值观,进一步增强了教育自信和价值观自信。新时代不断推进素质教育,重视学校体育教育,促进教育与生产劳动及社会实践相结合,从而提升了教育的实际效果。关于推进师德师风建设,注重筑牢教师的理想信念,不断培养高水平的研究型教师队伍,进一步完善了教师队伍的体制机制。关于教育发展方面,注重办好学前教育和特殊教育,在网络教育和继续教育方面也有新的发展,教育体系的信息化、个性化和终身化建设不断加强,进而不断提高国民素质。同时,促进了优质教育资源的共建共享,并坚持以人民为中心,有力地推进了学习型社会的建设。

(二)提升科技创新能力,落实科技体制改革

近年来,在教育方面取得新的发展成绩时,科技事业也不断有所发展。在科技体制改革方面,我国出台的《深化科技体制改革实施方案》推进了科技和经济社会发展的结合,并通过高质量的科技供给来支撑现代化经济发展,不断破除制约科技创新的思想和制度障碍,进而实现科研领域的实质性发展。关于科技创新创造的主体方面,重视企业作为其生力军的作用,发挥市场对科技创新所应有的导向作用,不断完善政府在科技创新上的政策制度建设,进一步促使企业家精神在科技发展中发挥出重要推动作用。在科研经费使用和管理方面,通过相关重要的改革方案和政策文件,逐步改进不合理的经费管理及科技评价制度,进一步激发科技工作者的创新创造活力。同时,习近平从国际视野来看待我国科技创新发展,重视与不同国家之间的合作。在推动科技创新进程中,科技工作者体现的科学精神、工匠精神、团结精神以及创新精神能够凝聚成强大的精神力量,为实现科技强国和创新型国家建设提供了重要精神支撑,从而为新时代教育强国建设奠定了重要基础。

参考文献

陈宝生，2019. 落实落实再落实——在 2019 年全国教育工作会议上的讲话
　　[J]. 人民教育（Z1）：6—16.
陈旻，2020. 习近平立德树人重要论述的重大创新探析 [J]. 思想理论教育导
　　刊（5）：24—28.
陈万柏，张耀灿，2015. 思想政治教育学原理 [M]. 北京：高等教育出版社.
邓小平，1993. 邓小平文选：第 3 卷 [M]. 北京：人民出版社.
邓小平，1994. 邓小平文选：第 1 卷 [M]. 北京：人民出版社.
邓小平，1994. 邓小平文选：第 2 卷 [M]. 北京：人民出版社.
冯刚，沈壮海，2010. 中华人民共和国学校德育编年史 [M]. 北京：中国
　　人民大学出版社.
冯刚，2017. 增强高校思想政治工作的文化力量 [J]. 思想理论教育（7）：4—9.
冯刚，2018. 习近平关于大学生思想政治教育论述的理论蕴涵 [J]. 重庆大学
　　学报（社会科学版），24（3）：170—180.
国务院，2017. 关于印发国家教育事业发展"十三五"规划的通知 [J]. 中华
　　人民共和国国务院公报（5）：43—74.
教育部课题组，2019. 深入学习习近平关于教育的重要论述 [M]. 北京：
　　人民出版社.
毛泽东，1991. 毛泽东选集：第 1 卷 [M]. 北京：人民出版社.
毛泽东，1991. 毛泽东选集：第 2 卷 [M]. 北京：人民出版社.
毛泽东，1991. 毛泽东选集：第 3 卷 [M]. 北京：人民出版社.
毛泽东，1991. 毛泽东选集：第 4 卷 [M]. 北京：人民出版社.
庞立生，2021. 习近平关于教育使命的新定位、新认识与新要求 [J]. 东北
　　师大学报（哲学社会科学版）（1）：10—15.
彭寿清，2018. 习近平新时代中国特色社会主义教育思想的哲学基础 [J].
　　西南大学学报（社会科学版）（1）：12—21+189.

佘双好，张琪如，2020. 习近平总书记在学校思想政治理论课教师座谈会重要讲话研究透析［J］. 学校党建与思想教育，4（5）：53-61.

《思想政治教育学原理》编写组，2018. 思想政治教育学原理［M］. 2版. 北京：高等教育出版社.

铁铮，姜广秀，2020. 习近平与国外高校大学生交流互动的意义、价值及启示［J］. 思想教育研究（12）：118-122.

王占仁，2020. 习近平总书记教育重要论述的原创性贡献［J］. 国家教育行政学院学报（11）：3-12.

习近平，2014. 习近平谈治国理政［M］. 北京：外文出版社.

习近平，2018. 习近平谈治国理政：第1卷［M］. 北京：外文出版社.

习近平，2017. 习近平谈治国理政：第2卷［M］. 北京：外文出版社.

习近平，2020. 习近平谈治国理政：第3卷［M］. 北京：外文出版社.

习近平，2013-10-22. 在欧美同学会成立100周年庆祝大会上的讲话［N］. 人民日报（2）.

习近平，2014. 做党和人民满意的好老师——同北京师范大学师生代表座谈时的讲话［M］. 北京：人民出版社.

习近平，2014-03-28. 在联合国教科文组织总部的演讲［N］. 人民日报（3）.

习近平，2014. 青年要自觉践行社会主义核心价值观——在北京大学师生座谈会上的讲话［M］. 北京：人民出版社.

习近平，2015-01-25. 坚持运用辩证唯物主义世界观方法论提高解决我国改革发展基本问题本领［N］. 人民日报（1）.

习近平，2016. 在庆祝中国共产党成立95周年大会上的讲话［M］. 北京：人民出版社.

习近平，2016-04-30. 在知识分子、劳动模范、青年代表座谈会上的讲话［N］. 人民日报（2）.

习近平，2016. 在哲学社会科学工作座谈会上的讲话［M］. 北京：人民出版社.

习近平，2016-09-11. 致首届清华大学苏世民书院开学典礼的贺信［N］. 人民日报（1）.

习近平，2016-12-09. 坚持立德树人实现全程育人［N］. 人民日报（海外版）（1）.

习近平，2016-09-10. 全面贯彻落实党的教育方针 努力把我国基础教育越办越好［N］. 人民日报（1）.

习近平，2017. 决胜全面建成小康社会 夺取新时代中国特色社会主义伟大胜利——在中国共产党第十九次全国代表大会上的报告［M］．北京：人民出版社．

习近平，2018．在北京大学师生座谈会上的讲话［M］．北京：人民出版社．

习近平，2018-09-11．在全国教育大会上的讲话［N］．人民日报（2）．

习近平，2019．辩证唯物主义是中国共产党人的世界观和方法论［J］．思想政治工作研究（1）：9-11．

习近平，2020．习近平总书记教育重要论述讲义［M］．北京：高等教育出版社．

习近平，2020．在"不忘初心、牢记使命"主题教育总结大会上的讲话［M］．北京：人民出版社．

杨志成，2017．中国特色社会主义教育学理论体系发展的新境界——新时代中国教育改革理论研究［J］．中国教育学刊（5）：1-8．

张海波，2021．习近平坚持深化教育改革创新重要论述的基本遵循［J］．东北师大学报（哲学社会科学版）（1）：22-28．

张瑞，白永生，2019．习近平关于青年工作重要论述的生成逻辑与时代价值［J］．思想教育研究（12）：3-7．

郑永廷，2018．思想政治教育学原理［M］．2版．北京：高等教育出版社．

中共中央文献研究室，2014．十八大以来重要文献选编（上）［M］．北京：中央文献出版社．

中共中央文献研究室，2016．十八大以来重要文献选编（中）［M］．北京：中央文献出版社．

中共中央党史和文献研究院，2018．十八大以来重要文献选编（下）［M］．北京：中央文献出版社．

中共中央马克思恩格斯列宁斯大林著作编译局，2009．马克思恩格斯文集：第1卷［M］．北京：人民出版社．

中共中央马克思恩格斯列宁斯大林著作编译局，2009．马克思恩格斯文集：第2卷［M］．北京：人民出版社．

中共中央马克思恩格斯列宁斯大林著作编译局，2012．列宁选集：第1卷［M］．北京：人民出版社．

中共中央马克思恩格斯列宁斯大林著作编译局，2012．列宁选集：第2卷［M］．北京：人民出版社．

中共中央马克思恩格斯列宁斯大林著作编译局，2012．列宁选集：第3卷［M］．北京：人民出版社．

中共中央马克思恩格斯列宁斯大林著作编译局，2012．列宁选集：第4卷

[M]. 北京：人民出版社.

中共中央马克思恩格斯列宁斯大林著作编译局，2012. 马克思恩格斯选集：第 1 卷 [M]. 北京：人民出版社.

中共中央马克思恩格斯列宁斯大林著作编译局，2012. 马克思恩格斯选集：第 2 卷 [M]. 北京：人民出版社.

中共中央马克思恩格斯列宁斯大林著作编译局，2012. 马克思恩格斯选集：第 3 卷 [M]. 北京：人民出版社.

中共中央马克思恩格斯列宁斯大林著作编译局，2012. 马克思恩格斯选集：第 4 卷 [M]. 北京：人民出版社.

中共中央宣传部，2018. 习近平新时代中国特色社会主义思想三十讲 [M]. 北京：学习出版社.

周洪宇，2020. 指导深化新时代教育评价改革的纲领性文件——《深化新时代教育评价改革总体方案》解读 [J]. 红旗文稿（22）：8－12＋1.

后 记

在中国共产党百年华诞之际，深刻总结党的历届领导集体关于教育改革的理论，是新时代中国教育工作的热点，也是教育改革理论创新研究的重点。党的十八大以来中国教育改革取得了丰硕的成果，认真总结十八大以来我国教育改革理论具有重要的理论意义和实践意义。新时代中国教育改革理论是马克思主义教育思想中国化的重要成果，是习近平新时代中国特色社会主义思想的重要组成部分，是中国共产党教育思想的宝贵财富。一方面，为转变教育发展理念、为营造健康积极的全民教育氛围提供较为具体的认识定位。新时代新的社会发展形势要求我们对我国当前的教育思想、教育观念进行深刻的反思。新时代中国教育改革理论为我国建设教育强国的伟大目标，为新阶段重新审视我国的教育目标、教育模式、教育内容和教育方法，努力探索与我国经济社会发展相适应的教育发展理念指明方向。另一方面，可为各级政府、教育主管部门和高校宏观决策提供相应的咨询参考。

本书是 2018 年度教育部人文社会科学研究青年基金项目"习近平教育思想研究"的最终成果。本书正式出版之前，作者对全书进行了仔细的修订，对数据、文献来源进行了一一核实，对文字表述进行了统一审改，以保证其科学性、严谨性和严肃性。本书编写过程中，作者反复思考，数易其稿，其辛苦程度不亚于撰写一篇博士学位论文。本书从前期准备、文献调研、数据引用、观点总结到形成初稿，离不开项目组成员季璟、朱慧、刘崇潇、罗朝民、曹荷娟、杨韵令的辛勤付出，在此表示感谢；本书的出版还得到了西南石油大学科研处、研究生院、教务处的大力支持，我们深表谢意。最后还想指出的是，本书在编撰中引用了大量的数据，参考了大量的文献，十分感谢这些数据和文献工作者的辛勤劳动，对此，我们在引文中力求做到一一注明，如有遗漏，敬请批评和谅解。最坚实的道路在脚下，最美丽的风景在远方，本书虽然出版，但也仅为抛砖引玉之作。书中难免存在不足，欢迎大家提出宝贵意见，敬请读者批评指正。

著　者
2021 年 4 月